Didžgalvytė, Marijam / Cómo los videojuegos están cambiando el mundo / Marijam Didžgalvytė - 1a ed - Ciudad Autónoma de Buenos Aires : EGodot Argentina, 2025. 280 p. ; 23 x 15 cm. Traducción de: María Paula Vasile.

ISBN 978-631-6532-83-1

1. Revolución Tecnológica. I. Vasile, María Paula, trad. II. Título.

CDD 301

Título original *Everything to Play For*

Traducción María Paula Vasile
Corrección Federico Juega Sicardi
Diseño de tapa e interiores Víctor Malumián
Ilustración de Marijam Didžgalvytė Max Amici

www.edicionesgodot.com.ar
info@edicionesgodot.com.ar
Facebook.com/EdicionesGodot
Twitter.com/EdicionesGodot
Instagram.com/EdicionesGodot
YouTube.com/EdicionesGodot
Buenos Aires, Argentina, 2025

Impreso en Porter, Plaza 1202,
Ciudad Autónoma de Buenos Aires,
República Argentina, en junio de 2025

Cómo los videojuegos están cambiando el mundo

Marijam Didžgalvytė

Traducción
María Paula Vasile

g

A la familia Jokubaičiai: gracias por todo.
Espero volver a disfrutar maravillosas tardes al sol, al otro lado, ahumar el pescado que acabamos de pescar.

INTRODUCCIÓN

Menú principal

CORRÍA EL AÑO 2018: Vladímir Putin había sido reelecto para su cuarto y más influyente mandato hasta la fecha, decenas de miles de habitantes de Gaza se manifestaban por su dignidad de manera pacífica, el príncipe Harry se casaba con Meghan Markle y la guerra comercial entre Estados Unidos y China comenzaba en serio, con la imposición de aranceles por parte de Estados Unidos a China. En el mundo de las redes sociales, fue el año de la explosión de TikTok y de los denunciantes que expusieron a Facebook y Cambridge Analytica. También se produjo un cambio sísmico, aunque menos discutido, en la cultura de masas y el entretenimiento. Ese año, las ganancias mundiales de la industria de los videojuegos[1] superaron a las de las

1. En cuanto al uso de la palabra "videojuego", existe un debate en curso dentro de la comunidad de jugadores (¡pueden googlearlo!) sobre si el término debiera estar compuesto por una o dos palabras: "videojuegos" o "juegos de video". Si bien el *Oxford English Dictionary* lo recoge como dos palabras, por lo que esta forma es la de uso más común, yo prefiero una sola palabra. A mi entender, el término "videojuegos" denota "juegos que utilizan tecnología de video", y si bien el medio puede haber comenzado su historia como la variante en "video" de los juegos de tablero, el último medio siglo de crecimiento y sofisticación lo alejó mucho de sus orígenes. Los videojuegos de hoy son mucho más que "video" en su tecnología y mucho más que "juegos" en su contenido. El medio en su conjunto podría describirse con mayor precisión como "experiencias digitales". Dado que es poco probable que se reevalúe el nombre original en el futuro cercano, prefiero convertirlo en una palabra compuesta, lo que sugiere que lo que solía ser una variante ahora creció hasta adquirir su propio conjunto de cualidades únicas. De ahí el nombre de videojuegos.

industrias de la música y el cine juntas[2]. De manera lenta pero constante, en sus pocos cincuenta años de existencia, esta industria ilimitada, fascinante y grotesca conquistó los medios de comunicación tradicionales y, al parecer, se volvió imparable.

Desde aquel año crucial para los videojuegos, la tendencia ha continuado. Cuando se desató la pandemia de COVID-19 en 2020, las salas de conciertos, los sets de filmación y los teatros cerraron sus puertas. Sin embargo, los desarrolladores de juegos pudieron continuar con la creación de entretenimiento. Solo trasladaron el hardware de la oficina a casa y continuaron la producción sin problemas. Los videojuegos se volvieron más populares que nunca. Al estar confinados en casa con pocas opciones para entretenerse, grandes sectores de la población compraron videojuegos y consolas. La pandemia fue un momento en el que, una vez más, los fanáticos de los juegos pudieron pasar las tardes en casa y jugar sin culpa, ya que no había mucho más que hacer. Un número significativo de personas recordó los juegos de su adolescencia y recuperó el interés o, en muchos casos, descubrió el mundo de los videojuegos por primera vez. Se estima que más de dos tercios de todos los adultos del Reino Unido y los Estados Unidos jugaron videojuegos durante la pandemia[3].

El poder que tiene la industria de los videojuegos es inmenso: en 2023 había 3 mil millones de jugadores activos en todo el mundo y las ventas de videojuegos generarán medio billón de dólares en 2028[4]. Las estadísticas son aún más asombrosas cuando analizamos los productos individuales. Rockstar North, con sede en Edimburgo, lanzó *Grand Theft Auto V* (*GTA V*) en 2013 y, en 2024, había vendido más de 200 millones de copias del juego[5]. En abril de 2018, el juego se convirtió en el producto de entretenimiento con

2. *Global Games Market Report 2019*, *Newzoo*, 2019.

3. *Online Nation Report 2021*, Ofcom.org, 2021.

4. "Global Video Game Market Size, Share and Industry Trends Analysis Report by Type (Offline and Online), by Device (Mobile, Console, and Computer), by Regional Outlook and Forecast, 2022-8", KBV Research, 2022.

5. J. Clement, "*Grand Theft Auto V* Total Unit Sales 2023", Statista.com, 10 de noviembre de 2023.

mayor éxito financiero de todos los tiempos, con unos 6 mil millones de dólares en ingresos a nivel mundial[6]. Sus ingresos actuales de 8500 millones de dólares superan los de las tres películas más taquilleras de todos los tiempos juntas: *Avatar* (2009), *Avengers: Endgame* (2019) y *Avatar. El camino del agua* (2022).

A pesar de este éxito, GTA V no es el videojuego con ventas más significativas ni la mayor cantidad de jugadores. Ese honor le pertenece al gigante *Minecraft*. Los 250 mil millones de dólares en ventas confirmadas de este juego sandbox 3D ya es bastante impresionante[7], pero el tiempo de juego en comparación con el de otros medios culturales es realmente asombroso. Cuando escribí este libro, la canción más escuchada en Spotify, el megaéxito de 2017 de Ed Sheeran "Shape of You", había sido escuchada más de 3 mil millones de veces, una duración de 24 000 años. *El juego del calamar*, la sensación surcoreana de Netflix que arrasó en el mundo en 2021, cuenta con 190 000 años de tiempo de visualización[8]. Según las estadísticas de su servidor, solo en China, *Minecraft* tuvo un estimado de 597 607 200 000 horas de tiempo de juego desde junio de 2016 hasta mayo de 2020. ¡Son casi 70 millones de años de tiempo de juego! En otras palabras, la cantidad de años desde que aparecieron los primeros primates en la Tierra hasta el presente. El tiempo de juego de *Minecraft* debe haber alcanzado los 100 millones de años durante la pandemia. El título impera como el juego más visto en YouTube y superó el billón de vistas en 2021[9]. Podríamos pensar que los niños están sobrerrepresentados en estas estadísticas. Aun así, según la Entertainment

6. James Batchelor, "GTA V Is the Most Profitable Entertainment Product of All Time", GamesIndustry.biz, 9 de abril de 2018.

7. David Curry, "*Minecraft* Revenue and Usage Statistics (2023)", BusinessofApps.com, 9 de enero de 2023.

8. Charlie Campbell, "How Netflix Is Extending Its Tentacles across Asia in Search of the Next Squid Game", Time.com, 24 de noviembre de 2023.

9. Keith Stuart, "Minecraft passes one trillion views on YouTube", *The Guardian*, 15 de diciembre de 2021.

Software Association, en Estados Unidos, el 76 % de todos los jugadores son adultos, de los cuales el 48 % son mujeres[10].

Los deportes electrónicos (*esports*) muestran un crecimiento similar. El Campeonato Mundial de *League of Legends* (2009 en adelante) de 2019 fue un evento de deportes electrónicos que batió récords, con más de 100 millones de espectadores[11]. La mayoría de estos fanáticos siguieron el evento a través de servicios de *streaming* como Twitch y YouTube. En comparación, el Super Bowl de ese mismo año tuvo 98,2 millones de espectadores en los medios digitales de la NFL y CBS[12]. Incluso un evento tan global y significativo en términos comerciales como los Juegos Olímpicos de Tokio en 2021 atrajo solo a 17 millones de espectadores en la ceremonia de apertura, una fracción de las cifras de audiencia que atraen los deportes electrónicos en la actualidad. Además, la audiencia de los deportes electrónicos y los videojuegos crece de manera constante cada año. Por el contrario, la audiencia de los deportes tradicionales se mantiene en un nivel bajo. El ganador del campeonato de *Dota 2* (2013 en adelante) de 2021, celebrado en Rumania, se llevó algo más de 18 millones de dólares. Esta cifra es superior a la ganancia del Super Bowl estadounidense que, durante unos días, acapara cada año la totalidad de las vías aéreas occidentales (11 millones de dólares). El total de los premios del campeonato internacional de *Dota 2* asciende a 40 millones de dólares, y la mayor parte es financiada mediante *crowdfunding*.

Sin embargo, dada la cobertura inadecuada de los medios de comunicación dominantes sobre el desarrollo y el tamaño de los juegos digitales, es entendible que el público en general piense

10. "Essential Facts about the Video Game Industry 2022", Entertainment Software Association, 2022.

11. Kevin Webb, "More Than 100 Million People Watched the 'League Of Legends' World Championship, Cementing Its Place as the Most Popular Esport', *Business Insider India*, 18 de diciembre de 2019. En el texto, la aclaración "en adelante" junto a la fecha de lanzamiento indica que el juego sigue desarrollándose hasta el día de hoy, a diferencia de los lanzamientos completos únicos.

12. "Super Bowl LIII Draws 98.2 Million TV Viewers, 32.3 Million Social Media Interactions", *Nielsen Report*, 2019.

que los juegos son una subcultura pequeña y poco seria con casi ninguna influencia en el mundo real. Las pocas noticias televisadas que se presentan entre los eventos diarios y el clima todavía están dominadas por lo que yo llamo informes deportivos de la vieja escuela, y están probablemente dirigidas a una audiencia cada vez menor. Lo más preocupante y significativo es que los juegos parecen interesar poco a las multitudes progresistas, incluso cuando están convencidas (en mi opinión, con razón) de que la cultura es donde se produce una parte considerable del cambio.

Más allá de los mundos del deporte y el puro entretenimiento, los videojuegos también hicieron avances importantes, aunque poco apreciados, en el ámbito de la alta cultura. Los videojuegos han aparecido de forma ocasional en instituciones culturales de alto nivel en Occidente desde los años ochenta, pero en la última década se incorporaron elementos de los juegos a las colecciones multimedia. El Victoria and Albert Museum, el MoMA y el Barbican han organizado exposiciones relacionadas con los videojuegos. En 2019, la Game Arts International Assembly (GAIA) celebró su cumbre internacional inaugural de curadores de juegos en Argentina.

La tentación es describir un nuevo amanecer en la creación de juegos, un nuevo resurgir de las prácticas artísticas que, tal vez, haya posibilitado la tecnología. De hecho, los videojuegos siempre ofrecieron oportunidades extraordinarias para la expresión creativa sensual. Incluso cuando la industria producía títulos competitivos y vulgares que apenas merecían consideración artística, las redes de personas que disfrutaban de un juego en particular encontraban los medios para alterarlo a su favor o incluir *mods* a su antojo, así como para manipular las reglas asignadas y la estética del juego[13]. A medida que el acceso al hardware y al software de creación de juegos estuvo disponible de manera más libre y que fue posible almacenarlos en línea, los videojuegos se convirtieron en invenciones artísticas realmente fascinantes. En

13. El *modding* (abreviatura de "modificación") de videojuegos es el proceso mediante el que los jugadores o fanáticos alteran uno o más elementos de un videojuego, como su aspecto o comportamiento.

los años noventa, los artistas influenciados por los videojuegos comenzaron a abrirse camino en los museos de élite. En 1998, el Walker Art Center en Mineápolis organizó la exposición *Beyond Interface* de arte web lúdico. La siguieron *BitStreams* del Museo Whitney de Arte Estadounidense y *010101: Art in Technological Times*[14] del Museo de Arte Moderno de San Francisco. Entre los jugadores, la corriente creativa más floreciente a menudo se encontraba en la comunidad de *modders.* Los *modders* ofrecen una deconstrucción, una interpretación surrealista, incluso del juego más básico y estereotipado, con resultados fascinantes. Algunos ejemplos incluyen el diseño de los niveles del legendario juego de disparos en primera persona *Doom* (1993) o una miríada de *glitches* descubiertos en juegos de lucha como *Street Fighter II: World Warrior* (1991). Estos *mods* son una muestra de genialidad artística, pero el *modding* sigue siendo menospreciado. Los elementos computacionales, aumentados de forma artificial o, a veces, alterados de manera involuntaria de los videojuegos tienen el potencial de añadir mucho a la inventiva visual, algo que es esencialmente imposible de lograr en otros medios.

Es mucho más habitual atribuir intenciones artísticas solo a los juegos que albergan un significado narrativo más profundo. *Her Story* (2015) invita a los jugadores a experimentar la oscura rutina diaria de la vida suburbana inglesa en 1994, en una historia plagada de misterio y miseria. *Dear Esther* (2012) crea una atmósfera incómoda y sutil en la que disecciona las decisiones de un hombre atormentado por la culpa, aislado en una isla en las Hébridas Exteriores. Una vez escuché a Dan Pinchbeck, creador del juego y una inspiración para mí, decir que "[en los videojuegos] podemos entrar en un mundo. Ningún otro medio permite hacerlo, ni siquiera se acerca a lograrlo". Los juegos ofrecen oportunidades para contar historias inigualables por otros medios, pero esa es solo una parte del potencial del medio para realizar expresiones artísticas. A veces, la implementación (la pulcritud del código, los *glitches*, el espacio de distribución o los métodos del creador para

14. Tiffany Holmes, "Art Games and Breakout: New Media Meets the American Arcade", publicación de SIGGRAPH 2002: Art Gallery, 2002.

desarrollar el juego) presenta un argumento imaginativo igual de convincente. Existe una gran variedad de enfoques a la hora de juzgar la calidad cultural de un juego, lo que permite impulsar los juegos en una dirección particular.

Exigir una crítica de videojuegos más sofisticada, matizada y segura puede parecer un objetivo de nicho, en especial en un momento en el que, en el mundo en general, la perspectiva con que se perciben los juegos aún es muy estrecha. De vez en cuando, los medios de comunicación se llenan de historias sobre la violencia en los videojuegos o el trágico destino de los adictos a los juegos. Como en otros géneros de entretenimiento importantes, en esta joven industria abunda la corrupción y las prácticas deshonestas, pero pocos padres se preocupan cuando su hijo está interesado en un medio cultural distinto al de los videojuegos. Los videojuegos son únicos en el sentido de que toda la industria y su forma de operar se juzgan por sus artefactos individuales y el comportamiento de empresas particulares o de sus consumidores individuales. El mundo de los videojuegos carece de una evaluación multifacética y refinada de sus cualidades y defectos. Solo será posible transformar los videojuegos cuando dicha evaluación sea realizada.

¡Y es mucho lo que debe transformarse! El pecado comienza en el momento en que se crean los juegos. Los equipos de desarrollo de juegos trabajan hasta la extenuación y el agotamiento debido a que la clase gerencial impone a los creadores plazos ajustados y poco realistas. Tal vez el proceso de creación de juegos se está volviendo demasiado costoso o el equipo ya está demasiado presionado. ¡No hay problema! Para ahorrar dinero, incluso los estudios más prestigiosos subcontratan el desarrollo a estudios de soporte anónimos en Europa del Este y el Sur Global. Dado que las protecciones laborales en estas regiones suelen ser incluso menores, las grandes empresas AAA, si bien obtienen ganancias extraordinarias, utilizan ahora una serie de medidas de reducción de costos, a menudo a expensas de los trabajadores[15]. El acoso

15. AAA (Triple A): clasificación utilizada dentro de la industria de los videojuegos para referirse a juegos de alto presupuesto y perfil que suelen ser producidos y distribuidos por grandes fabricantes conocidos.

sexual, la falta generalizada de diversidad e inclusión, los despidos masivos y los bajos salarios, en especial en los departamentos de control de calidad, son solo algunos de los problemas que plagan de forma crónica a estas enormes empresas comerciales.

La homogeneidad demográfica de los guionistas y diseñadores de videojuegos (en su mayoría, hombres blancos, cis y sin discapacidades en la primera mitad de sus vidas) dicta el estilo de la mayoría de los títulos disponibles. Los tropos que impregnan la mayoría de los juegos incluyen mujeres con poca ropa, propaganda militar, fetichización de la violencia y posturas políticas reaccionarias. Dado que muchos utilizan mecánicas innovadoras y a veces abusivas y adictivas para aumentar su popularidad, es crucial evaluar estos productos de manera crítica más allá de sus narrativas.

Las obras de arte y literatura reaccionarias atraerán a un público reaccionario, y los videojuegos no son la excepción. Además, los videojuegos suelen captar la atención durante más tiempo que otros medios. Por supuesto, las películas y los libros son diseccionados *ad infinitum* por sus fanáticos más fervientes, pero la enorme duración de algunos videojuegos (pueden ser cientos de horas) y la forma variable de las interacciones en un juego determinado dan lugar a un mayor nivel de dedicación. Los videojuegos, al ser un bien digital adyacente a Internet y las redes sociales, inspiran encuentros de fanáticos en enormes foros en línea, *subreddits* y canales de Discord[16]. Desde luego, según los temas de un videojuego en particular (los que son más progresistas o artísticos lo sufren menos), estos espacios a menudo no están moderados y reproducen los peores hábitos de comportamiento en línea. Los insultos y los agravios son lo de menos. Los *influencers* de derecha crean ejércitos en estos foros y las consecuencias a veces se trasladan de manera trágica a la vida real.

Al ampliar la perspectiva y observar la industria de los videojuegos en su conjunto, vemos otra falla crucial, fundamental para su existencia, que la separa radicalmente de otros medios

16. Discord: una plataforma social de mensajería instantánea y voz sobre IP con más de 150 millones de usuarios mensuales en 2021, utilizada principalmente por comunidades de jugadores.

culturales. Yo llamo a este fenómeno la dictadura de la consola. En la actualidad, casi todos los dispositivos de videojuegos se fabrican en el Sur Global en condiciones similares a la esclavitud, ya que el proceso abarca desde minas de minerales letales en la República Democrática del Congo hasta condiciones atroces en las plantas de fabricación de hardware, como Foxconn y Riteng, en el este de Asia. La producción de este hardware es también una de las principales causas del cambio climático. Según la investigación que Lewis Gordon realizó para *The Verge*, durante los primeros cuatro años de producción de la consola PlayStation 4 de Sony se emitió más CO_2 del que generó toda la población de Jamaica en un año[17]. ¡Toda esa contaminación para producir una pequeña consola de videojuegos, entre las decenas que se lanzan cada año!

Para imaginar un nuevo tipo de política en los videojuegos y en la forma en que se comercializan, perciben y critican, primero debemos reflexionar sobre los modos de producción. Los videojuegos son el futuro del arte, el entretenimiento, los deportes y la organización comunitaria, por más que algunas personas se resistan a aceptarlo. Están dando forma al mundo que nos rodea en términos culturales, económicos, lingüísticos, estéticos y políticos. Nuestra misión, entonces, no es desentendernos e ignorar esta gigantesca industria y hacer caso omiso de sus efectos sobre las personas que amamos y las que tememos, sino empezar a tomarla muy en serio. Solo si inyectamos energía nueva y progresista al mundo de los videojuegos podremos disfrutar de verdad de este medio estimulante y sensualmente inigualable, y de sus atributos liberadores.

Hace unos años, al enterarse de que había elegido los videojuegos como profesión, mi padre me recomendó *Homo Ludens*, de Johan Huizinga. El libro, publicado en 1938, analiza la importancia del juego en la cultura y la sociedad. El *ludus* (juego) es una condición primaria y necesaria (aunque no suficiente) para generar cultura. El libro es un texto fundamental para los estudios académicos sobre los juegos. Establece la importancia

17. Lewis Gordon, "The Environmental Impact of a PlayStation 4", *The Verge*, 5 de diciembre de 2019.

del juego como fenómeno cultural y del juego y la competición como funciones civilizadoras, así como los temas relacionados con el juego y la guerra, el juego y la ley, e incluso las formas de juego en la filosofía. "Debemos concluir, por lo tanto, que la civilización, en sus primeras fases, surge en forma de juego. No surge del juego como un bebé que se desprende del útero: surge en y como juego, y nunca lo abandona"[18]. Los valores, los métodos y las estructuras para la conformidad y la resistencia se formulan incluso en un estado abstracto de juego.

Si dejamos de lado la política de la vasta industria de los videojuegos comerciales, el juego es esencial para la mecánica general de la existencia y, sobre todo, para la resistencia. El potencial impredecible pero contundente del juego permite la libertad y la transformación, lo que sucede en esos momentos en que los papeles y las reglas normales de una comunidad o sociedad se relajan e incluso se subvierten. Los videojuegos brindan innumerables ejemplos de esos momentos. Son valiosos y vale la pena luchar por ellos.

¿Son los videojuegos una fuerza revolucionaria del bien? En muy pocas ocasiones. ¿Son los videojuegos una fuente legítima de alegría para millones de personas, de todos los estratos sociales y económicos, en un mundo cada vez más fragmentado? Por supuesto que sí. Por lo tanto, los juegos no solo merecen nuestra atención, sino que nos esforcemos por construir una infraestructura que los mejore. En la actualidad, gran parte de nuestro juego, incluso en el ámbito de los videojuegos, puede equipararse al trabajo. Por definición, los juegos generan trabajo para las corporaciones que poseen la propiedad intelectual del título. Pero estas reglas no son permanentes; pueden y deben cambiarse. El objetivo aquí no es ser menos entusiastas con las formas trascendentes de entretenimiento, sino restablecer cómo se crean, distribuyen, utilizan e interpretan.

Mi padre trabajaba en una emisora de radio local sin cobrar prácticamente nada, pero tenía algunos beneficios. Nuestra familia disfrutaba de entradas gratuitas a las ferias locales y descuentos

18. Johan Huizinga, *Homo Ludens*, Boston: Beacon Press, 1955, 173.

en una papelería, ¡y mi madre incluso viajó una vez en globo aerostático! El trabajo también mantuvo a mis padres cerca de la intelectualidad, la bohemia y los políticos de la ciudad[19]. Como graduados del Instituto de Artes Escénicas de San Petersburgo, durante el colapso de la Unión Soviética eran pobres, pero tenían curiosidad intelectual, una cualidad que me transmitieron.

Sin embargo, en cierto sentido, parecíamos ricos: muy pocos hogares a finales de los años noventa en Kaunas, Lituania, tenían una computadora personal. Sin embargo, un día, mi padre trajo una del trabajo. Mi hermano descubrió enseguida cómo piratear todos los videojuegos más recientes y, a la edad de 7 u 8 años, yo ya mataba monstruos en *Doom* (1993), destruía enemigos en *Quake* (1996) y, muy pronto, construía la casa de mis sueños en *Los Sims* (2000). Se abrió ante mí un universo entero de construcción de mundos, movimiento y puro escapismo.

Lamentablemente, mi hermano era cruel conmigo con más frecuencia de la que me gustaría recordar, pero a medida que me volví buena en ciertos videojuegos, comenzó a mostrarme cierto respeto, o al menos eso parecía. El día en que gané un minitorneo de *Carta blanca*, el juego clásico del sistema operativo Windows, y tuvo que darme 10 litas (unos 10 euros), fue uno de los momentos de mayor orgullo y felicidad de mi joven vida. Mi padre también era incapaz de demostrar mucho amor. Los juegos alimentaron las frágiles relaciones con los hombres de mi vida: cazar soldados nazis en *Return to Castle Wolfenstein* (2001) o defender nuestro territorio en *Blitzkrieg* (2003) se convirtieron en un ritual para fortalecer nuestro vínculo afectivo. Mientras exploraba un CD pirata de *Conflict: Desert Storm* (2002), mi padre me enseñó por primera vez sobre el imperialismo estadounidense. Mientras conducía por la ciudad ficticia de Lost Heaven en un taxi, escuchamos la banda sonora de jazz de los años treinta de *Mafia* (2002) durante horas. Sin estos hombres difíciles y, a veces, hirientes, no habría descubierto el extraño, estimulante y absorbente mundo de los videojuegos.

19. En esa época vivíamos en Šiauliai, la cuarta ciudad más grande de Lituania. Así que no te preocupes, no era nadie demasiado influyente.

Mi curiosidad por los juegos digitales avanzó de forma natural cuando me convertí en jugadora asidua de los salones de juegos de arcade de mi barrio en mis primeros años de adolescencia. "Salón de juegos" es un término generoso para lo que era esencialmente un escondite para un grupo de almas perdidas jóvenes en una casa de madera pintada de amarillo brillante, rebosante de viejas consolas, PC y cables enredados y polvorientos[20]. Crecí en un barrio marginado, conocido por los niños abandonados, el comportamiento antisocial, las drogas, el alcohol y el abuso; los años noventa no fueron fáciles para los europeos del este. Sin embargo, sentarse frente a una PlayStation 2, poner *Street Fighter II* o un juego de carreras y competir de manera pacífica nos permitía olvidar estas circunstancias por un momento. Las angustias económicas de la familia, el divorcio inevitable de mis padres, un hermano aterrador… todas estas preocupaciones desaparecían de mi cuerpo cuando estaba en una misión ficticia de SWAT en el centro de Washington D. C., o cuando tenía ventaja en un nivel de *Command and Conquer: Tiberian Sun* (1999).

Dejando a un lado los detalles, mi primer encuentro con el mundo de los videojuegos fue bastante típico, una experiencia familiar para muchos: una historia de vinculación, creación de relaciones sociales y competencia sana. Una colección de aspectos positivos, la versión preferible y preferida tal como la cuentan las propias empresas de videojuegos. Sin embargo, no es así para todas las personas. Los tentáculos de esta industria gigantesca se extienden más allá y rara vez se discuten. Las personas aman los videojuegos por razones que a menudo son erróneas, y muchas los odian aunque no saben nada al respecto. Los videojuegos son conocidos por la retórica a menudo racista y sexista de su narrativa. A su vez, se destaca su capacidad de conectar a las personas. Proporcionan alegría y un sentido de comunidad a individuos marginados de la sociedad. Sin embargo, rara vez se analizan los modos brutales de producción y la propaganda imperialista implícita en el medio. Se culpa a los videojuegos de la violencia entre

20. Esta casa estaba en la calle Miškas en Kaunas, Lituania. ¡Un saludo a mis antiguos vecinos!

los jóvenes y de la existencia de tiroteos masivos, pero las conexiones entre la extrema derecha organizada y las comunidades de jugadores pasan desapercibidas incluso para la izquierda progresista. Las personas que juegan videojuegos se involucran en un altruismo recíproco y se autoorganizan, expandiendo los horizontes de lo concebible, y sin embargo, las personas que crean los juegos a menudo enfrentan condiciones insoportables y trabajan a instancias de estructuras empresariales brutales.

La política invade la industria, pero de qué trata esa política es algo que se debate de manera constante. No es un espacio fijo, aunque en la actualidad el control lo tienen los poderes que crearon esta industria mediante prácticas rapaces. La pregunta en este momento es cómo utilizar los videojuegos con fines igualitarios.

Ningún medio creativo es ajeno a los modos de producción capitalistas. Sin duda, los videojuegos tienen la reputación de alentar y ejemplificar las tendencias abusivas, neoliberales y regresivas que reconocemos a nuestro alrededor. Aun así, para miles de millones de personas, los juegos son un espacio de desahogo que les permite construir vidas aún no vividas y estructuras aún no imaginadas. Y, por lo tanto, hay que luchar por él. La encrucijada es clara: podemos permitir que este vasto espacio cultural quede eternamente enredado en las engañosas redes del conservadurismo y la financiarización que lo sofocarán y deformarán tanto a él como a los jugadores que lo toquen, o podemos luchar para rescatarlo. Podemos luchar para crear un medio digital maduro y potencialmente emancipador que abra posibilidades a mundos aún no construidos.

Al frecuentar salones de juegos locales turbios y caóticas *LAN parties*[21], descubrí otro pasatiempo que me permitiría escapar de la oscuridad cotidiana: la organización política. Claro, puede que en ese momento estuviera envuelta en una estética punk y un idealismo juvenil, pero el pensamiento igualitario, la solidaridad y las trampas del capitalismo son conceptos que comenzaron a explicar

21. *LAN party*: reunión de personas con computadoras o consolas de juegos compatibles, en la que se establece una conexión de red de área local (LAN) entre los dispositivos mediante un *router* o un conmutador.

con precisión el mundo que me rodeaba. Empezaron a influenciar en gran medida en lo que sería mi enfoque durante años.

Al igual que muchas personas de mi generación, mis convicciones políticas se formaron en dos etapas: fui testigo de las atrocidades de la guerra de Irak en 2003 y viví la crisis financiera cinco años después. Esta última tuvo graves consecuencias en mi tranquila vida. Mi madre, recién divorciada y de casi 50 años, no logró encontrar trabajo durante un período prolongado. Nuestras opciones eran quedarnos en Lituania sin nada que comer o que ella trabajara por 4 libras la hora en una fábrica en Inglaterra. La clase dirigente del Reino Unido quería mano de obra barata y la inclusión de Lituania en la Unión Europea en 2004 sin duda proporcionó las condiciones para ello. Para nosotros, fue la salvación.

Pronto comencé los últimos años de secundaria en Leyton, al este de Londres, dejando atrás mi banda de ska-punk y la comunidad anarquista de mi querida Kaunas. Un año después de vivir con otros catorce europeos del este en una pequeña casa adosada y de dormir con mi madre en una habitación diminuta, a la edad de 17 años, supe que mi única alternativa era ser una okupa[22].

Terminé en un nuevo país por razones económicas, con un nuevo idioma, una nueva escuela, más tarde un nuevo y alienante trabajo en el sector de servicios, y un entorno activista completamente nuevo con sus propias tradiciones y modismos. En parte en busca de una comunidad y en parte debido a una fe genuina, gravité hacia estos círculos dedicados a la organización política de izquierda. Incluían campañas locales por la vivienda, manifestaciones contra las redadas y antifascistas, y todo tipo de expresiones de resistencia contra el aparato estatal opresor. Las largas jornadas de lucha contra los agentes judiciales, los fascistas o la policía eran agotadoras. Los métodos de descanso y recuperación tenían sus propias reglas y prácticas en mis círculos: se alentaban y apoyaban actividades saludables como la jardinería, el ciclismo y

22. La okupación es la acción de ocupar edificios vacíos, en general con el propósito de usarlos como vivienda. La BBC informó que en 2011 había "20 000 okupantes en el Reino Unido" y "650 000 propiedades vacías".

las manualidades. Perderse en un espacio digital con un pequeño número de demonios pixelados era un tipo de escapismo juzgado e incluso prohibido. Una vez, a mis amigos y a mí nos prohibieron tener una consola de videojuegos en un centro social okupado donde éramos voluntarios, ya que no encajaba con la estética pura y "sana" que el espacio buscaba emanar. Los videojuegos se convirtieron en algo que hacía en secreto y rara vez compartía mi conocimiento sobre este pasatiempo con mis compañeros.

Poco a poco me di cuenta de que los videojuegos no solo eran una vía de escape de mi vida política, sino que se convertirían en algo crucial para comprender las fuerzas políticas que me rodeaban. Algo hizo clic en 2016 cuando leí un titular que decía que las ganancias de los videojuegos estaban a punto de superar a las de las industrias de la música y el cine juntas. Los videojuegos no se ubican en la periferia de la cultura, indignos de un examen político serio, sino que están mucho más cerca del centro. En ese momento, comencé a explorar seriamente, aunque todavía de manera pasiva, la conexión entre los videojuegos y el cambio social. Estaba convencida de que los videojuegos son, de hecho, la clave para identificar y quizá incluso resolver el embrollo actual de las distintas crisis del siglo XXI.

En sus escasos cincuenta años de historia, los videojuegos se apoderaron de manera consistente y sutil del tiempo libre de miles de millones de personas. Es la rama de entretenimiento más grande y, sin embargo, pocas veces se tiene en cuenta su importancia para nuestra sociedad. Al menos, no por parte de las personas que dicen ser agentes de cambio: miembros de las comunidades culturales, artísticas y de los medios de comunicación, la clase activista y el mundo académico. *Art and Agenda*, *Art and Politics Now* y *Artificial Hells* son algunos de los numerosos libros escritos sobre el impacto de las bellas artes en nuestra sociedad. Hay cursos universitarios enteros dedicados al tema. Rara vez los videojuegos reciben la misma atención, a pesar de que la industria mundial del arte es cuatro veces más pequeña. Peor aún: existe un prejuicio generalizado contra los videojuegos entre los progresistas bien intencionados.

Mi intención aquí es nada menos que reclutar un ejército de personas que cambien las reglas del juego para este vasto e influyente campo, que da forma a gran parte de lo que nos rodea. Y, sin embargo, mi enfoque está impregnado de contradicciones intencionadas: amor y pasión por esta expresión artística fascinante y encantadora, y desprecio por sus tendencias y prácticas explotadoras en la vanguardia de la reproducción capitalista. "Si bien los juegos tienden a tener un contenido imperial reaccionario, como productos de entretenimiento militarizados y comercializados, también tienden a una forma radical y multitudinaria, como producciones digitales colaborativas, constructivas y experimentales", señalan los académicos que estudian la disciplina de los videojuegos Dyer-Witheford y De Peuter[23].

Aún era una niña insoportable de la escuela de arte Goldsmiths cuando descubrí los escritos del académico que da nombre a uno de los edificios de la universidad. Stuart Hall insistía en que la cultura pop es un espacio de tira y afloje. Es un campo de batalla. Comprendió que dar forma a la cultura popular es un proceso continuo en el que las relaciones de control y subordinación cambian de manera constante, y determinadas formas culturales ganan y pierden el apoyo de las instituciones. Los contenidos y las formas culturales que se prefieren y los que se marginan no son fijos. Según Hall, existe un constante movimiento e intercambio entre ellos debido a las cambiantes relaciones de poder, la asimilación de contenido popular en la "alta cultura" y viceversa, y el uso de la cultura pop para difundir los intereses del *statu quo*[24].

Hall creía que la cultura era un lugar de "negociación", como él expresó, un espacio de toma y daca en el que los significados previstos podían entrar en cortocircuito. "La cultura popular es uno de los espacios en los que se desarrolla esta lucha

23. Nick Dyer-Witheford y Greig de Peuter, *Games of Empire*, Mineápolis: Universidad de Minnesota, 2009, 228.

24. Stuart Hall, "Encoding/Decoding", en Stuart Hall, Dorothy Hobson, Andrew Lowe y Paul Willis (eds.), *Culture, Media, Language: Working Papers in Cultural Studies, 1972-1979*, Londres: Routledge, 1980.

a favor y en contra de una cultura de los poderosos: también es aquello que se gana o pierde en esa lucha", sostuvo. "Es el escenario del consentimiento y la resistencia"[25]. A lo largo de su vida, Hall se sintió atraído por las teorías de la "recepción": cómo decodificamos los diferentes mensajes que nos transmite la cultura y cómo la cultura nos permite elegir nuestras identidades.

No solo le interesaba interpretar nuevas formas, como el cine o la televisión, utilizando las herramientas que los académicos habían aplicado previamente a la literatura; también le interesaba comprender las diversas fuerzas políticas, económicas y sociales que convergían en esos medios. No era solo el contenido o el lenguaje de los noticieros nocturnos o de las revistas populares el que dictaba lo que debíamos pensar, sino también la forma en que se estructuraban, presentaban y distribuían, es decir, por parte de individuos con poder estructural e institucional. No muchos saben quiénes son esos actores clave con poder institucional que deambulan por los espacios de los videojuegos y que influencian el mundo que nos rodea.

Antes de ser asesor político en la Casa Blanca durante la presidencia de Trump, Steve Bannon dirigía *Breitbart News*, un medio de comunicación *online* grotesco y fascista que publica artículos como "El control de la natalidad vuelve a las mujeres poco atractivas y hace que enloquezcan", "Bill Kristol: republicano, judío renegado, saboteador" y "La solución al 'acoso' en línea es simple: las mujeres deberían desconectarse". ¿Cómo fue su carrera antes de *Breitbart*? En 2007, fue inversor en una gran mina de oro virtual: el inmensamente popular juego de rol multijugador masivo en línea *World of Warcraft* (2004 en adelante).

El modelo de negocio era simple, ya que consistía en emplear ejércitos de "*gold farmers*" chinos mal pagados, que jugaban en largos turnos rotatorios, repitiendo tareas rudimentarias en el juego para ganar oro y otros objetos más raros. Esos elementos luego se venderían, con un sobreprecio significativo, a jugadores

25. Stuart Hall, "Notes on Deconstructing 'the Popular'" en John Storey (ed.), *Cultural Theory and Popular Culture: A Reader*, 5ta edición, Londres: Routledge, 2019.

occidentales dispuestos a pagar dólares del mundo real para evitar el *grind* de *World of Warcraft*. En sus propias palabras, lo que Bannon encontró fue un mundo "poblado por millones de jóvenes intensos", que tal vez fueran socialmente ineptos, pero eran "inteligentes, centrados y relativamente ricos, y que estaban muy motivados con respecto a las cuestiones que les importaban". "Estos tipos —dijo Bannon—, estos hombres blancos desarraigados tenían un poder monstruoso. Era el pre-Reddit"[26]. Su empresa no tuvo éxito monetario. Después de numerosas demandas y presión de los jugadores, puso fin a esta táctica. Pero uno de los arquitectos de relaciones públicas más oscuros del mundo occidental estaba a punto de tener un momento eureka. Cuando llegó su momento de protagonismo, menos de una década después, no tardó en utilizar las tácticas que había aprendido con *World of Warcraft*.

Durante su mandato como editor en jefe de *Breitbart News*, Bannon contrató a un tal Milo Yiannopoulos. Según Yiannopoulos, Bannon lo convirtió en una estrella. Trabajó para la sección del medio en Reino Unido, donde escribió artículos como "¿Preferiría que su hijo fuera feminista o tuviera cáncer?" e "Informe de la Organización Mundial de la Salud: la tasa de VIH entre los transexuales es 49 veces mayor". Los titulares evidencian su política.

En 2014, este coqueteo entre la extrema derecha y algunas comunidades de jugadores alcanzó su apogeo, y con la bendición de Bannon, Yiannopoulos se convirtió en una voz importante durante la controversia de Gamergate. Gamergate fue una de las primeras campañas de ciberacoso y una de las más graves de la historia. A partir de agosto de 2014, la campaña estuvo dirigida a las mujeres de la industria de los videojuegos, en particular a la crítica feminista Anita Sarkeesian y a las desarrolladoras Zoë Quinn y Brianna Wu, entre otras. La campaña de acoso incluyó la divulgación de información personal (*doxxing*) de ellas y de sus familiares y amigos, y el envío de amenazas de violación y de muerte. En al menos una ocasión, Sarkeesian se vio obligada

26. Joshua Green, *Devil's Bargain: Steve Bannon, Donald Trump, and the Storming of the Presidency*, Nueva York: Penguin Press, 2017.

a cancelar a último momento una conferencia en la que estaría como invitada porque el lugar donde se realizaría recibió una amenaza de bomba.

Los *gamergaters* afirmaban promover la ética en el periodismo de videojuegos y proteger la identidad "*gamer*". Se oponían a lo que consideraban corrección política en los videojuegos. En general, los acosadores se organizaban de forma anónima en plataformas en línea como 4chan, Twitter y Reddit. Yiannopoulos diseñó una sofisticada campaña de números y se puso en contacto con figuras influyentes en 4chan y Reddit para convertir #Gamergate en un éxito viral; no sería una exageración decir que fue un campo de entrenamiento para la campaña de Trump y su eventual victoria electoral. En el otoño de 2014, se publicaron nueve artículos relacionados con #Gamergate en *Breitbart News*. En el pasado, Bannon había demostrado un abierto desprecio hacia los jugadores en el sitio web, hasta que los editores se dieron cuenta de que se trataba de un grupo de personas a menudo maleables que podían utilizar para sus objetivos políticos. ¡No se equivocaron!

Cuando me enteré del caso Gamergate y sus vínculos estrechos con la extrema derecha, dado que yo misma era una activista antifascista que ahora comprendía el impacto económico de esta industria, supe que tenía que involucrarme. Al principio, tomó la forma de un blog personal semanal con textos sobre videojuegos y política de la vida real. Si bien es muy imaginativa, la industria tiende a ser relativamente hermética. A medida que mi tono y punto de vista radical comenzaron a destacarse, los artículos y mis comentarios en Twitter empezaron a tener repercusión. En cuestión de meses, estaba escribiendo para *Vice*, *The Guardian* y algunos de los sitios de juegos más importantes, como *Kotaku* y *GamesIndustry.biz*. Mientras todavía trabajaba en el sector de servicios y participaba en ensayos médicos por dinero, lancé mi propio modesto programa en video, *Left Left Up*, que analizaba la industria de los juegos desde una perspectiva materialista histórica. La buena recepción que tuvo me permitió elevar el tema al siguiente nivel y realizar eventos de la vida real, como torneos de *Tetris* (1984) que recaudaron fondos para causas progresistas en el Reino Unido y en el extranjero, o la organización de eventos de juegos junto a un club de fútbol antifascista. Mi objetivo era presentar los videojuegos como un espacio político para la izquierda, cuyos miembros me rodeaban, y presentar la política de una manera accesible a las personas relacionadas con la industria de los videojuegos.

Sin embargo, no parecía suficiente. Entonces me encontré en el lugar correcto en el momento correcto, y al fin se subió la apuesta. En marzo de 2018, en la Game Developers Conference que se celebra cada año en San Francisco, nació el movimiento Game Workers Unite. Algunos trabajadores, cansados de las condiciones atroces que a menudo tenían que soportar, tomaron cartas en el asunto y expusieron sus quejas en una "mesa redonda" antisindical organizada por el ala empresarial (patronal) de la industria. Después del evento, intercambiaron contactos y surgieron numerosas ramas de la red de trabajadores de los videojuegos. Algunos compañeros y yo nos apresuramos a conectar a los trabajadores de los videojuegos locales que conocíamos con el sindicato británico radical Independent Workers' Union of Great Britain. Y así nació el primer sindicato legal de la industria de los videojuegos del mundo inspirado en el movimiento. Mientras tanto, también empecé a trabajar como voluntaria de comunicaciones para la red Game Workers Unite International.

Observé que la organización sindical no solo se basaba en su eje laboral, sino que era una puerta de entrada para introducir la política material a los miembros perdidos de la derecha alternativa. Debió de haber funcionado hasta cierto punto, ya que muchas personas expresaron que habían cambiado su política de reaccionaria y excluyente a una más igualitaria, situando la clase en el centro. Dejando de lado las victorias políticas, esos también fueron los años más duros de mi vida desde el punto de vista psicológico. ¿Quién iba a decir que armar un escándalo frente a las personas más poderosas de la industria del entretenimiento más poderosa de todos los tiempos llevaría a la destrucción total de una persona? Debía de significar que estábamos provocando un cambio. Pero esta bestia (los actuales cimientos perversos de este negocio) necesitará un cimbronazo más fuerte para que surja una alternativa.

La política en los videojuegos abarca de las minucias de una narrativa y las actividades de las comunidades del título a la propiedad del código y de fábricas de hardware enteras. Todo lo que ocurre en esos espacios se manifiesta en un espectro propicio para la negociación. Es una ventana de Overton que ya ha incluido gran parte del entretenimiento, la cultura, la economía global y la organización política. ¿Es posible maniobrar hacia una ruta de emancipación, equilibrio y abundancia?

¿O tal vez es demasiado tarde? ¿Estamos perdiendo el tiempo al imaginar los videojuegos más allá (me atrevo a decir la gran palabra) del capitalismo? Hardware fabricado por cooperativas con materiales sostenibles y distribuido de manera sostenible. Videojuegos adaptables, fabricados en excelentes condiciones de trabajo que inspiren niveles ilimitados de imaginación. Otro mundo es posible, pero hay que luchar por él. Ya bastante nos critican nuestros amigos por jugar en lugar de salir. Espero que llegue el día en que tampoco tenga que sentir vergüenza de jugar por razones éticas.

Para un jugador entusiasta, un crítico experimentado de la industria de los videojuegos o un profesional de los juegos, este libro aclara una serie de aspectos a los que prestar atención al evaluar y analizar un videojuego en cuanto a su eficacia social. Está estructurado en niveles, de modo que el lector enfrentará desafíos cada vez mayores al explorar temas relacionados con los videojuegos y la política en la vida real. El comienzo de este libro (el Tutorial) guía al lector a través de la compleja historia política de la industria de los videojuegos, centrándose en la formación y configuración de los actores de poder que dieron forma a la manera en que se comprende y se disfruta este ámbito en la actualidad.

Pocas tecnologías poseen agendas cívicas inherentes; simplemente caen en manos de grupos de influencia particulares, que luego las utilizan para su propio beneficio. No había nada inevitable en cuanto a la evolución de los videojuegos a su estado actual: un páramo imperial tóxico y misógino con pocas, aunque cruciales, ventajas salvadoras. En pocas décadas, distintos actores lo convirtieron en eso. Perfectamente el resultado podría haber sido diferente, y libros como este buscan inspirar la imaginación necesaria para que los videojuegos sean muy diferentes. Pero para avanzar debemos entender cómo llegamos hasta acá. Este capítulo introductorio sirve como una caja de herramientas, ya que proporciona al lector terminología y conceptos útiles que se utilizarán a lo largo del libro.

Al comenzar el viaje, el Nivel I invita a los lectores a considerar lo obvio: los temas de los videojuegos. Como ocurre con la mayoría de los artefactos culturales, los espectadores tienden a percibir y juzgar los juegos según las historias que cuentan. A lo largo de la historia, los videojuegos no han sido sutiles en ese aspecto. Los desarrolladores suelen añadir temas y tropos insensibles desde el punto de vista político y plagados de propaganda a mecánicas apasionantes. Ya sea que se trate de la historia o la representación estereotipada de los personajes, o de una mecánica innecesariamente brutal, o de una moraleja particular de la historia, la narrativa juega un papel clave en la percepción que se tiene de un juego. Por otra parte, cada vez son más los desarrolladores con conciencia social que crean juegos con tramas que esperan convencer al jugador de algunos valores progresistas. Pero ¿es suficiente? Esta sección explora la representación superficial inicial de una agenda particular, antes de entrar en el aspecto ludológico de un videojuego (la ludología es la ciencia de los juegos y el juego).

El Nivel II complejiza la forma en que entendemos las intenciones políticas de los jugadores de videojuegos. Las comunidades de *gamers* a menudo construyen relaciones y lenguajes que parecen contrastar con los motivos de un juego determinado. Aunque los creadores de juegos parecen tener el poder de forjar las narrativas de sus juegos, las comunidades que los interpretan pueden no solo no corresponderse con las esperanzas de los diseñadores, sino incluso jugar estos juegos en contra de las intenciones de sus creadores. Además, no todos los juegos son lineales ni se rigen por una narrativa sencilla; sin embargo, la política persiste. ¿Por qué? Este capítulo investiga el fenómeno de la construcción de identidad política fuera de los muros de juegos como

Minecraft, *Roblox* (2006 en adelante), *Fantasy Westward Journey* (2001 en adelante) y EVE *Online* (2003 en adelante).

Digamos que un equipo de desarrollo de juegos logró algo casi imposible: crear un videojuego sofisticado y profundo con crítica social, que no fue apropiado por fuerzas que tergiversaran ese mensaje. La pregunta del millón es la siguiente: ¿pueden los videojuegos ser de utilidad política, siempre y cuando estén dirigidos a esa causa? Aún existen muchos obstáculos a los que se enfrenta cualquier desarrollador de juegos que intente crear una obra de arte digital que sea independiente de los modos de producción actuales. Las escasas y centralizadas plataformas de compra hacen que sea excepcionalmente difícil que un juego llegue al público. El juego debe competir con títulos respaldados por entidades bien financiadas de la industria, que a menudo se aprovechan de los consumidores con las últimas técnicas que generan adicción al juego. En especial, los desarrolladores deben tratar con los miembros altamente influyentes del entorno liberal que controlan cualquier cambio material en la industria, ya sea la sindicalización, el arte que explora temas incómodos o un cambio sustancial en la dependencia del hardware que a menudo se crea en condiciones brutales. El Nivel III invita a los lectores a reflexionar sobre la eficacia de los videojuegos con un objetivo, a menudo contrastando sus técnicas con procesos similares utilizados en medios artísticos comparables.

El Nivel IV obliga al lector a seguir avanzando, a luchar con más fuerza. Incluso si un creador de videojuegos hace todo bien, ofrece un tema poderoso y desafiante que no predica a los conversos, atrae a una comunidad activista empática y utiliza modos de distribución que presentan la creación a nuevos públicos, los videojuegos siguen siendo un pecado fundamental. El capítulo añade más complejidad al analizar la política en los juegos, la estructura de los estudios y los problemas en la creación de hardware, así como de la sangre, el sudor y las lágrimas de tantas personas solo para ofrecernos nuestro entretenimiento digital. Eso supone un desafío fundamental para los creadores que trabajan en esta industria de buena fe e intentan promover el cambio.

Tras cuatro niveles que llevan al lector por diversos rincones de esta extensa rama del entretenimiento, comenzará una batalla contra El Jefe Final. En esta fase, el lector adquiere conocimiento sobre las innovaciones y técnicas de comunicación de esta industria extraordinaria, los fascinantes grupos demográficos que la conforman y las mentes artísticas que trabajan en ella. Además, se enfrentan a la horripilante escala y la ferocidad de la destrucción que esta industria causa en todo el mundo, y a la miseria que genera en poblaciones enteras. Las técnicas y los procedimientos practicados en la privacidad de las comunidades de jugadores se extienden a algunos de los aspectos más oscuros de la organización reaccionaria de la vida real. ¿Qué se puede hacer, si es que se puede hacer algo? ¿Vale la pena luchar por los videojuegos? ¿Puede lograrse una alternativa al estado actual de las cosas? ¿Cómo sería una industria del juego no destructiva? Pocas partes, aunque cruciales, de esta apasionante industria pueden permanecer inalteradas: ¿cuáles son? Solo un vistazo a las cenizas tras una batalla final puede permitir comenzar a responder esas preguntas.

Aunque este libro describe numerosos casos de juegos que causan un daño activo al mundo que nos rodea, solo alguien que ame profundamente este universo puede ofrecer una crítica razonable. Mi misión aquí es rescatar los videojuegos, transformarlos, trabajar por su emancipación, en lugar de permitir que nos conviertan en súbditos del capitalismo. En lugar de aceptar una dialéctica de rechazo y recuperación, que termina de manera inevitable en cinismo y fracaso, tomo la cultura como un terreno político claro, como un terreno para la organización y la acción desde abajo.

No hay nada determinado o natural en el estado actual de las cosas que sea permanente. Surgió debido a las relaciones de poder, una búsqueda interminable de beneficios baratos que resultó en un debilitamiento crónico del ingenio. Así que, de hecho, todo está en juego.

TUTORIAL

Historia

Muchos de los avances tecnológicos actuales (la World Wide Web, los fragmentos fundacionales del iPhone, el Sistema de Posicionamiento Global —GPS— que permite la geolocalización y muchos otros) tienen su origen en varios laboratorios, universidades y centros de investigación del ejército financiados con fondos públicos en todo el mundo[27]. Los videojuegos tienen un origen similar. En los años cincuenta, los juegos digitales estaban confinados en gran medida a laboratorios de investigación dirigidos por universidades, corporaciones o laboratorios financiados con fondos públicos. No estaban destinados a la distribución masiva, ni siquiera al consumo general. Esta investigación pública dio lugar a la mayoría de los mecanismos internos que nos permiten pasar nuestro tiempo libre distraídos en universos digitales. Semiconductores, triodos, transistores integrados, controladores de memoria, diseños de caché, etc., fueron inventados en instituciones como PARC Xerox, el Instituto Tecnológico de Massachusetts (MIT), la Universidad de Cambridge y la Universidad de Stanford, todas financiadas con dinero de los contribuyentes.

27. Mariana Mazzucato, *The Entrepreneurial State: Debunking Public vs. Private Sector Myths*, Londres: Anthem Press, 2013. Otro ejemplo fascinante sobre este tema que encontré hace poco: Uber extrae e integra en sus aplicaciones los datos de Transport for London, que es financiado con fondos públicos. ¡Escandaloso! Chris Stokel-Walker, "Uber's London Data Grab Hints at a Future Subscription Service", Wired.com, 1 de mayo de 2019.

La primera demostración pública de un dispositivo digital que también contenía un juego tuvo lugar en la Canadian National Exhibition de 1950. La computadora de cuatro metros de altura, llamada curiosamente Bertie the Brain (Bertie el Cerebro), fue creada para investigar las capacidades de los circuitos electrónicos[28]. Invitaba a los asistentes a la exposición a jugar una partida de tatetí contra una inteligencia artificial. Tras las dos semanas de exposición, Bertie fue desmontado y olvidado como curiosidad. En otros lugares, los científicos programaron versiones digitales de juegos como el ajedrez y las damas. Pero *jugar* no era la misión: estos software calculaban probabilidades numéricas y otras estadísticas.

Tennis for Two, desarrollado en el Laboratorio Nacional de Brookhaven en 1958, es considerado por muchos historiadores como el primer videojuego. En lugar de ser un proyecto académico o una obra maestra científica, este simulador de tenis primitivo tenía poco diseño de juego o innovación tecnológica. Su propósito era entretener, alentar el juego y la competencia. A diferencia de sus predecesores, *Tennis for Two* tenía un elemento competitivo y un diseño visual que buscaba ser divertido[29].

Durante la década siguiente, se idearon numerosas máquinas similares para ejecutar juegos que tenían un nivel cada vez mayor de sofisticación en cuanto a interacción, gráficos y valor de entretenimiento. Los académicos y estudiantes de la Universidad Carnegie Mellon, el MIT y la Universidad de Harvard experimentaron en este nuevo campo de creación de experiencias lúdicas mediante artilugios informáticos. El gran avance llegó una década más tarde.

En el otro extremo del espectro de productos de entretenimiento, los juegos mecánicos de arcade que funcionaban con monedas eran un elemento básico popular en la mayoría de las ferias de atracciones en la primera mitad del siglo XX. Estas máquinas

28. Marlene Simmons, "Bertie the Brain Programmer Heads Science Council", *Ottawa Citizen*, 1975, 17.

29. Mark J. P. Wolf, *Encyclopedia of Video Games: The Culture, Technology, and Art of Gaming*, Santa Barbara: Greenwood Publishing Group, 2012.

se convirtieron en su propia industria con los juegos que funcionaban con monedas: espacios físicos completos especializados en el ocio y el juego. Las máquinas tragamonedas, de pinball y de adivinación que funcionaban con monedas atrajeron a grandes multitudes, pero tenían claras limitaciones.

En cambio, producir dispositivos digitales para jugar resultaba increíblemente caro. Sin embargo, en los años sesenta, un número cada vez mayor de personas con mucha imaginación llegaron a la conclusión de que los juegos digitales podían ser el próximo gran avance. A Ted Dabney y a su colega Nolan Bushnell les mostraron *Spacewar!*, uno de los primeros videojuegos desarrollados en el Stanford Artificial Intelligence Laboratory. Ambos se obsesionaron con la idea de introducir los juegos digitales a las masas. Bushnell combinó su experiencia en ingeniería digital con un trabajo de media jornada en un parque de atracciones. Dabney se destacó en ingeniería analógica y de hardware. Juntos buscaron la forma de hacer que un dispositivo de arcade digital fuera económicamente viable. Tras varios intentos e inconvenientes, idearon formas de manipular una señal de video en la pantalla sin el control de una computadora. Más tarde, eliminaron por completo la parte costosa: la computadora. Al utilizar circuitos lógicos discretos, Bushnell y Dabney fabricaron un sistema fiable, menos complejo y, lo más importante, mucho más barato que las computadoras[30].

En 1971, *Computer Space*, un dispositivo de arcade que funcionaba con monedas, se convirtió en el primer videojuego comercializado. El juego se presentó en una cabina de fibra de vidrio futurista y curvilínea, que había sido diseñada por Bushnell con plastilina, construida por un fabricante de piletas y pintada con colores vivos y brillantes. *Computer Space* vendió mil unidades (en esa época, un juego de arcade no digital podría haber vendido unas dos mil unidades), lo que no les dio a Bushnell y Dabney el éxito repentino que esperaban. Aun así, los animó a crear una empresa llamada Atari y contratar a su primer

30. Steven L. Kent, *The Ultimate History of Video Games: From Pong to Pokémon and Beyond*, Nueva York: Three Rivers Press, 2001.

empleado, el informático e ingeniero Allan Alcorn. Sus destinos estaban a punto de cambiar para siempre[31].

Durante este período se produjeron de forma rápida enormes avances tecnológicos en el campo de los juegos digitales. Se involucraron numerosos actores; la carrera había comenzado.

En 1972, una rama de Magnavox, una empresa de electrónica de hardware, lanzó su versión del "nuevo campo de juegos electrónicos del futuro" o un "patio de juegos electrónico de circuito cerrado". Su solución técnica fue Odyssey, la primera consola de videojuegos comercial para el hogar, que adoptaba un enfoque diferente de lo que debía ser una consola. ¿Qué pasaría si, en lugar de intentar obtener toda la potencia de procesamiento necesaria para ejecutar un juego de una máquina separada, se utilizaran las capacidades incorporadas de un televisor? La mayoría de las personas interesadas en jugar ya tenían uno. Esta nueva consola doméstica también permitía a los consumidores comprar cartuchos separados con los videojuegos elegidos. El mercado de las consolas domésticas comenzó a tomar forma y se diferenciaba de Atari, que en ese momento apostaba por espacios compartidos y dispositivos independientes.

El desarrollo de Odyssey acercó los juegos al tipo de experiencia que conocemos hoy. La consola doméstica vendió alrededor de 70 000 unidades, apenas por debajo de lo previsto. Se debió principalmente al precio elevado de 99,95 dólares (el equivalente en 2024 de 750 dólares) y al desconocimiento del concepto en sí. Muchos asumieron que el dispositivo funcionaba exclusivamente con televisores de la marca Magnavox. Aun así, el alto grado de satisfacción de los clientes en las encuestas convenció a la empresa de seguir invirtiendo en la consola. Aunque los consumidores que jugaron al *Computer Space* de Atari dijeron que lo disfrutaban, también expresaron su frustración por la complejidad de las instrucciones. Bushnell y Dabney entendieron que el próximo juego tenía que ser mucho más sencillo. Después de presenciar una demostración del juego *Table Tennis* en la consola Odyssey

31. *Ibid.*

a principios de 1972, Bushnell le pidió a Alcorn que produjera un juego de ping-pong apto para arcade.

El resultado, desarrollado en apenas tres meses, fue el ahora legendario *Pong*, y el resto es historia. Esta vez, los controles eran muy sencillos: se podía mover una paleta verticalmente por la parte izquierda o derecha de la pantalla, mientras los jugadores hacían rebotar la pelota (un punto en la pantalla) de un lado a otro. El objetivo era que un jugador alcanzara once puntos.

Se obtenían puntos cuando un jugador no lograba devolverle la pelota al otro. Los jugadores podían competir entre ellos o contra el propio juego. Durante una prueba en un bar cerca de Atari, la máquina de *Pong* atrajo a una multitud enorme y se formó una fila de jugadores en la calle[32]. Atari sabía que tenía un éxito entre manos. Para evitar que la competencia los alcanzara y, peor aún, que se hiciera una réplica completa de su juego, aceleraron el proceso de producción de la máquina de arcade física. Se estima que en 1974 había 100 000 máquinas de juego operadas con monedas en Estados Unidos, lo que generó ingresos por 500 millones de dólares ese año[33].

Los videojuegos se globalizaron y Japón y Europa lanzaron sus propias industrias y establecieron bases de clientes. El mercado de videojuegos japonés, centrado sobre todo en la exportación, produjo consolas atemporales como Super Nintendo Entertainment Systems (SNES). Con orígenes en los juegos de cartas y juguetes analógicos, Nintendo entró en el mercado de juegos digitales en los años ochenta con la primera miniconsola portátil, llamada Game and Watch. El dispositivo vendió 43,4 millones de copias y se convirtió en el producto más popular de la compañía en sus cien años de historia[34]. El aspecto elegante y minimalista de la miniconsola, la calidad de su fabricación y la fa-

32. Steven L. Kent, *The First Quarter: A Twenty-Five-Year History of Video Games*, Bothell: BWD Press, 2000.

33. Ajustado por inflación. Fuente: *The Coin Operated and Home Electronic Games Market Report*, Nueva York: Frost & Sullivan, 1976.

34. Dale Bashir, "Treat Yourself to a Coveted Retro Console with the Game and Watch: Super Mario Bros.", IGN.com, 4 de agosto de 2023.

cilidad de uso revolucionaron el mercado de hardware de juegos portátiles y desplazaron la industria de los juegos hacia el este.

A partir de entonces, Nintendo se centró específicamente en los juegos y se convirtió en una piedra angular de la industria mundial de los videojuegos. Hasta Game and Watch, la compañía había sido conocida sobre todo por sus juguetes electrónicos, como *The Love Tester* (1969), una novedad que medía la "compatibilidad amorosa" entre dos personas que se tomaban de la mano y tocaban los sensores del dispositivo, y *The Ultra Machine* (1967), un juguete de lanzamiento de pelotas de béisbol automático. Hoy, Nintendo es un gigante tanto del hardware como del software de videojuegos. La compañía vendió más de 500 millones de dispositivos Game Boy (1989, 1996), Nintendo Switch (2017), Super Nintendo Entertainment System (SNES; 1990) y Nintendo DS (2004), y posee algunos de los productos de propiedad intelectual más rentables de todos los tiempos[35]. *Pokémon* (1996 en adelante), *The Legend of Zelda* (1986 en adelante) y *Super Mario* (1985 en adelante) son todos elementos fundamentales de la cultura pop y sus nuevos lanzamientos se esperan con gran expectativa.

También surgieron algunos actores clave en Europa. La consola británica BBC allanó el camino para que el Reino Unido se convirtiera en una potencia creativa en el desarrollo de juegos contemporáneos. Sinclair Research, con sede en Cambridge, desarrolló la computadora ZX80, que se exportó con éxito a todo el continente. A mediados de los años ochenta, estudios de videojuegos británicos como Rare crearon juegos que se volvieron grandes éxitos locales y la empresa escocesa DMA Design se convirtió en el gigante Rockstar North, creador de la serie *Grand Theft Auto*. La ex-Yugoslavia se convirtió en otra capital europea en la que proliferó la creación de videojuegos: por ejemplo, Galaksija era una computadora que los usuarios podían armar diseñada en Belgrado, que ofrecía una alternativa de juego más barata que las consolas de la época. También se establecieron

35. Damien McFerran, "Thanks to Switch, Nintendo Has Now Sold Over Half a Billion Handheld Consoles", *Nintendo Life*, 7 de mayo de 2021.

estudios de videojuegos en Croacia, Eslovenia y Eslovaquia, entre otros países[36]. La falta de acceso al hardware en la Unión Soviética obstaculizó su progreso en el frente de la creación de juegos, pero aun así fue la cuna de uno de los videojuegos más famosos de todos los tiempos: el *Tetris*.

Sin embargo, es casi imposible no situar la historia política de los videojuegos en Estados Unidos. En el proceso de desarrollo de los videojuegos, las potencias tecnológicas occidentales sofocaron activamente la innovación en otros lugares. En ese período crucial, el capital y el poder de investigación se concentraron en Estados Unidos, lo que generó un efecto de bola de nieve, y los descubrimientos tecnológicos posteriores se produjeron en círculos similares. Esos descubrimientos se publicitaron y semimpusieron al resto del mundo con fuertes restricciones a la propiedad.

Por otra parte, los años sesenta y principios de los setenta también fueron una época única en Estados Unidos, en la que se destinaron grandes sumas de fondos públicos a la investigación científica. Muchas personas que creaban empresas privadas querían estar cerca de la acción. Silicon Valley se convirtió en un centro de intercambio de ideas e iteraciones, y a veces de robo de ideas, con el objetivo de canalizar el conocimiento adquirido públicamente hacia industrias privatizadas.

QUIÉNES JUEGAN

El proceso de creación de videojuegos era inaccesible para la mayoría, lo que solidificó un grupo estratificado de agentes del cambio en este campo. Su misión era promover tecnologías específicas y un nuevo mercado de mercancías, en lugar de cuestionar el significado cultural y político de este nuevo terreno. Como demuestra la historia en la siguiente sección, la demografía de las

36. Damiano Gerli, "A Discussion on the European Gaming Market in the 80s", *Genesis Temple*, 30 de abril de 2022.

personas detrás de estas innovaciones también resultó ser significativa y, como era de esperar, un punto de disputa.

El reclutamiento de hombres durante la Segunda Guerra Mundial hizo que los sectores de tecnología, fabricación e investigación pasaran a depender de las trabajadoras. Durante ese período, las mujeres coordinaron la informática balística, aunque los ingenieros hombres que quedaban consideraban que no tenían la experiencia suficiente para realizar esa tarea. En los años cuarenta, mucho antes de la era de los videojuegos, casi todas las personas empleadas como computadoras (¡sí, ese era el término!) eran mujeres. Según la profesora del MIT Jennifer S. Light, incluso los hombres reconocían que "la programación requiere mucha paciencia, persistencia y atención a los detalles, y esas son características que tienen muchas chicas"[37].

Grace Hopper fue una de las primeras mujeres en obtener un doctorado en matemáticas de Yale en 1934. Fue una de las tres primeras "programadoras" modernas y es conocida sobre todo por su contribución pionera al desarrollo de lenguajes informáticos. Se presentó como teniente voluntaria en la Reserva Naval de Estados Unidos durante la guerra. La Armada la asignó al proyecto informático de la Bureau of Ordnance en Harvard, donde su tarea fue programar la computadora Mark I. Incluso acuñó el término "error informático", después de que una polilla provocara un cortocircuito en el modelo Mark II.

De manera similar, en Gran Bretaña, Joan Clarke trabajó de forma estrecha con Alan Turing en la tan importante máquina Enigma, construida en Bletchley Park. Los métodos creados para aumentar la velocidad de los mensajes doblemente encriptados recibieron los nombres de los hombres que los desarrollaron. Ese no fue el caso de Clarke, cuyas contribuciones han sido en gran medida olvidadas por la historia.

En 1962, tres mujeres negras (Katherine Johnson, Mary Jackson y Dorothy Vaughan) trabajaron como matemáticas de la NASA en el cálculo de las rutas de vuelo que pusieron a John

37. Jennifer S. Light, "When Computers Were Women", *Technology and Culture* 40: 3, 1999, 455-83.

Glenn en órbita. La premiada película de Hollywood *Talentos ocultos* rinde homenaje a este trío influyente e inspirador. Pero el período en el que las mujeres lideraron la tecnología y, por extensión, los videojuegos duró poco. Después de la Segunda Guerra Mundial, el porcentaje de mujeres programadoras en Estados Unidos se desplomó: en los años cincuenta, solo alrededor del 40 % de los programadores informáticos eran mujeres, y para 1960 la cifra era del 25 %. Hoy, alrededor del 8 % de los programadores en Estados Unidos son mujeres y las estadísticas no son mejores en otras partes del mundo. Si bien las mujeres ocupan cada vez más puestos en los sectores de arte, diseño y recursos humanos en las empresas de videojuegos, sigue habiendo muy pocas programadoras.

¿Cuáles fueron las condiciones que provocaron este dramático cambio demográfico? En 2017, un programador de Google difundió un informe en el que se utilizaban estereotipos de género para argumentar que las mujeres eran inherentemente peores programadoras que los hombres. En la nota dice que "las mujeres, en promedio, padecen más neuroticismo (mayor ansiedad, menor tolerancia al estrés), lo que puede contribuir a los niveles de ansiedad más altos que las mujeres informan en Googlegeist y al menor número de mujeres en trabajos de estrés alto". ¿Cómo se llegó a esta situación?

En su libro de 2018 *Brotopia: Breaking Up the Boys' Club of Silicon Valley*, Emily Chang describe esta transición de manera perspicaz y en detalle. Si bien sus hallazgos se centran en la industria tecnológica en general, también se pueden aplicar con facilidad a la industria de los videojuegos. Cuando este emocionante y flamante campo de la tecnología comenzó a prosperar, y se necesitaron miles de empleados más, las grandes empresas utilizaron pruebas de aptitud técnica para identificar y contratar programadores. Estas pruebas filtraban los rasgos que se consideraban esenciales para programar bien, como el pensamiento lógico y el razonamiento abstracto. Solo en 1967, 700 000 personas realizaron el Test de Aptitud para Programadores de IBM, que en aquel momento era la puerta de entrada a la profesión.

Sin embargo, las pruebas de aptitud no fueron suficientes para algunos y una evaluación más "psicológica" fue necesaria para identificar no solo buenos programadores, sino también programadores "felices", que pudieran permanecer en la profesión y en el puesto a largo plazo. A mediados de los años sesenta, una rama de IBM llamada System Development Corporation encargó a dos psicólogos, William M. Cannon y Dallas K. Perry, que definieran una escala de intereses vocacionales, un perfil de personalidad que pudiera predecir qué tipos de programadores tenían buenas posibilidades de convertirse en programadores felices. Cannon y Perry analizaron a 1378 programadores, de los cuales solo 186 eran mujeres, y utilizaron los resultados para construir una escala que creían que podía predecir la satisfacción y, por lo tanto, el éxito en ese campo.

Basándose en la encuesta, concluyeron que las personas a las que les gustaba resolver acertijos de diversos tipos, de matemáticos a mecánicos, eran buenos programadores. Tenía sentido. La segunda conclusión era mucho más especulativa. Basándose en los datos que habían recopilado de los programadores, en su mayoría hombres, Cannon y Perry decidieron que los programadores satisfechos compartían una característica sorprendente: "No les gusta la gente". En el informe final, escribieron, específicamente, que a los programadores "no les gustan las actividades que implican una interacción personal cercana; por lo general, están más interesados en las cosas que en las personas".

Esta caracterización supuso inmensas limitaciones para las carreras de las mujeres. Sin embargo, cabe señalar que el nacimiento del estereotipo del hombre solitario, socialmente inepto y *nerd* también fue perjudicial para la percepción que los hombres tenían de sí mismos. A partir de ese tipo de encuadres, se forman subculturas y, dentro de ellas, márgenes donde puede producirse la radicalización. En ese momento de la historia, esas prácticas no solo reflejaban, sino incluso construían y determinaban de manera activa gran parte del aspecto que tienen los videojuegos hoy en día.

Cannon y Perry declararon que su nueva escala sobre programadores era más "apropiada" que las pruebas de aptitud existentes y que ayudaría a las escuelas, los centros de orientación vocacional y los encargados de contratación de personal de todo el país a seleccionar a los mejores programadores. El uso de su test de personalidad se generalizó, lo que significaba que las personas eran contratadas no solo por su talento o nivel de interés, sino también, al menos en parte, sobre la base de dudosas suposiciones sobre qué tipo de personalidad hacía feliz y productivo a un programador. Este fue el comienzo de un estereotipo duradero que limitó las oportunidades en el campo para generaciones de mujeres y personas de otros géneros marginados o demografías afectadas de otra manera[38].

Esta pronunciada caída en la aceptación también podría tener relación con la manera y edad en que los niños aprendían a programar. La llegada de las computadoras personales a finales de los años setenta redefinió el grupo de estudiantes que cursaban carreras de informática en las universidades estadounidenses. Hasta ese momento, las computadoras eran un bien escaso y costoso, que se encontraba sobre todo en centros de investigación o entornos corporativos que proporcionaban igualdad de condiciones: la programación era algo nuevo para todos los estudiantes. La situación cambió con la introducción de las computadoras personales, como la Commodore 64 y la TRS-80. Las familias que podían costear estas máquinas dieron a sus hijos una ventaja para adquirir conocimientos en materia de programación. A mediados de los años ochenta, los estudiantes que iniciaban sus estudios ya eran programadores competentes.

La tecnología empezaba a comercializarse para una determinada población, predominantemente hombres blancos, y eso se reflejaba en los estudiantes que se matriculaban. Clive Thompson escribió lo siguiente en el *New York Times* en el artículo "La historia secreta de las mujeres en la programación": "Los niños tenían más del doble de probabilidades de que sus padres les regalaran una computadora. Y si los padres compraban

38. Emily Chang, *Brotopia: Breaking Up the Boys' Club of Silicon Valley*, Nueva York: Portfolio/Penguin Random House, 2018.

una computadora para la familia, la mayoría de las veces la ponían en la habitación de los hijos, no en la de las hijas"[39].

Thompson entrevistó a Jane Margolis, una académica de la Universidad Carnegie Mellon, que pintó un panorama revelador. "A menos que una llevara años programando de manera obsesiva, no era bienvenida en el aula". Margolis agregó: "Si los hombres podían dedicarse a otras actividades, las mujeres que expresaban el mismo deseo se sentían juzgadas por no estar lo suficientemente 'comprometidas'. En el segundo año, muchas de esas mujeres, asediadas por las dudas, comenzaron a abandonar el programa". Según un estudio de 1983 sobre estudiantes del MIT, "las mujeres que levantaban la mano en clase a menudo eran ignoradas por los profesores e interrumpidas por los demás estudiantes. El comportamiento en algunos grupos de investigación "es similar al de un vestuario", concluía el informe, y los hombres calificaban de manera abierta lo "lindas" que eran sus alumnas"[40].

Por supuesto, a finales de los años setenta, la necesidad de tener y saber utilizar una computadora personal excluía de la industria tecnológica no solo a las mujeres, sino también a las personas de clase trabajadora. En América del Norte, esta disparidad afectó de manera desproporcionada a las poblaciones negras, latinas e indígenas. El efecto a nivel internacional también fue marcado. Mientras Estados Unidos avanzaba a toda velocidad en materia de alfabetización informática y en la construcción de su propia infraestructura, otras regiones progresaron de forma más lenta debido a la falta de inversión activa al principio y, luego, a la necesidad de acceder a patentes costosas y al precio de las licencias de software. Surgió un cierto monopolio tecnológico, orientado a los intereses de la hegemonía occidental.

Estas condiciones solo empezaron a cuestionarse cuando, unas décadas más tarde, se produjo una escisión entre las ubicaciones donde se desarrollaban el software y el hardware. Si bien Estados Unidos albergaba una gran cantidad de propiedad

39. Clive Thompson, "The Secret History of Women in Coding", *New York Times*, 13 de febrero de 2019.

40. *Ibid.*

intelectual, la decisión posterior de muchas empresas estadounidenses de subcontratar la construcción de hardware cambiaría el equilibrio de poder. La adopción masiva de dispositivos digitales en oficinas y hogares en el resto del mundo quedó rezagada hasta los años noventa, cuando se produjo un cambio en gran medida gracias al sistema operativo Windows, que era más accesible (es decir, más pirateable).

El fenómeno de la expulsión de las mujeres y niñas del trabajo informático se produjo en paralelo a lo que sucedía en Atari. *Pong* supuso un enorme éxito para la empresa, pero las ganancias más importantes llegaron con la decisión de introducirse en el mercado de las consolas, en lugar de fabricar exclusivamente gabinetes de arcade. Resulta que también eran muy buenos en eso. En 1975, Atari registraba 3 millones de dólares en ventas y 40 millones de dólares en ventas (el equivalente en 2024 a 17,5 millones de dólares y 233 millones de dólares, respectivamente). En 1976, la empresa obtuvo 28 millones de dólares cuando la marca fue vendida a Warner Communication. La temática de los videojuegos aún no se había vuelto demasiado sangrienta (todavía faltaban quince años más o menos para eso), y los títulos de finales de los años setenta, como *Gotcha* (1973), *Tank* (1974) y *Breakout* (1976), atraían tanto a niños y a niñas como a hombres[41].

Sin embargo, la cultura corporativa de Bushnell parecía un club de chicos fracasado, lo que excluía aún más a las mujeres de la industria. Un anuncio de Apple de 1985 mostraba la ayuda que una computadora le proporcionaba a un chico llamado Brian y lo mucho que Brian se divertía burlándose de una chica que intentaba usar una computadora. La industria de los videojuegos ya dominaba este tipo de publicidad excluyente. En un anuncio de Atari de 1973, una mujer alta con un vestido transparente aparecía junto a su máquina de arcade *Computer Space*. Resulta asombroso que ya se considerara que juegos tan abstractos, con pocos temas explícitos, atraían a un solo género.

En 2018, después de que el fundador de Atari, Nolan Bushnell, recibiera el Pioneer Award en la Games Developers

41. Scott Cohen, *Zap! The Rise and Fall of Atari*, Nueva York: McGraw-Hill, 1984.

Conference en San Francisco, varias personas finalmente contaron lo que sucedía en las oficinas en Sunnyvale, California[42]. Según relataron, las reuniones de la junta se llevaban a cabo en jacuzzis (por supuesto, todos los miembros de la junta eran hombres), y las empleadas junior eran persuadidas de manera sórdida para que se unieran a la diversión. Se distribuía marihuana y cocaína libremente durante las horas de trabajo[43].

En un perfil de Atari en *Playboy*, Bushnell, que solía lucir con orgullo una remera con la frase "Me gusta coger", recordó que los prototipos de las máquinas llevaban el nombre de empleadas atractivas[44]. La versión doméstica de *Pong* se llamaba Darlene, porque "era tetona y tenía una cintura muy pequeña, como una de nuestras empleadas". Cabe señalar que este no fue el primer perfil de Atari en una revista porno. Un periodista de la revista francesa *Oui* (que en los años setenta era el nombre de una revista pornográfica para adultos de tono más vulgar) fue invitado a pasar un rato en las oficinas de Atari para la edición de septiembre de 1974. "Si la rentabilidad fuera agua —escribió Robert Wieder—, Atari podría contener a la Sexta Flota"[45].

Los informes sugieren que después del horario laboral se filmaban películas porno profesionales en las oficinas de Atari. Si bien el apoyo a la industria porno local con sus recursos puede ser encomiable, poco se sabe sobre las prácticas laborales que se promovían allí, aparte de lo que dan a entender las propias imágenes; se presume que la filmación se llevó a cabo sin el conocimiento de la fuerza laboral femenina de Atari. Si bien la cultura de Atari intentaba parecer sexy con desesperación, era inequívocamente sexista. Sin duda, los actos descritos eran la norma en la mayoría de los primeros centros de las empresas tecnológicas,

42. Le quitaron el premio de inmediato tras una protesta en las redes sociales, liderada sobre todo por parte de antiguas empleadas de Atari.

43. Adam Fisher, *Valley of Genius: The Uncensored History of Silicon Valley*, Nueva York: Twelve/Grand Central Publishing, 2018.

44. David Kushner, "Sex, Drugs and Video Games: The Untold Story of Atari", *Playboy*, 19 de julio de 2012.

45. Robert Wieder, "A Fistful of Quarters", *Oui*, 1974.

pero un entorno de trabajo así nunca podría mejorar de forma sustancial la cantidad de mujeres en la floreciente industria de los videojuegos; de hecho, es probable que se haya consolidado un cierto *statu quo* durante bastante tiempo. Como escribió con pesar Cecilia D'Anastasio de Kotaku: "Es una cultura en la que alardear de secretarias 'tetonas' (incluso hasta 2012) adorna el mito de Atari en lugar de enturbiarlo"[46].

Este grupo demográfico de hombres blancos pronto comenzó a definir no solo cómo se creaba este nuevo género de entretenimiento, sino también su contenido. Las consecuencias tuvieron gran alcance.

LA CRISIS

Un momento crucial en los inicios de la historia económica de la industria mundial de los videojuegos fue la crisis de 1983, que tuvo lugar principalmente en Estados Unidos. Las razones fueron múltiples: mala gestión, saturación del mercado en cuanto al número de consolas y juegos disponibles, muchos de ellos de mala calidad, así como la disminución del interés en los juegos de consola en favor de las computadoras personales. Las cifras son asombrosas: los ingresos de los videojuegos domésticos alcanzaron aproximadamente 3200 millones de dólares en 1983, y luego cayeron a unos 100 millones en 1985. ¡Fue una caída de casi el 97 %![47]. Se rumorea que hay cientos de miles de cartuchos de videojuegos de Atari enterrados en un basurero de Nuevo México, ya que fue imposible venderlos.

La crisis, que duró de 1983 a 1985, llevó a la quiebra a numerosas empresas de desarrollo de juegos y producción de consolas. Algunos pensaron que el cambio sería permanente y que

46. Para acceder a una importante contribución sobre todo este tema, ver Cecilia D'Anastasio, "Sex, Pong, and Pioneers: What Atari Was Really Like", *Kotaku*, 12 de febrero de 2018.

47. Andrew Boyd, "The Video Game Crash of 1983", *Engines of Our Ingenuity*, 7 de enero de 2016.

la viabilidad de una industria global popular era una quimera. Si bien el mercado norteamericano se recuperó, se debió en gran medida al éxito generalizado de la consola de exportación japonesa Nintendo Entertainment System (NES). Esta consola de 1983, rebautizada como Famicom para el público occidental, reinició el mercado de la industria de los videojuegos en América del Norte. Otros países capearon la tormenta mucho mejor: Europa dependía mucho menos del mercado de las consolas y, por lo tanto, estaba menos contaminada por títulos de baja calidad. Los videojuegos habían llegado para quedarse, pero la forma de producirlos y comercializarlos estaba a punto de entrar en una nueva era.

Además de desplazar el centro geográfico de la industria de los videojuegos, con Japón ahora a la cabeza, la crisis fomentó que las empresas adoptaran técnicas de marketing más extremas.

Antes de esa época, aparte de unas pocas excepciones notables como los "esfuerzos" de Atari, la publicidad de los videojuegos no era tan explícitamente divisiva. En los años setenta y ochenta, *Adventure* (1980), *Combat* (1977) y *Space Invaders* (1978) se vendían a través de canales de juguetes para toda la familia. Toru Iwatani, el creador de la sensación japonesa de los años ochenta *Pac-Man*, también quería ampliar el público del juego más allá de la demografía típica de chicos jóvenes y adolescentes. Había notado que los salones de arcade eran mucho menos frecuentados por chicas y mujeres, y quería cambiar esa situación. *Electronic Games* informó en 1982 que *Pac-Man* era "el primer videojuego comercial que contaba con un gran número de jugadoras". Larry Berke, director de ventas de Midway, la empresa titular de la licencia estadounidense de *Pac-Man*, recordó lo siguiente: "Las mujeres no dejaban de llamarnos para decirnos que era 'adorable'"[48]. Al final, un juego que evitaba la violencia y no tenía una barrera de entrada deliberadamente alta vendió millones de copias entre jugadores ocasionales, entre ellos las mujeres. Muchas parejas, grupos de amigos y familias enteras jugaban a estos juegos.

48. Tristan Donovan, *Replay: The History of Video Games*, Lewes: Yellow Ant, 2010.

Después de 1983, la atención se centró en un cierto tipo de consumidor. En el artículo de *Polygon* "No Girls Allowed" (No se permiten chicas), la periodista Tracey Lien desentrañó la historia detrás del estereotipo de que los videojuegos eran para chicos y obtuvo esta esclarecedora cita de un vendedor de juegos de la época:

> Al saber que se tienen fondos limitados, no se puede comercializar de forma azarosa. No es posible enfocarse en cualquiera, es necesario tener una marca diferenciada de manera clara y específica porque eso influirá en el lugar donde se publiquen tus anuncios y en el tipo de anuncios que publiques. Ese nicho, esa segmentación facilita a los profesionales del marketing mantener una conversación muy sucinta con su público objetivo sin gastar demasiado y tratar de llegar a todo el mundo. Así que la industria se enfocó en los varones[49].

¡Y así fue! La crisis de los videojuegos en 1983 marcó la creación de una cierta hegemonía: en Estados Unidos, los juegos eran creados casi exclusivamente por hombres jóvenes para complacer a un público compuesto casi exclusivamente por hombres jóvenes. Las empresas de videojuegos fueron explícitas: durante el evento de la Boston Computer Society de septiembre de 1983, un ejecutivo de la computadora Adam afirmó que su público objetivo era "los chicos de 8 a 16 años y sus padres. Creemos que esos son los dos grupos que realmente impulsan la compra de computadoras". Cuando el público lo abucheó durante su discurso, el ejecutivo se limitó a decir que la estrategia de marketing se basaba en la investigación del mercado[50].

La posterior expansión de la industria japonesa de los videojuegos no ayudó a mejorar la situación. Los títulos seguían muchos de los tropos cosificadores y a menudo misóginos que se encuentran en la cultura de algunos cómics de la cultura del

49. Tracey Lien, "No Girls Allowed", Polygon.com, 2 de diciembre de 2013. *Polygon* es uno de los mayores sitios web estadounidenses de entretenimiento y videojuegos. Publica blogs, reseñas, guías, videos y noticias, principalmente sobre videojuegos. Es propiedad de Vox Media.

50. Time stamp 44:40, "Coleco Presents the Adam Computer System", YouTube, 3 de mayo de 2016, publicado por el Computer History Museum.

anime. Además, el megaéxito de 1985, *Super Mario*, utilizó el tropo de la damisela en apuros, que se convirtió en un elemento básico de los temas de los videojuegos[51]. Tracey Lien, de Polygon, destaca la historia de *Myst* (1993), un juego que se lanzó el mismo año que *Doom*, pero que generó más ganancias, atrajo a un público femenino numeroso y, sin embargo, no tuvo la misma importancia cultural. "¿Por qué? Porque a los desarrolladores de videojuegos no les importó. Dirigirse a los hombres funcionaba... Las industrias tienden a mirar más allá de su objetivo demográfico existente solo cuando el mercado se satura por completo"[52].

En *Myst*, el juego de acertijos de aventuras en primera persona, no hay diálogo, ni enemigos, ni límite de tiempo ni forma de morir. Gracias a eso, todavía tiene el récord Guinness como el videojuego de aventuras menos violento de la historia. Dejando a un lado los premios, *Myst* fue uno de los juegos de PC más vendidos durante los noventa pero, curiosamente, no alcanzó los honores que se le atribuyeron a *Doom*. De manera similar, *Barbie Fashion Designer* (1996) atrajo a toda una generación de jugadores y superó en al menos medio millón de copias las ventas de *Doom* en los primeros meses posteriores al lanzamiento[53]. El deseo de violencia de los creadores de videojuegos se impuso incluso a la lógica de mercado de las ventas.

Los años ochenta trajeron consigo otra transformación fundamental en la industria global de los videojuegos. Si bien el eje de poder en campos como la propiedad intelectual, el diseño de hardware y la creación de software aún permanecía firme en Occidente,

51. Se podría escribir un libro entero sobre la política del anime. Es un campo extremadamente diverso, con numerosas expresiones artísticas y sociales. Por ejemplo, Studio Ghibli, uno de los estudios de animación de anime más famosos, produce películas que incluyen temas de ambientalismo, pacifismo, feminismo, anticonsumismo, entre otros. Una vez más, que la estética sea desconocida para muchos (sobre todo en Occidente), no significa que no sea increíblemente rica en cuanto a su significado.

52. Amanda Hess, "A History of Sexist Video Game Marketing", *Slate*, 4 de diciembre de 2013.

53. Mary Kenney, "A Generation of Gamers Started Out Playing Barbie Fashion Designer", *Harper's Bazaar*, 20 de diciembre de 2022. Este artículo es una hermosa oda a este juego encantador.

la fabricación y los recursos estaban a punto de cambiar ese equilibrio. Durante esa década, los países del este asiático entraron en el mundo de los videojuegos desde un ángulo inesperado.

El 23 de febrero de 1983, a raíz de la crisis, el *New York Times* informó que Atari estaba trasladando la mayor parte de sus fábricas de California a Hong Kong y Taiwán. El objetivo era reducir costos. Sin embargo, la consecuencia fue el despido de casi 2000 trabajadores en Estados Unidos. En un comunicado, la empresa dijo que "lamentaba profundamente las dificultades que este paso necesario para lograr reducciones de costos de fabricación puede causar a los trabajadores afectados de la comunidad"[54]. Al alegar la competencia de otras empresas, como Commodore, así como el creciente mercado de computadoras personales, Atari cambió para siempre la ética de la creación de su hardware y, podría decirse, por extensión, la ética de todos los juegos de sus dispositivos. Si bien algunos trabajadores tuvieron una actitud desafiante y ocuparon por tiempo breve las instalaciones de Atari en Limerick, Irlanda, y retuvieron existencias y maquinaria, el traslado a territorios con salarios más bajos pareció ser permanente[55]. Otras empresas siguieron su ejemplo.

Ese fue probablemente el cambio más significativo en la industria global de los videojuegos: una decisión desastrosa desde el punto de vista medioambiental, para reducir costos y aumentar los beneficios. Como resultado, los videojuegos se volvieron completamente dependientes de las líneas de fabricación del Sur Global. Este movimiento es inseparable de cualquier debate sobre la política en los juegos digitales. A diferencia de la mayoría de las demás prácticas culturales y de entretenimiento, los juegos están vinculados centralmente a esta circunstancia. Todo el hardware que se utiliza para los juegos (computadoras personales, consolas domésticas y, últimamente, celulares) se ensambla en fábricas plagadas de abusos laborales en el este de Asia y se utilizan

54. Leslie Wayne, "Atari Moving Most Production", *The New York Times*, 23 de febrero de 1983.

55. Peter McNiff, "Atari Workers Protest", *RTÉ News*, 7 de enero de 1985, archivado en rte.ie.

recursos naturales extraídos de África Central en condiciones de desplazamiento masivo, trabajo esclavo y enorme corrupción.

LA TOMA DEL PODER

Después de 1983, se aprendieron lecciones y surgieron nuevos centros de este universo. Algunas empresas se declararon en quiebra y las que persistieron se centraron sin piedad en el marketing inteligente y la tercerización. Los beneficios empezaron a llegar de nuevo a cuentagotas. El siguiente momento decisivo en la historia del desarrollo de los videojuegos no vino de las grandes fluctuaciones económicas o del mercado, sino de una única técnica, un único título: el juego de disparos en primera persona. Un grupo de jóvenes góticos, que hasta entonces habían vendido sus creaciones a una revista mensual que regalaba CD con juegos, estaban a punto de cambiar la industria para siempre.

Hasta ese momento, las limitaciones técnicas solo permitían la creación de unos pocos géneros de juegos: las vistas de arriba abajo, de izquierda a derecha y el movimiento restringían la creatividad. Había juegos de plataformas populares, de resolución de acertijos y de gestión con perspectiva arriba abajo, pero ninguna empresa había logrado crear un juego que permitiera a los jugadores sumergirse de verdad en un entorno, en lugar de gestionarlo.

En septiembre de 1990, el programador informático estadounidense John Carmack desarrolló una forma eficiente de desplazarse rápidamente por los gráficos de manera lateral desde la perspectiva de la primera persona en una computadora personal. Por lo tanto, el jugador podía estar de pie en una habitación del juego y observar su entorno, así como moverse hacia adelante, hacia atrás y hacia los lados. Nunca se había conseguido una perspectiva tan realista. Por fin los jugadores podían sentir que caminaban por un espacio particular.

Los programadores John Romero, Tom Hall y Adrian Carmack, quienes trabajaron con otros miembros de lo que se convertiría en id Software, sabían que tenían algo especial entre manos. Para probar las funcionalidades del juego, decidieron crear una nueva versión de *Castle Wolfenstein*, que había sido desarrollado por Muse Software para la computadora Apple II en 1980. El concepto era bastante radical: ¡un juego de disparos nazi! El libro de 2003 *Masters of Doom: How Two Guys Created an Empire and Transformed Pop Culture*, de David Kushner, explica este momento en detalle. El equipo estaba interesado en la idea, ya que Romero, Hall y John Carmack tenían buenos recuerdos del *Castle Wolfenstein* original y sentían que la jugabilidad de *shooter* laberíntico encajaba bien con el motor de juego 3D de Carmack. Entusiasmado por la recepción de la idea por parte de sus colegas, Romero propuso un juego de acción rápida, "ruidoso" y "*cool*", en el que el jugador pudiera disparar a los soldados antes de arrastrar sus cuerpos y saquearlos. El núcleo de la jugabilidad sería simple, ya que Romero creía que, debido a la novedad de un juego en 3D y al esquema de control, los jugadores no querrían un funcionamiento más complicado y lento.

Wolfenstein 3D, ahora llamado el abuelo de los juegos de disparos, demostró muy bien este nuevo concepto y le generó a id Software 2,5 millones de dólares en ingresos, ya que se vendieron 250 000 copias. Sin embargo, el equipo sabía que podía llevar la mecánica de la perspectiva en primera persona aún más lejos. Para demostrarlo, optaron por una extravagancia *gore* con simbología cristiana distorsionada, imágenes inspiradas en El Bosco y demonios en abundancia. *Doom* era un juego basado en el infierno y lo cambió todo. El legado de este juego es innegable. Revolucionó los videojuegos de muchas maneras. Los que hoy se denominan juegos de disparos en primera persona, que para muchos jugadores es sinónimo de videojuego, durante años se llamaron clones de *Doom*. *Doom* se convirtió en un ritual para los jóvenes de la época, incluida yo: compartíamos el disquete, lo jugábamos en la escuela. Llevó la popularidad y la repercusión social de los juegos a un nuevo nivel. En la era del *grunge* y el pánico satánico, se culpó a elementos de la cultura popular como *Doom* de los males de la juventud. Los medios populares desestimaron la alienación, la inseguridad económica y social y las crisis de salud mental y denunciaron al verdadero culpable: los videojuegos[56].

De hecho, *Doom* dio a muchos un sentido de comunidad y pertenencia. Las cualidades asociadas a ser un marginado en otros entornos aquí eran celebradas. El juego inspiró conversaciones y horas de socialización. Si bien la estética sangrienta se convirtió en un catalizador para algunos de los rasgos más tóxicos de los videojuegos, que serían difíciles de eliminar, sobre todo la insistencia en que un videojuego se define por un evento violento, también introdujo el arte del juego creativo y la creación de juegos a millones de personas.

El título de 1983 *Lode Runner* había originado el concepto de *modding*. El juego proporcionó un editor de niveles en el que los jugadores podían crear sus propios niveles y compartirlos con otros jugadores en la misma computadora. Pero el lanzamiento de *Doom* permitió que el *modding* realmente floreciera. Los desarrolladores separaron de manera deliberada el motor del juego de los recursos, lo que permitió que los entusiastas digitales diseñaran su propia "apariencia" para el juego, redefinieran los niveles y utilizaran distintas *skins*, reimaginaran el producto, mejoraran el arte de los personajes y manipularan el ambiente del juego.

Los resultados fueron asombrosos y se crearon muchas piezas extraordinarias de arte digital. Ahora cada usuario podía darle al título un nuevo aspecto y estilo, volviéndolo propio. Por primera vez, algunas de las piezas que surgían de estos intentos más abstractos de reimaginar un juego, incluidas las *machinimas*[57], se exhibían en exposiciones de arte improvisadas y vitrinas digitales, simplemente intercambiando un disquete.

Por lo tanto, el lanzamiento de *Doom* fue un hito crucial en la narrativa sobre los videojuegos. Las mecánicas abstractas que prevalecían en los juegos antes de *Doom* eran capaces de crear

56. David Kushner, *Masters of Doom: How Two Guys Created an Empire and Transformed Pop Culture*, Nueva York: Random House, 2003.

57. *Machinima* es el uso de motores gráficos de videojuegos en tiempo real para crear una producción cinematográfica. El término *machinima* es la unión de las palabras *machine* (máquina) y *cinema* (cine).

una historia: se utilizaban líneas de diálogo y cierto grado de formación de personajes. Pero la inmersión, el corazón de los juegos tal como se perciben hoy, hizo que *Doom* se destacara. Gracias a la perspectiva en primera persona, un mundo alternativo transportaba al usuario al interior del juego y era lo suficientemente sofisticado como para resultar inmersivo de verdad. Y el mundo al que los jugadores eran atraídos ofrecía una variedad de opciones. El juego se abrió y permitió una reinvención de sus propios límites. Este éxito también produjo desventajas: lamentablemente, la mecánica innovadora de *Doom*, envuelta en su estética violenta, consolidó en la cabeza de muchas personas en qué consisten los videojuegos. Una imagen que aún hoy es difícil de borrar.

Por último, fue el primer juego con potencial para ser realmente viral. *Doom* estaba muy bien optimizado, tenía un tamaño digital minúsculo y, como resultado, era fácil de piratear. Se podía compartir y jugar en una variedad de dispositivos, lo que le otorgó el estatus de clásico de culto mundial. Hasta ese momento, los juegos estaban relativamente encerrados en infraestructuras aisladas. Luego de esa época dorada de fácil distribución, los muros se volvieron a levantar, y las opciones de hardware para juegos se limitaron mediante estrictos servicios de suscripción y hardware extremadamente patentado. Esta generación de videojuegos produjo la sensación de que este medio podía ser casi ilimitado.

Sin embargo, las comunidades de juegos sociales, tal como las conocemos hoy, se establecieron en una etapa ligeramente anterior. Misma historia, distinto juego: la mecánica volvió a definir el género. Dos cajas de colisión detectan el daño a la salud que se genera cuando interactúan[58]. Dos oponentes presionan botones en un gabinete de arcade en una combinación única y compiten para reducir dicha salud. Hoy, *Street Fighter II* tiene una de las bases de fanáticos más leales y devotas del ámbito mundial de los videojuegos, y las competencias anuales que atraen a miles de aficionados de todas las generaciones. Esta creación de 1991 del

58. Caja de colisión: forma invisible que delinea todo o parte de un modelo (como en un videojuego) y que se utiliza para determinar si otro objeto colisiona con el modelo.

desarrollador japonés Capcom no es sutil en cuanto a la estética: hombres y mujeres musculosos y personajes que representan todos los estereotipos raciales y de género imaginables ajustan cuentas de manera violenta en varias ubicaciones geográficas. Para los jugadores profesionales, los gráficos o la trama del juego son absolutamente irrelevantes; todo lo que ven es la velocidad y el tamaño de sus cajas de colisión. John Romero pensaba de manera similar sobre *Doom* y otros juegos de disparos: se pueden considerar ejercicios de limpieza de pantalla, que aprovechan la satisfacción inherente a la eliminación de un nivel de enemigos caóticos, deleitándose en la higiene y la precisión de todo ello[59].

Los juegos de lucha expusieron otra desigualdad provocada por la industria: ¿quién juega o logra ganar en los videojuegos y cómo? En la mayoría de los demás formatos de videojuegos, el tiempo y el dinero que los jugadores invierten en última instancia los favorecen. Un competidor puede invertir monedas para practicar contra *bots* de IA, que probablemente imitarán la mayoría de los movimientos de otro jugador. Los juegos de lucha en realidad no funcionan de esa manera. Por supuesto, practicar, y practicar mucho, es importante, pero lo crucial es practicar el juego en un contexto real, contra jugadores mejores. Por mucho que se juegue en línea, nada se parecerá a los movimientos y los juegos mentales a los que se enfrentan los jugadores cuando compiten contra los campeones actuales. Este fenómeno, junto con los problemas de latencia[60], genera la necesidad de realizar torneos en vivo y sesiones en la vida real.

La demografía de la comunidad de juegos de lucha occidentales es de clase trabajadora, a menudo proveniente de minorías étnicas y raciales. No pueden pasar días practicando, pero incluso si algunos pueden, la práctica no se ve recompensada con ninguna ventaja seria. Existe un precedente histórico para esta meritocracia sin clase: la cultura arcade. Según una investigación

59. Nic Reuben, "House Flipper 2 Review–Moreish and Meditative Fixer-Upper Fantasy", *The Guardian*, 13 de diciembre de 2023.

60. Latencia: el tiempo que transcurre entre pulsar un botón y que se registran y se muestran los efectos en el juego.

de la historiadora Carly A. Kocurek, la mayoría de los jugadores insistían en que el dinero que metían en las máquinas de arcade no se lo daban sus padres, sino que lo ganaban haciendo tareas domésticas, juntando botellas y latas para recuperar el depósito, repartiendo diarios o en otros trabajos esporádicos[61]. Pero aunque los jugadores tuvieran más monedas en el bolsillo, si perdían, volvían al final de la fila.

Gran parte de la cultura de los primeros salones de arcade fue desmantelada de forma deliberada: estos espacios estaban mal mantenidos y eran vigilados en exceso. Como es habitual, lamentablemente, las zonas urbanas que atraen a jóvenes sin supervisión parental suelen atraer también una reacción negativa desproporcionada por parte del Estado. Rápidamente, los salones de arcade comenzaron a ser vistos como salas de apuestas. Las autoridades locales temían que los salones de arcade "se convirtieran en un lugar de reunión de adolescentes que causarían problemas a la policía". Los grupos de vecinos temían que "los salones de videojuegos situados cerca de barrios residenciales pudieran introducir elementos indeseables en la comunidad"[62].

La difusión de la consola doméstica trasladó gran parte de los juegos a las salas de estar, pero tenemos que agradecer a la cultura arcade uno de los aspectos más fascinantes de los juegos: las comunidades IRL. La comunidad de los juegos de lucha es el ejemplo más destacado de creación orgánica de afiliaciones, precursora de los actuales *fandoms* de deportes electrónicos, que son mucho más elaborados, pero aún poderosos. Las *LAN parties* en las que se realizaban torneos de *Doom*, *Quake* y *StarCraft* (1998 en adelante) también surgieron como precursoras del tipo de comunidades de jugadores que existen en la actualidad: autosuficientes, complicadas, a veces excluyentes e increíblemente

61. Carly A. Kocurek, "Coin-Drop Capitalism: Economic Lessons from the Video Game Arcade", en Mark J. P. Wolf (ed.), *Before the Crash: Early Video Game History*, Detroit: Wayne State University Press, 2012.

62. Kyle Riismandel, "Arcade Addicts and Mallrats: Producing and Policing Suburban Public Space in 1980s America", *Environment, Space, Place Journal* 5: 2, 2013.

valiosas para quienes forman parte de ellas. El estado del juego tal y como lo conocemos hoy tomaba forma, tanto con su creatividad como con sus males. Todo estaba en juego.

LOS ACTORES ESTATALES ENTRAN EN ESCENA

En los años noventa, los videojuegos ya eran tendencia, tanto como un producto creativo que ofrecía nuevos y profundos momentos de alegría como un espacio para que los actores políticos crearan realidades políticas. Al dispararse las ganancias, esta industria creativa sucumbió a las garras de la financiarización y la corporativización.

Fue una década de creatividad desbordante y calcificación de las prácticas comerciales. Juegos como *Cosmology of Kyoto* (1993) o *Vib-Ribbon* (1999) fueron venerados por los críticos de arte, e incluso adquiridos por instituciones como el Museo de Arte Moderno, debido a sus profundos aspectos estéticos y conceptuales. Por otro lado, los estudios crecieron, lo que dio lugar a una clase gerencial rica y consentida, con su jerga y la auditoría de ciertas ambiciones creativas. El enfoque de los juegos como productos o artefactos de entretenimiento popular, junto con la mecanización de los procesos de producción y comercialización, hicieron que la industria de los juegos fuera homogénea tanto en términos de producción como de elenco de creadores.

A su vez, los distribuidores de juegos tomaron medidas drásticas contra la piratería, reforzaron el control y aumentaron la porción de sus ganancias al ofrecer sus vidrieras a los desarrolladores de juegos. Al quedar relegados a los márgenes, muchos desarrolladores más pequeños no pudieron seguirles el ritmo. Por un tiempo quedó enterrada cualquier ambición potencial de un movimiento masivo de gremios o cooperativas de desarrollo de juegos artísticos, soluciones de hardware de comercio justo y diversidad de temas y mecánicas en los videojuegos.

Muchos niños que crecieron con los juegos de los años setenta y noventa se convirtieron en actores importantes en esta nueva industria multimillonaria. Cuando llegó el nuevo milenio, la tecnología en los juegos se había vuelto lo suficientemente avanzada como para no solo centrarse en la emocionante mecánica del juego; la narración de historias podía comenzar a ocupar realmente el centro del escenario. Por supuesto, el tipo de historias que se iban a contar era objeto de debate. Al mismo tiempo, también se estaba produciendo una cierta estratificación.

Sin duda algunos géneros de juegos populares liberaban una dosis significativa de endorfinas. Los juegos de disparos como *Duke Nukem* (1991 en adelante), los títulos de terror como *Resident Evil* (1996 en adelante), los juegos de plataformas como *Super Mario World* (1990 en adelante), los juegos de carreras, los juegos de deportes, los juegos de estrategia, los juegos de rol o los juegos de terror tenían bases de fanáticos significativas y equipos de producción en constante crecimiento, y generaban ingresos considerables. Los avances tecnológicos no solo posibilitaron historias singulares y lineales con personajes bidimensionales, sino también mundos enteros, misiones secundarias y laberintos argumentales.

Los jugadores ahora podían centrarse no solo en la trama o la puesta en escena de un juego, sino también en el mensaje general. ¿Qué tipo de valores o narrativas produjo este cambio? Los videojuegos ahora eran lo suficientemente sofisticados como para construir una crónica de persuasión. Quienes estaban ávidos por popularizar una ideología en particular (ya fuesen desarrolladores de juegos con opiniones firmes, editores que buscaban atraer a un grupo demográfico específico, asesores políticos que financiaban los proyectos u otros influyentes culturales que deseaban diversificar sus técnicas narrativas) no perdieron el tiempo y se involucraron en este medio innovador.

Los juegos de estrategia como *Freeciv* (1996 en adelante) o *Colonization de Sid Meier* (1994 en adelante) y los juegos de disparos como *Tomb Raider* (1996 en adelante) ya vendían fantasías coloniales o jingoístas de forma independiente. En estos juegos, la trama solía desencadenar tropos de apropiación imperial de tierras, supremacía blanca y representaciones racistas de poblaciones no occidentales, que iban desde "primitivas" hasta terroristas.

A fines de los años noventa, el Departamento de Defensa de Estados Unidos comenzó a comprender el poder de la industria de los juegos sobre los adolescentes varones (el principal público del departamento) y creó una campaña de reclutamiento y manipulación en torno a los juegos. Un serio poder institucional respaldó la maniobra de vincular la industria mundial de los videojuegos al complejo militar occidental. Solo en 1999 el Pentágono gastó más de 150 millones de dólares en juegos o simulaciones de temática militar, e invirtió otros 70 millones de dólares en 2008 y aún más desde entonces en proyectos enfocados en su propia y particular agenda política[63].

America's Army, lanzado en 2002, desarrollado y publicado por el Ejército de Estados Unidos a raíz del impulso militar posterior al 11 de septiembre, fue el ejemplo más claro y costoso de esta práctica, con un presupuesto de desarrollo y marketing de 50 millones de dólares durante diez años, además de las inversiones mencionadas antes[64]. Este juego de disparos táctico por equipos basado en rondas con escenarios de combate realistas fue descrito en una reseña de la época como "la representación más realista de armas y combate de cualquier juego"[65]. El juego recibió varios premios a lo largo de los años y logró atraer a varios millones de jugadores, tanto en computadoras personales como en consolas. Este llamado "dispositivo de comunicación estratégica" estaba "destinado a informar, educar y reclutar a futuros soldados". En la página oficial de preguntas más frecuentes, los desarrolladores confirmaron que una de las razones por las que

63. Ver Corey Mead, "Shall We Play a Game? The Rise of the Military-Entertainment Complex", Salon.com, 19 de septiembre de 2013; Owen Good, "US Army Investing $50 Million in Video Games", Kotaku.com, 23 de noviembre de 2008; Peter Suciu, "The Complicated Relationship Between the Military and Video Game Industry", Clearance Jobs, 27 de agosto de 2021. Cifras en dólares ajustadas a la inflación.

64. Ajustado por inflación. Fuente: Jim Edwards, "'America's Army' Recruitment Video Game Cost Taxpayers $33M", CBS News, 11 de diciembre de 2009.

65. Paul Cockeram, "America's Army Preview (PC)", *Games First!*, 8 de junio de 2002.

las personas fuera de Estados Unidos pueden jugar al juego es que "quieren que todo el mundo sepa lo grandioso que es el ejército estadounidense". Nada sutil. No obstante, los videojuegos eran un vehículo perfecto para la propaganda estatal. Cuando finalmente se suspendió la franquicia, se habían lanzado un total de 41 versiones del juego entre 2002 y 2014.

Los juegos incorporaban temas relacionados con la militarización y la resistencia armada para construir narrativas en torno a una variedad de conflictos. Sin duda, el objetivo de *Jane's IAF: Israeli Air Force* (1998) era aumentar la publicidad de las Fuerzas de Defensa de Israel. El contenido del juego incluía dos tipos de campañas. La primera cubría las operaciones históricas de la Fuerza Aérea de Israel en la guerra de los Seis Días de 1967, la guerra del Yom Kippur de 1973 y la guerra del Líbano de 1982. El segundo tipo incluía operaciones futuristas ficticias en Irak, Siria y Líbano[66]. Un estudio de videojuegos sirio lanzó el juego de acción *Under Ash* (2001), que recreaba momentos de la historia de la resistencia palestina a la ocupación militar israelí.

Esta atención y la aparente popular aclamación que recibieron los juegos de temática militar a principios de los años dos mil inspiraron toda una generación de videojuegos neocoloniales que destacaban las agendas y los valores militares occidentales como objetivo moral primordial. A los desarrolladores de las franquicias *Conflict: Desert Storm*, *Medal of Honour* (2002) y el ahora infame *Call of Duty* (2003) les resultó relativamente fácil obtener financiación en ese momento. El ciclo de consultores que van y vienen entre el sector militar organizado y la enorme franquicia *Call of Duty* está bien documentado, aunque apenas se hable de ello. La narrativa colonial puede transmitirse a través de la trama de la historia y el elenco de personajes que son incluidos o, aún más significativo, omitidos. El sesgo, a través de elecciones tan simples como la gradación de colores para diferentes escenarios: amarillo para África y Medio Oriente, lo que simboliza algo "polvoriento", "histórico", y azul para Occidente, para retratar

66. Jason D'Aprile, *Israeli Air Force: Defending the Promised Land*, PCGame-Pro–Fly/Drive Reviews.

lo "moderno", "civilizado". Otras opciones incluyen los idiomas que se oyen de fondo y el tono de voz.

Todos estos aspectos invitan a una interpretación que a menudo refleja una cierta afiliación ideológica. En el mundo de los videojuegos, la introducción de esas narrativas junto con el desarrollo de una tecnología lo suficientemente potente como para respaldarlas supuso una doble victoria: un juicio moral y una insensibilización hacia la masacre de cualquiera que se considere enemigo del Estado.

En la actualidad, el sector militar moderno utiliza entrenamientos diseñados para asemejarse a los videojuegos. Más inquietante aún es el hecho de que utilizan una interfaz de usuario estéticamente agradable, similar a la de un videojuego, para dirigir máquinas que bombardean a distancia en la vida real. Un video de 2007, que WikiLeaks tituló "Asesinato colateral", en el que se muestra a soldados estadounidenses que participan en un ataque con helicóptero en el que murieron dos empleados de Reuters y varios civiles, tiene un claro aspecto de videojuego. De hecho, en los drones actuales la interfaz está diseñada para replicar la de un videojuego.

Los eventos de deportes electrónicos y las conferencias sobre videojuegos ahora son financiados en gran medida por organismos militares estatales locales. Es una estrategia beneficiosa para todos. Las empresas de videojuegos representan a organizaciones gubernamentales y, de paso, fortalecen su propia imagen pública. Además, al mostrarse cerca del Estado, los estudios reciben lucrativas exenciones fiscales. Por su parte, el sector militar terceriza la construcción de engorrosos simuladores de entrenamiento y atrae nuevos reclutas en el proceso. Rara vez se escucha a quienes critican estos acuerdos y de la estrecha relación entre el sector militar y las empresas de videojuegos. Si bien estas colaboraciones teñidas de camuflaje pueden beneficiar a una parte de la industria global de los videojuegos, afectan a los estudios de mentalidad más progresista que son aplacados por estas hábiles y grandilocuentes muestras de agresividad.

GAMIFICAR TODO

A medida que las industrias armamentísticas se involucraron, la propaganda y el afán de lucro se volvieron más audaces y cínicos. Las empresas de videojuegos tienen la licencia de armas que pertenecen a empresas armamentísticas, incluidas Colt's, Barrett Firearms, Kalashnikov Concern, Zenitco, Remington Firearms, Daniel Defense, Troy Industries, Insight Technologies, Aimpoint y Eotech, para que aparezcan en videojuegos. Se desconocen los detalles de esos acuerdos o el dinero que se intercambia en ellos[67].

Las empresas armamentísticas y varias agencias de publicidad no fueron las únicas que empezaron a intuir que valía la pena investigar los juegos digitales. La dosis de dopamina que llega al cerebro tras resolver correctamente un acertijo o efectuar un disparo preciso podía aplicarse a otros ámbitos además del mero entretenimiento. En 2008, el concepto de *gamification* (gamificación) comenzó a aparecer en el mundo empresarial y corporativo.

Otros campos ya habían adaptado elementos de los videojuegos, por ejemplo, algunos trabajos sobre dificultades de aprendizaje y visualización científica provienen de invenciones de la interfaz de usuario de los videojuegos. Los inversores de capital de riesgo pronto comenzaron a probar la incorporación de aspectos sociales y gratificantes de los juegos a su software. Los elementos del diseño de juegos que originalmente estaban destinados a aumentar la satisfacción de la experiencia de un jugador, como puntos, insignias, tablas de clasificación, gráficos de rendimiento y el diseño elegante de los botones y efectos de audio, podían extenderse a otras implementaciones digitales.

En su libro de 2014 *The Gameful World: Approaches, Issues, Applications*, los editores Steffen P. Walz y Sebastian Deterding describen la amplia adopción de la gamificación. Según los autores, con el auge de los modelos de negocio de la Web 2.0 a mediados de los años dos mil, las empresas emergentes en línea se enfrentaron cada vez más al desafío de motivar a los

67. Jamie Woodcock, *Marx at the Arcade: Consoles, Controllers, and Class Struggle*, Chicago: Haymarket Books, 2019.

usuarios a suscribirse al servicio ofrecido, invitar a sus conocidos e interactuar con sus productos de forma regular. Necesitaban nuevas herramientas para aumentar la interacción. Por ejemplo, en 2007, IBM contrató al investigador en comunicación Byron Reeves, quien publicó un informe técnico sobre el papel de los juegos en línea con respecto al liderazgo empresarial.

En 2008, se lanzó una plataforma de preguntas y respuestas para desarrolladores de software llamada *Stack Overflow*, que utilizaba un sistema de reputación con puntos e insignias inspirado en la experiencia de juego de sus desarrolladores. Pronto ganó prestigio en la industria tecnológica. En marzo de 2009, la aplicación para iPhone Foursquare se estrenó en el festival South by Southwest (SXSW) y demostró que los elementos de diseño de juegos pueden impulsar la adopción inicial y la retención de los usuarios. En agosto del mismo año, Rajat Paharia, de Bunchball, registró el dominio gamification.com. El sitio para compartir videos Vimeo agregó un botón de "me gusta" en noviembre de 2005, y Facebook hizo lo propio cuatro años después. Agregar un cálculo, una interacción lúdica en la interfaz, aumentó las tasas de participación de los sitios[68].

Hoy en día, la gamificación es una técnica adoptada de forma amplia que se incorpora casi a la perfección a la forma en que interactuamos en varios escenarios digitales, como la productividad organizacional, las aplicaciones de autoayuda, la retención de conocimientos, la contratación y la evaluación de empleados, el entrenamiento físico, el aprendizaje de las normas de tránsito y más. Como es de esperar, las agencias de marketing fueron los mayores adoptantes de la gamificación. El 70 % de las empresas de Forbes Global 2000 encuestadas en 2013 afirmaron que planeaban usar la gamificación con fines de marketing y retención de clientes[69].

Las experiencias de compra gamificadas ya son habituales en Internet, pero las empresas también agregaron componentes

68. Steffen P. Walz y Sebastian Deterding (eds.), *The Gameful World: Approaches, Issues, Applications*, Cambridge: MIT Press, 2014.

69. Meghan M. Biro, "5 Ways Leaders Win at Gamification Technology", *Forbes*, 15 de septiembre de 2013.

visuales de videojuegos a sus marcas. El teórico de los videojuegos Ian Bogost escribe lo siguiente: "La gamificación es tranquilizadora. Reconforta a los vicepresidentes y gerentes de marca: están haciendo todo bien y pueden hacerlo aún mejor si agregan una "estrategia de juegos" a sus productos existentes, y untar los "juegos" como alioli sobre ciabatta en el indulgente almuerzo de ventas del consultor"[70].

En el otro lado del espectro, muchos videojuegos ahora ofrecen una perspectiva "laboral": completar tareas, acumular puntos, resolver problemas y abrirse camino a la siguiente puntuación más alta. Desde la sensación de la granja virtual de *FarmVille* (2009) hasta el clásico de culto moderno *Euro Truck Simulator* (2012 en adelante), las empresas de videojuegos ahora invitan sin reparos al jugador a trabajar todo el día, y esta tarea fue bien aceptada por la base de jugadores. En noviembre de 2022, *A Little to the Left*, en el que los jugadores ordenan estantes o elementos de limpieza, y realizan otras tareas de organización, salió a la venta con excelentes críticas y fue calificado como el juego "relajante" del año.

La exitosa serie de simulación social *Animal Crossing*, lanzada en 2001, fue elogiada por los jugadores porque les brindaba una sensación de seguridad, por irreal que fuera. Muchos contaron que completar las tareas les daba una sensación de consecución, estabilidad y seguridad, y que les resultaba imposible resistirse a realizarlas. Para los jugadores, este juego personificó la promesa que les hizo el capitalismo: que su trabajo sería recompensado.

Resulta tentador juzgar a estos jugadores como súbditos del capitalismo, que realizan ejercicios laboriosos y lucrativos para beneficio de otro. Sin embargo, los fanáticos de *Stardew Valley* (2016), otro producto fundamental del género, probablemente argumentarían que en un mundo lleno de poca certeza y sensación de control, en estos juegos los resultados predecibles y repetitivos de las acciones tienen un efecto calmante. ¿Y quién soy yo para debatirlo?

70. Ian Bogost, "Gamification Is Bullshit", *Atlantic*, 9 de agosto de 2011.

LA PRIMERA CONSOLA DE LA ABUELA

Los videojuegos se convirtieron en un aparato cada vez más poderoso, no solo en el ámbito del entretenimiento digital, sino también como espacio pionero en la publicidad privada, el discurso cultural público y la propaganda nacional e internacional. A mediados de los años dos mil, luego de haber vendido prácticamente un dispositivo de juego a cada adolescente de clase media del mundo, las empresas de videojuegos comenzaron a buscar un nuevo grupo demográfico de consumidores. El éxito inesperado del simulador social de casas, *Los Sims*, lanzado en 2000, amplió una vez más el propósito de los videojuegos y las emociones que son capaces de suscitar. La inducción del miedo y la ansiedad, la gestión y distribución de recursos son trucos de diseño que se pueden aplicar con facilidad tanto a un juego de gestión de relaciones y estilo de vida como a uno militar. Lo único que cambia es el entorno.

Nintendo, el gigante japonés de los videojuegos, siempre fue un poco más amplio con respecto al grupo de jugadores al que comercializa su hardware y sus juegos. Su consola Wii de 2006 tenía algo especial: el chip acelerómetro dentro de los Wiimotes inalámbricos que detectaban el movimiento en el espacio tridimensional. Sin las limitaciones de los cables desordenados, los jugadores podían moverse libremente por la habitación. Lo más importante es que los gestos y movimientos de sus manos quedaban registrados en el juego. Los juegos de Wii también proporcionaron a Nintendo la oportunidad de vender una gama de accesorios para los mandos, de modo que las salas de estar de muchos hogares a finales de los años dos mil estaban abarrotadas de raquetas, guitarras o palos de golf de plástico blanco. El marketing de Nintendo Wii, ya fuera en carteles publicitarios, anuncios de televisión o documentos de relaciones públicas, tenía un mensaje central: esta consola es para todos, es para toda la familia, para todas las generaciones, para los jugadores empedernidos y para los novatos. Un póster icónico mostraba a una anciana de pelo plateado y una sonrisa radiante sosteniendo uno de los mandos de la

Nintendo Wii. Este mensaje, junto con la disminución del precio, permitió a Nintendo vender 135 millones de copias de la consola[71]. Incluso los hogares de ancianos, muy poco conocidos como comunidades activas en juegos digitales, las compraron en masa.

En el mismo período, a medida que los dispositivos móviles comenzaron a llegar a los bolsillos de millones de personas, los juegos digitales también se adaptaron a ellos. Se estima que en 2005 los ingresos mundiales de los juegos para dispositivos móviles fueron de 2600 millones de dólares. Tres años después, esa cifra se duplicó a 5800 millones de dólares[72]. Los ingresos de los juegos para dispositivos móviles alcanzaron los 50 400 millones de dólares en 2017, lo que representa casi la mitad de los ingresos totales de los juegos a nivel mundial[73].

Sin embargo, el modelo para obtener tales ganancias cambió. Al comienzo, los juegos estaban integrados en los propios teléfonos: pensemos en el *Snake* y *Space Impact 2* en el Nokia 3310, muy apreciados por muchos. Con la introducción en los dispositivos móviles del WAP, o acceso inalámbrico a Internet, muchos propietarios podían acceder a los juegos para navegadores y, más tarde, comprar nuevas aplicaciones. En un intento por fusionar ambos mercados, Nokia lanzó la N-Gage en 2003, diseñada como consola portátil y teléfono. Sin embargo, las consolas independientes seguían siendo tecnológicamente superiores en aquel momento, y la unidad fue un fracaso comercial.

Cuando llegó en 2007, el iPhone cambió las reglas del juego. El producto de pantalla táctil de Apple, con una experiencia de usuario intuitiva y una conexión inalámbrica potente, venía con una App Store integrada. Los usuarios podían descargar varias aplicaciones y, por supuesto, juegos digitales, de forma

71. "Nintendo Wii Lifetime Unit Sales Worldwide as of September 2023", por región (en millones de unidades), Statista.com, 2023.

72. Informa Telecoms and Media, "Mobile Games Industry Worth US$ 11.2 Billion by 2010", 3G.co.uk, 19 de mayo de 2005.

73. Tom Wijman, "New Gaming Boom: Newzoo Ups Its 2017 Global Games Market Estimate to $116.0Bn Growing to $143.5Bn in 2020", Newzoo.com, 28 de noviembre de 2017.

gratuita o por un precio unitario. Los juegos gratuitos a menudo contenían anuncios que generaban beneficios para los desarrolladores. Más tarde, las compras dentro del juego para obtener funciones específicas o complementos estéticos se convertirían en una mina de oro.

Candy Crush Saga, que se lanzó en 2012, se considera el uso más exitoso del modelo *freemium* (un juego gratuito con un software inflado o bloatware para generar ingresos). El juego consiste en intercambiar dos caramelos adyacentes entre varios en el tablero para formar una fila o columna de al menos tres caramelos del mismo color. ¡Increíblemente básico! Si bien se puede jugar sin gastar dinero, se pueden comprar acciones especiales que los ayudarán. Esta opción le permite a King, los desarrolladores del juego, ganar sumas exorbitantes. En su apogeo, la compañía informó que los jugadores gastaban más de 4 millones de dólares por día[74].

Alrededor de 2014, más de 93 millones de personas jugaban a *Candy Crush Saga*, y los ingresos durante un período de tres meses, según informó King, fueron de casi 500 millones de dólares[75]. Cinco años después de su lanzamiento en dispositivos móviles, la serie *Candy Crush Saga* había sido descargada 3 mil millones de veces[76]. Tales ganancias incentivan prácticas depredadoras, y muchas de las facetas adictivas de ciertos videojuegos fueron concebidas en el mercado de los juegos para dispositivos móviles. Hoy en día, ese mercado está plagado de redes operativas maliciosas que han hecho que convirtieran los productos en algo parecido a casinos digitales. Los métodos de estimulación de endorfinas se estudian como ciencia y se implementan en los productos de formas nefastas. El engaño, la publicidad falsa y diversos trucos psicológicos que mantienen al jugador enganchado

74. Oliver Yeh, "Candy Crush Players Spent $4.2 Million Per Day Last Year, Pushing the Franchise's 2018 Total Past $1.5 Billion Report", *Sensor Tower*, 2019.

75. Stuart Dredge, "Why Is Candy Crush So Popular?", *The Guardian*, 26 de marzo de 2014.

76. Juegoadmin, "Deep Dive: How Does Candy Crush Make Money?", *Juego Studio*, 28 de julio de 2023.

son parte integral de esta enorme industria, que superó las ventas de videojuegos para PC y consolas y que, según las previsiones, facturará un tercio de billón de dólares en 2030[77].

Por otro lado, un aspecto positivo es que el auge del desarrollo de juegos para dispositivos móviles permitió el nacimiento de una industria de videojuegos en el Sur Global. Los desarrolladores locales en países como Kenia y Nigeria, en territorios donde la banda ancha rápida estaba menos disponible y los juegos de consola eran caros, se apoyaron en la fuerza de los florecientes mercados de juegos para dispositivos móviles y se convirtieron en desarrolladores activos.

Hace poco, se creó una asociación de desarrolladores de juegos en África, que alienta a esta creciente comunidad de consumidores y creadores. El Pan Africa Gaming Group (PAGG) está compuesto por diez estudios de Camerún, Etiopía, Ghana, Kenia, Ruanda, Senegal, Sudáfrica, Tanzania y Túnez, y se espera que pronto se unan más. La asociación reunirá los juegos desarrollados por sus miembros para su publicación en Gara, una tienda de juegos africana, y Afrocomix, un centro de contenido para trabajos creativos afrocéntricos[78]. El mercado africano de videojuegos tenía un valor de 3900 millones de dólares en 2023 y se espera que los ingresos alcancen los 5800 millones de dólares en 2028[79].

La industria india de los videojuegos se concentra en Bangalore, Mumbai y Pune, y los juegos para dispositivos móviles vuelven a dominar un mercado de 2 mil millones de dólares. Si bien los estudios existentes empiezan poco a poco a defender el desarrollo de su propia propiedad intelectual (PI), la región sigue siendo un espacio importante para la tercerización de tareas más manuales por parte de las grandes empresas occidentales. De

77. "Mobile Gaming Market: Information by Monetization (In-App Purchases, Paid Apps), Platform (Android, iOS), Genre (Casual, Action), Gaming Vertical (Money Games) and Region–Forecast until 2030", *Straits Research*, 2021.

78. Annie Njanja, "Game Studios Come Together to Grow Industry in Africa", TechCrunch.com, 23 de febrero de 2022.

79. "Video Games–Africa", Statista.com, 2023.

manera similar, en mi Lituania natal, la industria pasó de ser un espacio de tercerización y creación de títulos para dispositivos móviles relativamente simplistas a forjar un número cada vez mayor de proyectos artísticos experimentales y de propiedad intelectual propia.

LA REVOLUCIÓN DE LOS JUEGOS INDEPENDIENTES

A principios de los años dos mil, prosperaron los videojuegos AAA de alta gama basados en historias, como *Grand Theft Auto III* (2001), *Mafia: City of Lost Heaven* (2002) y *Max Payne* (2001), lo que volvió a los juegos una tendencia popular. Las consolas como PlayStation y Xbox eran un artículo común en las salas de estar de la clase media, y los equipos de desarrollo de juegos habían aumentado su número de decenas a cientos, y los presupuestos se elevaban a varios millones. Sin embargo, el mercado emergente y sorprendentemente popular de los juegos para dispositivos móviles demostró algo nuevo: un proyecto no necesita gráficos muy complejos ni mecánicas demasiado elaboradas para ser popular. Había surgido una forma diferente de hacer videojuegos.

A medida que el precio del hardware disminuyó y llegó a un mayor número de personas que ahora podían jugar, el software necesario para crear los juegos también se volvió más asequible. A mediados de los años dos mil, los motores de videojuegos multiplataforma, como Unity o Unreal Engine, y herramientas como Adobe Flash eran fáciles de obtener o licenciar, lo que significaba que cualquiera podía crear su propio videojuego en una computadora personal. Desde hacía tiempo existían comunidades enteras que creaban juegos más pequeños y *mods*, pero por primera vez, las copias físicas del juego no eran el único medio para lanzar uno: Internet permitía a los jugadores acceder a archivos digitales pesados desde cualquier parte del mundo. Los creadores ya no dependían de acuerdos de publicación externos ni del negocio de grabar el juego en CD y cartuchos, y distribuir esas copias físicas en las tiendas de videojuegos. Ahora, podían crear todo el proyecto y lanzarlo ellos mismos en línea, o llevarlo a un editor de videojuegos, que podría invertir en ellos y lanzar el producto en sus plataformas digitales.

Por primera vez, las herramientas necesarias para entrar en la industria global de los videojuegos no estaban enteramente en manos de unos pocos conglomerados editoriales y empresas de juegos cada vez más enormes con decenas de departamentos. Cualquiera con algo de experiencia en programación, escultura digital y marketing podía generar ventas con su propia creación. Estas condiciones ampliaron el abanico de personas que podían crear videojuegos. Si bien las empresas de videojuegos estaban pobladas en general por hombres jóvenes de clase media, ahora cualquiera podía intentar hacer que sus historias fueran relevantes en el mundo de los videojuegos. Ese flamante abanico de autores resultó en una nueva oleada de temas y métodos de juego.

De hecho, muchos desarrolladores de juegos independientes de la época consideraban que su misión era proporcionar una antítesis a las opciones de juego contemporáneas. Las mujeres, las personas de color, trans y *queer*, y masculinidades no estereotipadas por fin podían tener historias creadas para ellas por otros que querían compartir sus experiencias. Las causas sociales y políticas progresistas, que hasta entonces rara vez se habían explorado en el mundo de los videojuegos, al fin encontraron una voz.

Resultó que el tamaño no era lo único que importaba. Los desarrolladores independientes obtuvieron sustanciosos ingresos con solo lanzar su juego directamente al público y anunciarlo en Internet.

El éxito de la revolución de los juegos independientes puede atribuirse en parte a la tendencia de los líderes de otros medios (en particular, el legendario crítico de cine Roger Ebert) a desestimarlos como un ámbito cultural inferior, lo que llevó a los creadores de videojuegos a demostrar lo contrario y a buscar que sus obras digitales fueran reconocidas como bellas artes. Algunas instituciones estuvieron de acuerdo: en 2012, el Museo de Arte Moderno compró una versión del *Pac-Man* y el *Tetris* para su colección permanente.

Con la ayuda de las florecientes redes sociales, los desarrolladores de juegos independientes crearon campañas de marca y marketing por sí mismos y para sus propias pequeñas empresas; adquirieron acceso directo a su público y se volvieron expertos en nutrir estas comunidades, forjando clientes leales a partir de ellas. Ahora, cualquier persona con los medios económicos y tiempo podía pasarse días en su habitación retocando un pequeño juego con potencial para convertirse en un gran éxito de ventas.

GAMERGATE

Algunos no lograron comprender la creciente expansión de las narrativas en los juegos y la diversificación de las personas que los hacían. Para muchos jugadores experimentados, estos cambios no solo significaban una reducción de su tajada, sino que sintieron que era algo aún más personal. A medida que las causas feministas y de justicia racial alteraban la realidad cotidiana de los matrimonios, los lugares de trabajo e incluso el entretenimiento convencional, las zonas de juego parecían exentas de estos cambios y ser un "espacio seguro", por así decirlo, del giro cultural hacia lo "consciente". Muchos jugadores temían que ya no fuera así.

Esta tensión acumulada se liberó en foros y sitios de discusión, en los que los jugadores expresaron su inconformidad por ese importante cambio de atención de los creadores de juegos pequeños y grandes hacia un contenido más políticamente correcto e inclusivo. Los jugadores lucharían para evitar esos cambios. El punto de quiebre llegó de manera inesperada: el Gamergate de 2014 sacó a la luz a estas comunidades resentidas, lo que tuvo un efecto muy inquietante. Alentados por organizadores de extrema derecha como Steve Bannon, Milo Yiannopoulos e Ian Miles Cheong, legiones de jugadores fueron tras unos cuantos desarrolladores de juegos, periodistas y comentaristas considerados enemigos del juego tal y como debería ser.

Como en cualquier campaña de acoso, el Gamergate necesitaba un detonante para justificar la crueldad de los participantes.

En este caso, se trató de una publicación en un blog escrita por el furioso exnovio de una desarrolladora de juegos llamada Zoë Quinn, que incluía copias de registros de chat personales, correos electrónicos y mensajes de texto que analizaban su relación fallida y su posterior ruptura. En el posteo se daba a entender que Quinn había recibido una crítica favorable de su juego *Depression Quest* a cambio de tener relaciones sexuales con Nathan Grayson, periodista de los sitios web sobre videojuegos *Kotaku* y *Rock Paper Shotgun*. *Depression Quest* pertenecía a un género típicamente detestado por el sector de derecha de los videojuegos: era un juego independiente, que explora temas como la salud mental y la soledad, creado por una mujer. No importaba que la acusación de falta de ética en el periodismo de videojuegos fuera falsa. Ni tampoco que Gamergate tuviera argumentos para sostener su petición de dejar las "intrusiones políticas" fuera de los juegos (los videojuegos siempre han sido políticos). Los promotores del #Gamergate ahora tenía los números, la infraestructura organizativa (4chan, Breitbart e Internet Relay Chat —IRC—, entre otros) y, lo que es más importante, un objetivo.

Como consecuencia, Quinn fue objeto de graves acosos en línea, incluidas amenazas de violación y muerte, y *doxxing*, lo que produjo que dejara su casa. Cualquiera que se atreviera a defenderla (periodistas, otras mujeres desarrolladoras de juegos y varias activistas en línea) también se convertía en blanco de un ataque coordinado. ¿Y por qué no saldar viejas cuentas mientras tanto? La *youtuber* y activista Anita Sarkeesian, que ya había enfrentado algo de acoso en 2012 tras publicar un video en YouTube sobre los estereotipos en los personajes femeninos de la mayoría de los videojuegos, también se vio afectada. Sarkeesian tuvo que cancelar una aparición en octubre de 2014 en la Universidad Estatal de Utah después de que la institución recibiera numerosas amenazas anónimas de bomba y tiroteo, todas relacionadas con el #Gamergate. Las amenazas no fueron sutiles. La esfera de los videojuegos fue el campo de entrenamiento para una forma de acoso en línea que hoy parece omnipresente.

Tras un período relativamente tranquilo de aceptación por parte de los medios de comunicación dominantes de que los videojuegos son un campo de entretenimiento legítimo, las historias publicadas en el *New York Times* y *The Guardian* una vez más advirtieron sobre los peligros de las comunidades de jugadores. En 2016, cuando se calmó la situación, la industria profesional de los videojuegos se dividió en dos: los que justificaban el comportamiento de los #Gamergaters y los que se oponían a ellos con vehemencia. Incluso después de todos estos años, no es fácil determinar quién ganó: sí, la industria está mucho más abierta a actores diversos en los videojuegos y sin duda los temas se diversificaron para incluir todo tipo de historias sobre quienes llevan las de perder. Hoy hay cada vez más personas de diversos orígenes trabajando en la industria de los videojuegos. Por otro lado, también hubo un repunte de contenidos conservadores y retrógrados en los videojuegos y otros medios digitales.

Los partidarios del Gamergate proporcionaron un entorno que alentó y celebró numerosos actos de terrorismo en la vida real. El autor del tiroteo en Dayton, Ohio, en el que murieron diez personas; el tirador de la sinagoga de Poway en San Diego en 2019; y el atacante en la masacre de la mezquita de Christchurch, en el que murieron 51 personas, hicieron referencia a memes de videojuegos en sus manifiestos.

En 2019, un neonazi de 27 años irrumpió en una sinagoga de la ciudad alemana de Halle antes de atacar un local de kebab cercano y mató a dos personas e hirió a otras dos. El autor del ataque lo retransmitió en la plataforma de *streaming* de juegos Twitch, llamándose repetidamente un perdedor por no haber matado a más personas, debido a que su arma se encasquillaba[80]. Su manifiesto fascista incluía una grotesca "hoja de puntuación de logros" del ataque, que detallaba sus objetivos en cuanto al número y los métodos de asesinato[81].

80. Julia Carrie Wong, "Germany Shooting Suspect Livestreamed Attempted Attack on Synagogue", *The Guardian*, 10 de octubre de 2019.

81. Lizzie Dearden, "Stephan Balliet: The 'Loser' Neo-Nazi Suspected of Deadly Attack on German Synagogue", *The Independent*, 10 de octubre de 2019.

Recientemente, el marido de la líder del partido demócrata Nancy Pelosi fue atacado en su casa justo antes de las elecciones de mitad de mandato de 2022. Una vez más, el atacante mencionó el Gamergate como su momento de radicalización[82]. Fue otra fusión del mundo de los videojuegos y la vida real.

LA REBELIÓN DE LOS TRABAJADORES DE LOS VIDEOJUEGOS

Y, sin embargo, la triste realidad es que las personas que pueden mantener debates sobre la representación y que consiguen los mejores y más codiciados puestos en la creación de videojuegos ya no fabrican las herramientas primordiales para la industria. Con esto en mente, me aventuré en esta industria aterradora, problemática y absolutamente fascinante. Pensaba que una investigación material sobre la ética de la industria de los videojuegos podría ayudarnos a discernir los verdaderos enemigos que dictan y formulan nuestras experiencias cotidianas.

Sin duda, los enemigos no eran las mujeres y otras minorías. Tal vez fueran los dueños de los activos, los propietarios de estos productos, quienes merecían nuestra ira. Si a los jugadores realmente les importara el nivel de corrección política en sus juegos y la demografía de las personas que los crean, también mostrarían interés en el bienestar de estos desarrolladores. Los desarrolladores que gozan de buenas condiciones laborales producen mejores juegos y ahora, en su mayor parte, los consumidores lo entienden.

La fuerte voz colectiva de los jugadores se convirtió a veces en una herramienta de organización que une a diversas facciones políticas entre los fanáticos de los videojuegos. Bobby Kotick, exdirector ejecutivo de una de las mayores empresas de videojuegos del mundo, Activision Blizzard, es ahora objeto de una desaprobación casi universal, sin distinción de afiliación política. Bajo su liderazgo, la producción de los juegos se precipitaba o no

82. Olga R. Rodriguez, "Man Accused of Attacking Paul Pelosi with a Hammer Testifies He Was Drawn to Right-Wing Conspiracies by 'Gamergate'", *PBS News*, 14 de noviembre de 2023.

se completaba, lo que irritó a los jugadores. Durante su mandato también se produjeron numerosas violaciones a los derechos laborales, como discriminación, acoso sexual y represión sindical[83]. Internet y personas de todas las inclinaciones políticas se unieron, y #FireBobbyKotick (Despidan a Bobby Kotick) fue tendencia en las redes sociales. Gracias a la proximidad que mantienen con los fanáticos, numerosos desarrolladores podían contar sus propias historias en foros digitales.

La idea de que no todo era perfecto para los trabajadores de la industria de los videojuegos era ahora un tema que exigía un llamado a la acción. Si bien la mayoría de los estudios de videojuegos pretenden mantener una imagen pública que muestre que son lugares de trabajo relajados, con mesas de ping-pong y cervezas a disposición por la tarde, la realidad es mucho más sombría. En 2004, cuando las personas empezaron a postear mensajes públicos en Internet, la esposa de un empleado de Electronic Arts (EA) escribió una vehemente carta sobre la angustia constante de su marido[84]. La publicación anónima detallaba el deterioro de la salud mental de un trabajador que luchaba por cumplir plazos cada vez más brutales y que enfrentaba una decreciente seguridad laboral y material. El trabajador pasaba numerosas noches en la oficina, períodos de *crunch*[85], depresión y angustia, y dificultad para conectarse con su familia en casa, y parecía que muchos de sus colegas estaban en la misma situación.

EA acumuló ingresos extraordinarios gracias al desarrollo y la publicación de franquicias populares como *Los Sims*, *FIFA* y *Need for Speed*. La carta despertó un sentimiento de solidaridad

83. Ash Parrish, "Activision Blizzard CEO Denies Culture of Harassment and Blames Unions for Company Problems", *The Verge*, 1 de junio de 2023.

84. EA Spouse, "*EA*: The Human Story", *LiveJournal*, 11 de noviembre de 2004.

85. En la industria de los videojuegos, *crunch* es una palabra que designa las horas extras que realizan los trabajadores, en general, cerca de la finalización de un proyecto o de un hito. El período de *crunch* puede suponer entre sesenta y cien horas de trabajo por semana, de forma prolongada y a menudo sin remuneración. Aunque con frecuencia se percibe como un fallo de la dirección a la hora de planificar el tiempo de los trabajadores, el *crunch* se suele utilizar como parte planificada del ciclo de desarrollo de videojuegos.

inédito. Luego, se realizaron tres demandas colectivas y, en 2007, los demandantes recibieron 14,9 millones de dólares por horas extras impagas[86].

Las tácticas depredadoras abundaban no solo en la producción de videojuegos, sino también en la forma en que se comercializaban, estructuraban y vendían. Sin duda, la economía de libre mercado influyó en las circunstancias degradantes tanto del trabajo como del ocio. Los desarrolladores de videojuegos, a menudo alimentados por las ideologías empresariales de Silicon Valley, sabían que su voluntad, actitud y disciplina no eran garantía de un entorno de trabajo seguro, cómodo y estable. La prioridad era ganar dinero y el cuidado de los trabajadores no era una herramienta útil para alcanzar ese objetivo. Los ejecutivos de la industria de los videojuegos, al igual que los de la tecnología, consideraban que la sindicalización era una práctica obsoleta que limitaba la innovación y el crecimiento. Para los desarrolladores, aceptar la necesidad de esas estructuras era dar un paso atrás, admitir algún tipo de derrota. Por suerte, bastó con observar lo que sucedía en paralelo.

En 2016, el Screen Actors Guild-American Federation of Television and Radio Artists (SAG-AFTRA), que representaba a los actores de doblaje y artistas de captura de movimiento en la industria de los videojuegos, organizó una huelga contra once empresas de videojuegos estadounidenses, entre ellas gigantes como Activision, EA y Disney Character Voices International. El SAG-AFTRA abogó por una mejor remuneración para sus miembros en un momento en el que los estudios ganaban cientos de millones. Tradicionalmente, los actores de doblaje y los artistas de captura de movimiento recibían un pago fijo por su trabajo. El sindicato sostuvo que también se deberían considerar los pagos por regalías. Otras de las cuestiones que se plantearon fueron mayores medidas de seguridad, supervisión para evitar el estrés vocal en determinados papeles y mejores garantías de seguridad para los actores en el set[87].

86. Tim Surette, "EA settles OT dispute, disgruntled 'spouse' outed", GameSpot.com, 26 de abril de 2006.

87. Dave McNary, "SAG-AFTRA Goes on Strike against Video Game Companies", Variety.com, 21 de octubre de 2016.

Tras 340 días de huelga, la más larga de la historia del sindicato de actores, se llegó a un acuerdo. La acción recibió un amplio apoyo entre la base de jugadores, así como de gremios y sindicatos internacionales equivalentes. Si bien los sindicatos fuertes y la protección de los trabajadores siempre fueron una característica común de los estudios cinematográficos de Hollywood, la industria de los videojuegos nunca había recibido ese apoyo. El éxito y la energía de la huelga generaron mucho revuelo en la comunidad de desarrolladores de videojuegos. Todo lo que este impulso necesitaba era una chispa que lo convirtiera en un movimiento real. Los jefes de las empresas de videojuegos que visitaron la Game Developers Conference (GDC) de 2018 en San Francisco ofrecerían precisamente eso.

La International Game Developers Association (IGDA) es un órgano de presión del sector con sede en Estados Unidos, que aboga sobre todo por las necesidades de la gerencia de las empresas: exenciones impositivas, financiación gubernamental, lucha contra la censura, cuestiones comerciales y legales, y relaciones con estudiantes y la academia. Resulta difícil comprender por qué, durante un momento tan delicado en la relación entre los trabajadores del sector y la dirección de las empresas, pensaron que era una buena idea organizar una mesa redonda antisindical en la GDC. Los temas de discusión en la presentación del evento eran conocidos: los departamentos de Recursos Humanos cuidan mejor a los trabajadores que los sindicatos, los sindicatos frenan la innovación en las industrias, la industria de los videojuegos en particular es inadecuada para una sindicalización amplia.

Sin embargo, la sala estaba repleta de trabajadores de los videojuegos que desafiaban las nociones engañosas sobre los sindicatos. Además, el evento inspiró la reunión de personas decididas a actuar de manera activa para lograr la amplia sindicalización en la industria de los videojuegos: así nació la organización Game Workers Unite International[88]. En los meses y años anteriores, se fundaron numerosas redes, así como sindicatos reales de la

88. Allegra Frank, "Pro-Union Voices Speak Out at Heated GDC Roundtable", Polygon.com, 22 de marzo de 2018.

industria de los videojuegos, en decenas de países. El apoyo a estos movimientos fue universal, ya que incluso los grupos reaccionarios de la industria de los videojuegos comprendían la necesidad de que estas instituciones existieran. Pocos expresaron su temor a una especie de invasión marxista de sus amados videojuegos "anticonciencia". Los procesos legales para establecer un sindicato y los problemas que deben abordarse varían de un país a otro, pero se establecieron grandes coaliciones que están haciendo un trabajo increíble gracias a la dedicación de los activistas involucrados.

Los problemas laborales en la industria de los videojuegos en el Norte Global son amplios y perniciosos, y están bien documentados. La mayoría de los trabajadores de la industria de los videojuegos enfrentaron o escucharon hablar acerca de los problemas relacionados con el *crunch*, el acoso sexual, la precariedad salarial, los despidos masivos y la represión de sindicatos. Aun así, muchos de estos trabajadores pueden hacer oír su voz para exigir que sus empleadores asuman su responsabilidad, ya sea a través de los sindicatos o de otras redes. Por otra parte, la tercerización del desarrollo de software, al igual que el destructivo pero lucrativo instrumento de la tercerización de hardware, se había vuelto una opción gracias a la World Wide Web. En los centros de desarrollo de videojuegos de Europa del Este y el Sur Global, los salarios y las condiciones de los trabajadores estaban determinados por una competición a la baja. Decenas de prestigiosas empresas de videojuegos del Norte Global son planificadoras y titulares de los derechos de propiedad intelectual que a menudo es completada por personal tercerizado en India o Bielorrusia, lo que supone un ahorro enorme en costos laborales. El mercado de juegos para dispositivos móviles depende en gran medida de los salarios bajos y la explotación de trabajadores en las regiones de Asia-Pacífico y América del Sur. Además, las economías dentro del juego de muchos títulos gratuitos están infladas de manera artificial gracias a las granjas de clics en el Sur Global. En las granjas de clics, se les asigna a los trabajadores una pantalla de hasta cien dispositivos móviles y se les ordena que hagan clic de forma manual en determinadas indicaciones, comandos, recompensas... cualquier cosa que genere monedas que luego puedan venderse a jugadores más ricos en el Norte Global.

Las granjas de clics fueron, de hecho, el negocio en el que incursionó Steve Bannon antes de dirigir la campaña electoral de Donald Trump. La derecha reconoció y utilizó el sector de los videojuegos para sus propios fines, lo que permitió que la industria se convirtiera en una parte integral del sistema capitalista contemporáneo, en lugar de ofrecer una alternativa a él.

COMENZÓ EL JUEGO

Hoy en día, los videojuegos afectan al mundo tanto a nivel micro como macro. A nivel granular, las prácticas de gamificación se infiltraron en una serie de actividades cotidianas: aprendizaje de idiomas, actividades de recursos humanos, seguimiento de la salud mental y física y más. Aplicaciones como PACT, HealthyWage y Nexercise gamificaron una forma de pagar al usuario por hacer ejercicio. Miles de millones de personas disfrutan ahora de los videojuegos casuales, y los jugadores más apasionados pueden acceder a industrias enteras de ropa, muebles y deportes electrónicos dedicadas a ellos. Netflix, rival de Twitch, ahora está considerando establecer su propio servicio de transmisión en vivo[89]. Hay juegos que incluyen información sobre las noticias y las elecciones, juegos educativos sobre historia y otros sobre ciencia o investigación médica. Las celebridades tienen avatares en los videojuegos, músicos famosos crean bandas sonoras para ellos y gigantes de la moda como Balenciaga arman exposiciones de sus colecciones en los motores de videojuegos. Las comunidades de videojuegos particulares se extienden más allá de los continentes y proporcionan grupos de amistad, solidaridad y sistemas de apoyo para millones de personas. La organización Games for Peace demostró incluso que los juegos pueden unir a comunidades divididas, en este caso,

89. Jack Morse, "Netflix Is Quietly Working on a Livestreaming Feature, Report Claims", Mashable.com, 14 de mayo de 2022.

a jóvenes israelíes y palestinos. Los videojuegos son terapéuticos para los niños con enfermedades crónicas y pueden mejorar las habilidades motoras de aquellos en edad preescolar, así como ayudar a las personas con dislexia[90]. Algunos estudios demostraron incluso que los juegos de disparos en primera persona pueden mejorar la vista de los jugadores[91].

La inteligencia artificial (con certeza el futuro de la mayoría de las tecnologías) también comparte una historia larga y cercana de evolución a la par de los videojuegos. Si bien en la actualidad la IA se utiliza sobre todo para la eficiencia gráfica, los personajes no jugables o el comportamiento de los enemigos, el futuro de la integración de la IA en los juegos puede afectar no solo a su contenido, sino también a la forma en que se crean. De no haber oposición, las herramientas se utilizarán en la producción de juegos y se reemplazarán departamentos enteros con *bots* de IA que generen de manera instantánea el trabajo deseado con unos pocos comandos. Se trata de un problema laboral inminente que exigirá adaptación y creatividad por parte del recién formado movimiento sindical de la industria mundial de los videojuegos.

Hace poco, varios especuladores financieros poco fiables inundaron las zonas de videojuegos con tokens no fungibles (NFT) y otros esquemas criptográficos, y estafaron a muchos en el proceso. Lamentablemente, las economías de muchos videojuegos populares están llenas de incentivos para apostar, así como de diversos matices de fraude, engaño y tácticas que se aprovechan de los usuarios. La Copa Mundial de la FIFA Qatar 2022 demostró las consecuencias de despolitizar un medio de entretenimiento durante demasiado tiempo y permitir que haga metástasis en una máquina de corrupción que no se puede detener y cobra numerosas vidas. Se podría decir que los videojuegos ya producen ese

90. Hawken Miller, "Video Games Connect Chronically Ill Children Isolated at Home", *Hospital, Prader-Willi News*, 22 de mayo de 2020; "Video Games and Dyslexia: Can Gaming Increase Reading Speed?", *Succeed with Dyslexia*, 26 de marzo de 2021.

91. Brian Handwerk, "Video Games Improve Vision, Study Says", *National Geographic*, 29 de marzo de 2009.

resultado, por ejemplo, con la mencionada producción de dispositivos necesarios para el hardware de los juegos. ¿Qué repercusiones nefastas y descontroladas pueden esperarse en esta industria, que se transforma y adquiere nuevas fases y etapas cada pocos años?

Los videojuegos están en todas partes: en las salas de estar, en la vida real y en el espacio publicitario digital. De manera más pasiva, también están apuntalando muchas industrias secundarias que contribuyen al orden neoliberal actual. Pero también hay maravillosos focos de resistencia que van desde la organización sindical hasta los estudios que se transforman en cooperativas, y se manifiestan en juegos tan eclécticos, elegantes y estimulantes que sin duda brindan un respiro a la homogeneización de la cultura. A pesar de los esfuerzos por despojar de alma a este medio artístico y servir solo a las partes más oscuras de nuestra sociedad, los creadores de juegos siguen produciendo piezas que reimaginan la manera en que vivimos.

NIVEL I

El tema

LA HISTORIA DE LA producción de videojuegos siempre ha estado sumida en la política, pero hay un aspecto de la política que parece eclipsar al resto. Los juegos digitales se entienden principalmente como un medio de representación; en particular, los medios de comunicación dominantes prefieren preocuparse por el contenido, el tema de los juegos, en lugar de centrarse en cómo se hacen. Las secuencias de juego cuentan una historia más rápida que el contexto de estas representaciones. Los críticos rara vez dejan pasar la oportunidad de analizar y sensacionalizar las narrativas desagradables de los videojuegos promedio, los personajes crudos y trillados de las tendencias digitales de anime, y las mecánicas descaradas de los juegos de disparos.

Las comunidades que los apoyan, que exploro en el Nivel II, aportan su propia interpretación de estos conceptos, a menudo más creativa. La mecánica o, como la describirían algunos investigadores, la ludología de un juego presenta un diccionario completamente diferente para el análisis. Así como a las técnicas de edición del legendario director franco-suizo Jean-Luc Godard se les asigna un significado político solo por el uso de *jump cuts*, los juegos también consisten en sistemas de diseño, mecánicas e interfaces para infundir afecto[92]. Así como la narración, la trama,

92. Hope Roberts, "A Jump Cut in History: How *Breathless* Revolutionized Filmmaking", Cinemablography.org, 27 de marzo de 2023.

es clave para describir un videojuego y sus valores morales o éticos a las masas, esta incapacidad de mirar más allá del tema infantiliza el medio, deforma la capacidad de crítica y, como resultado, debilita la posibilidad de producir juegos más sofisticados.

Tras su lanzamiento, el creador de *Super Columbine Massacre RPG!* (2005) fue difamado por retratar los aspectos violentos de la masacre en un juego poco después de la tragedia de 1999[93]. El juego no era refinado ni sutil; por momentos, el aspecto de la matanza era explícito y los gráficos parecían burdos. Resultaba infantil y chocante para un juego que trata un tema tan serio, y el intento de humanizar a los autores era arriesgado. Aun así, el objetivo principal de Danny Ledonne era crear una obra de arte que utilizara los juegos para comprender el razonamiento de los asesinos y la reacción de la sociedad ante el delito que cometieron. Las retrospectivas, el inquietante diseño de audio y los trucos de juego que incitan al jugador a tomar decisiones incómodas están seleccionados de forma cuidadosa para producir una crítica social inquietante y multifacética[94].

Ledonne, un solitario confeso que sufrió intimidación y *bullying* cuando era joven, sintió la necesidad de comprender cuál es el punto de inflexión cuando una persona pasa al lado oscuro. Luego de ver la película *La naranja mecánica* de 1971 y enterarse de la masacre en la escuela, Ledonne reflexionó sobre lo cerca que había estado de convertirse en alguien como los tiradores: "Cuando supe más sobre estos chicos me dio un poco de miedo, porque era como si me estuviera mirando en el espejo y no quería el mismo destino para mí". Comenzó a tomar clases de artes marciales, a estudiar cine y a hacer terapia. Se graduó con notas altas y sus compañeros votaron que sería la persona más exitosa del curso[95].

93. Emru Townsend, "The 10 Worst Games of All Time", *PC World*, 23 de octubre de 2006.

94. Keith Stuart, "Danny Ledonne on Super Columbine Massacre RPG", *The Guardian*, 9 de agosto de 2007.

95. Brian D. Crecente, "'Super Columbine' game triggers uproar", *Rocky Mountain News*, 2008.

El lanzamiento de *Super Columbine Massacre RPG!* unos años más tarde casi destruyó la vida de Ledonne, que fue vilipendiado y rechazado de forma pública por jugadores, artistas y activistas. Muchos tal vez nunca habían probado el juego ni su profundidad de introspección, la exploración de la expiación y la crítica al panorama mediático estadounidense. El creador del juego recibió muchísimo odio por atreverse a tocar el tema. El juego fue prohibido en los eventos tradicionales de la industria que buscaban trascender los límites, y Ledonne fue acusado de fetichizar y lucrar con la tragedia de Columbine. Fue una obra de arte que probablemente habría sido aclamada si se hubiera realizado en cualquier otro medio, pero resultó ser demasiado controvertida como videojuego. Como señaló el destacado crítico de videojuegos Ian Bogost en su libro *Newsgames: Journalism At Play* (2010), dos años antes del estreno de *Super Columbine Massacre RPG!*, la película *Elephant* (2003), de Gus van Sant, un relato ficticio de un tiroteo en una escuela inspirado en Columbine, ganó la Palma de Oro en el Festival Internacional de Cine de Cannes[96].

En el extremo opuesto, los juegos protagonizados por mujeres poderosas u objetos adorables son aclamados como una victoria progresista, y a veces se hace caso omiso de los aspectos militaristas de las heroínas o la naturaleza profundamente conservadora de narrativas que aparentan ser sanas. Si se deconstruyen los videojuegos solo por su narrativa, se corre el riesgo de perder gran parte de su significado cívico y cultural, y sin embargo este es el espacio que suscita más interés público. La violencia, el sexismo y otros significados con carga política se convierten en la lente principal a través de la que se observan los productos. Si bien es apenas la primera capa de indagación necesaria, su potencia y peso en el discurso dictan que se convierta en el primer obstáculo que encontramos en nuestro camino.

Para pasar al Nivel II de este libro, los lectores deben ser capaces de responder las siguientes preguntas. ¿Cuáles son las limitaciones de considerar la política en los videojuegos solo a través de la narrativa? ¿Puede ser progresista la violencia en los

96. Ian Bogost, *Newsgames: Journalism at Play*, Cambridge: MIT Press, 2010.

videojuegos? ¿Incluir personajes femeninos más poderosos es la respuesta al sexismo en los videojuegos? Dados los modos de producción actuales, ¿pueden siquiera existir videojuegos anticoloniales? ¿Cómo amplían los creadores de juegos la alfabetización política a través de las historias que escriben? ¿Está funcionando? ¿Cuál es la correspondencia entre la afiliación política de los jugadores y la política de los medios que consumen? ¿Puede cambiarse esa relación?

VIOLENCIA

La mayoría de los padres evitan fomentar que sus hijos jueguen, presumiblemente por el temor a la influencia de la violencia en las mentes jóvenes. Muchos progresistas se burlan de los espacios de juego y los consideran solo productos digitales vulgares en los que los hombres orgullosos de su masculinidad representan sus fantasías más brutales o, peor aún, las proyectan en la vida real. Las críticas a los juegos son un hecho cíclico que suele ocurrir cuando se concentra la atención en este medio. Esta caracterización sospechosa, aunque en su mayor parte errónea, no es del todo injustificada. Los políticos, deseosos de mostrar cierta preocupación por el bienestar de las familias, denuncian los videojuegos y piden que se regule cómo se empaquetan y venden. Sin embargo, cabe destacar que en casi todos los casos de atacantes que dicen ser jugadores, fueron las comunidades de jugadores del título citado las que alentaron la violencia real, no los juegos en sí.

Los videojuegos violentos, relativamente inocentes en comparación con los de hoy, se desarrollaron incluso en la época en que los gráficos eran muy primitivos. Las naves espaciales se derribaban entre sí, los tanques chocaban y los alienígenas se preparaban para colonizar la Tierra, incluso con muy pocos píxeles disponibles. *Mortal Kombat*, lanzado en 1992, no se anda con rodeos: huesos rotos, masacres, charcos de sangre y escenas brutales al punto del exhibicionismo glorifican la violencia. Gobiernos de todo el mundo condenaron el juego de inmediato e intentaron prohibir su venta[97]. Al mismo tiempo, películas con un contenido violento similar se convertían en clásicos de culto.

Pero esta suposición de que tenemos que juzgar los juegos por sus propiedades violentas exige un análisis más detallado. *Street Fighter II*, un juego rival de *Mortal Kombat*, se lanzó en la misma época e incluía mecánicas de juego de lucha análogas. Sin embargo, los miembros de su comunidad cuestionaron la idea de que su interés yacía en la violencia. Les interesaban más otros aspectos del juego. Los profesionales de los juegos de lucha afirman que la estética, es decir, que dos personas se involucren en una pelea virtual, se desvanece en cuanto empiezan a tomarse en serio la batalla. Todo lo que el jugador ve y capta son las cajas de impacto, el espacio rectangular invisible dentro y alrededor del personaje que determina y representa si un ataque fue exitoso o no. Los personajes con cajas de impacto más grandes son más vulnerables, pero más fuertes. Las cajas de impacto más pequeñas significan personajes más débiles que son mucho más ágiles y rápidos. Lo importante aquí es la lucha entre las dos cajas de impacto, más que la estética de los personajes. Sí, el diseño de estos personajes y sus interacciones emplean imágenes impactantes, pero para los jugadores que más tiempo pasan con estos juegos, todo eso se vuelve invisible.

De manera similar, *Under Ash* (2001), creado por un estudio de juegos sirio, invita a repensar si es más importante la presencia de la violencia o su propósito. El juego pone de relieve la ocupación israelí de los territorios palestinos, también a través de un fuerte uso de la violencia[98]. El jugador asume el papel de Ahmed, quien, a lo largo del juego, pasa de lanzar piedras a los soldados israelíes a destruir posiciones militares israelíes con armas reales. El diseño del uso de la violencia en el juego también cuenta una historia. Es muy fácil que te maten, por lo que el juego es de hecho muy difícil. Si el jugador le dispara a un civil, el juego

97. Joseph "Jagwar" Asuncion, "Mortal Kombat II Banned in Japan, Indonesia, and Ukraine for Gore", *ONE Esports*, 24 de abril de 2019.

98. Kim Ghattas, "Syria Launches Arab War Game", *BBC News*, 31 de mayo de 2002.

termina automáticamente. Al final, de forma similar a la realidad de los palestinos que conviven con el desequilibrio de poder existente, no es posible alcanzar la victoria. El objetivo no es educar ni es un intento de informar o proyectar un juicio moral meticuloso, sino que el juego es un ejercicio catártico y de fantasía.

No hay nada intrínsecamente malo en la mecánica de disparar o golpear. Al fin y al cabo, los videojuegos en los que el protagonista debe disparar a nazis u otros villanos son venerados con razón. Lo que importa, entonces, es la identidad del cuerpo que recibe el golpe o la bala. En este sentido, queda clara la dirección que tomaron muchos creadores de videojuegos. Lamentablemente, muchos de ellos sostienen opiniones despreciables que justifican o fomentan temas en los que poblaciones ya marginadas y deshumanizadas son sometidas a la violencia. Mujeres, personajes racializados y grupos demográficos enteros considerados prescindibles son asesinados de forma violenta para que progrese la trama del héroe.

De manera injustificada, siempre se suele culpar a los cómics, la televisión y el hip-hop de inspirar violencia. Pero, a diferencia de otros medios, los juegos ofrecen la oportunidad de poner en práctica ciertas maniobras para perseguir de manera activa el objetivo de la destrucción, en lugar de limitarse a observarlo. En lugar de ser el blanco de la proyección, el jugador de videojuegos se convierte en actor de esta. A pesar de este atributo, numerosos estudios demostraron que los videojuegos violentos no intensifican la relación del jugador con la violencia. Sin embargo, sería ingenuo no reconocer la capacidad de ser la herramienta perfecta para que alguien satisfaga un deseo anterior de realizar una acción violenta.

La violencia virtual aislada no es necesariamente una fuerza radicalizadora. Es posible jugar a los juegos de disparos más brutales (¡me declaro culpable!) y conservar el sentido de empatía o incluso reforzarlo. ¡Qué aburrido sería el arte sin violencia! Los precursores del accionismo vienés de los años sesenta utilizaron la violencia en el arte escénico para subrayar la desesperación del espíritu humano. El daño y el dolor visceral se convirtieron en poesía. El artista estadounidense Chris Burden hizo que un asistente le disparara en una galería de cubos blancos. El artista inglés Jeremy Deller organizó una fastuosa recreación de la batalla de Orgreave, un violento enfrentamiento entre huelguistas y policías que tuvo lugar en 1984 durante la huelga de mineros del Reino Unido. La violencia en las artes es una necesidad, pero debe escudriñarse la forma en que se vende y, en ciertos casos, regularse. Cuando se utiliza como herramienta para aterrorizar a poblaciones ya marginadas, el contenido está cargado de odio y debe denunciarse como tal. Pero cuando la violencia en una obra de arte se maneja con madurez, tiene el potencial de provocar experiencias sublimes.

El juego independiente *Hotline Miami* (2012) se convirtió en una sensación desde su lanzamiento. Este juego de disparos de alto octanaje y vista cenital no se contuvo a la hora de mostrar sangre y violencia; incluso en sus gráficos minimalistas de *pixel art*, abundaba la sangre. Alerta de *spoiler*: incluso hay una bomba nuclear al final de este intenso y surrealista juego de acción sobre la lucha contra la mafia rusa en Florida. El juego también tiene una música extraordinaria, melancólica y exquisitamente producida, y ofrece una buena evolución de personajes.

Hotline Miami expone la banalidad de la violencia, en lugar de glorificarla. De forma aislada, las imágenes violentas pueden entenderse como una herramienta de reacción instintiva, a menos que las personas adecuadas se enfrenten a ellas, por supuesto; pero las decisiones artísticas también pueden convertir este *gore* inherente en una herramienta de reflexión. Pocas cosas lo ilustran mejor que un simple comentario en un video de YouTube de una de las canciones de la música de *Hotline Miami*:

> Mis ojos se enfocaron en un gánster cualquiera al que había disparado antes, que yacía inmóvil en el suelo sobre un charco de su propia sangre. Se agarraba el pecho y, a pesar de los gráficos de píxeles del juego, podía ver su cara arrugada con una expresión de agonía. Me detuve un segundo y me pregunté: ¿quién es este tipo? ¿Cómo se llama? ¿Por qué es parte de esta banda? Entonces, me di cuenta de que les había hecho lo mismo a otros treinta y cinco mafiosos hacía un momento. Terminé el nivel después de eso, pero no me sentí feliz ni victorioso después de dispararle

> al último enemigo; me sentí horrible. Me sigue encantando este juego, pero, la puta madre, a veces todavía pienso en todas las personas que hay que matar para completar un solo nivel[99].

Eso demuestra que debemos seguir desafiando y cuestionando el propósito de la violencia en un videojuego determinado. Si la violencia es un aparato para otorgar más derechos a las personas en posiciones de poder (ejércitos estatales imperialistas, fascistas, misóginos, etc.), entonces, como con toda propaganda reaccionaria, debe denunciarse. Por lo demás, la violencia no debería asustar a la izquierda progresista. En el mundo hay mucha y, antes de siquiera acercarnos a la victoria, seremos blanco de más violencia. Si bien los videojuegos son un espacio de evasión, no hace falta que estén desprovistos de las incomodidades de la vida para ser radicales o políticamente útiles. Sin duda la derecha utilizará el espacio de los videojuegos para cualquier tema; en lugar de censurar la violencia de forma impulsiva, debemos idear alternativas igualitarias.

MISOGINIA

Otra conjetura deprimentemente correcta acerca de los videojuegos es que la mayoría son sexistas. Resulta que cuando se da rienda suelta a los desarrolladores de juegos lujuriosos y solitarios para decidir cómo representar a las mujeres en sus juegos, si es que lo hacen, suponen que otros hombres lujuriosos y solitarios solo comprarán juegos que presenten a las mujeres de manera despectiva o sexualizante. El Tutorial de este libro describe los métodos mediante los que las mujeres fueron en esencia expulsadas de las industrias de la tecnología y los videojuegos por un buen tiempo.

Esta expulsión permitió que se perpetuaran las representaciones sexistas de las mujeres que, de todos modos, no eran el público objetivo. Conforme al estereotipo, en los videojuegos

99. Usuario de YouTube @CheeseYourself, un comentario hecho en "Hotline Miami 2: Wrong Number Soundtrack–The Green Kingdom–02 Untitled", YouTube, 2022.

abundan ejemplos de misoginia: mujeres que son PNJ (personajes no jugadores) en diminutos bikinis que pueden ser golpeadas y asesinadas de forma brutal por los personajes o, como alternativa, ser rescatadas del peligro por hombres fuertes y musculosos, por supuesto[100]. Hasta hace poco, los personajes femeninos no tenían otra representación que la de la subordinación y la necesidad de ser rescatados. Innumerables franquicias, como *Grand Theft Auto* (1997), *Dead or Alive* (1996) y *Duke Nukem* (1991), comparten atributos misóginos osados. Estos juegos contienen referencias interminables a la felación y al sexo lésbico (no para el público *queer*), y visten a las mujeres con ropa interior tan fina como un hilo dental. Las representaciones a menudo rozan lo surrealista: los pechos de las mujeres son tan grandes que existen sistemas de física de animación enteros dedicados a ellos, y su improbable rebote está calculado para que no luzcan líquidos, sino que parezcan elásticos y gomosos. Por supuesto, existen mecanismos para que los personajes masculinos golpeen dichos pechos.

No se puede exagerar la unilateralidad de la representación de género. Un famoso meme lo ilustra a la perfección. Un hombre negro sorprendentemente musculoso lleva un sombrero que oculta sus ojos y una capa blanca que cubre la mayor parte de su cuerpo aceitado, excepto el torso, el pubis y los muslos gruesos, que están cubiertos de encaje fibroso. Tiene abdominales tan definidos que se podría rallar queso en ellos. Un pene de la mitad del tamaño del brazo del modelo está enfundado en tela blanca sedosa y atado con una cuerda. El texto en la imagen dice: "Si los personajes masculinos de los videojuegos se vistieran como los femeninos"[101]. De más está decir que los personajes masculinos no suelen ser sexualizados de esta manera en los videojuegos. Los desarrolladores de juegos heterosexuales nunca harían algo así.

100. NPC (personajes no jugables): personajes de un juego de computadora no controlados por alguien que juega.

101. Archivado en Reddit por el usuario salamiolivesonions, "If male costumes were designed like female costumes" r/gaming Subreddit, Reddit, 5 de noviembre de 2020.

Los videojuegos sexistas y su éxito envían un mensaje que, en efecto, afirma la propiedad sobre todo el medio. Los fanáticos de los juegos sin elementos explícitamente sexistas, como *Halo 3* (2007) o *Fortnite* (2017), explotan los sistemas de chat para compartir opiniones misóginas con el único fin de repeler a los jugadores no hombres de unirse a estos espacios. De este modo, se afianza el mensaje de que los videojuegos no son para chicas, incluso si el sexismo solo está en la cabeza de las personas que juegan y no en los juegos en sí. Los estudios realizados demuestran que en los chats de los videojuegos las mujeres reciben tres veces más comentarios despectivos u ofensivos que los hombres[102]. Muchas jugadoras informan que ahora prefieren simplemente ocultar su género en línea, algo que rara vez dicen los hombres. El acoso que sufren los jugadores LGBTQ+ es, sin duda, aún peor: la homofobia y la transfobia son terriblemente comunes en la comunidad *gamer*.

Esta dinámica se filtra aún más en la forma en que la industria se comporta en general: las "chicas de stand" vestidas con poca ropa son una imagen común en muchas convenciones de videojuegos, y los informes de decenas de incidentes de acoso sexual aún plagan la industria. Es un círculo cerrado: mientras los videojuegos sean sexistas y las campañas de relaciones públicas emanen misoginia, las mujeres no querrán ser parte de la industria. Esta situación está cambiando para mejor, pero de forma muy lenta y con diversos grados de éxito en todo el mundo.

Las tendencias y estructuras de los videojuegos sexistas son horribles y reflejan lo peor de la humanidad. Incluso las personas que no saben casi nada sobre los juegos digitales pueden afirmar lo siguiente: en su mayor parte, y hasta hace muy poco, los videojuegos eran cosa de varones. En lugar de enumerar ejemplos de estas prácticas atroces, prefiero indagar en las razones y los resultados de tales tendencias.

Muchos atribuyen al efecto Proteo la inclinación de grandes cantidades de jugadores a cumplir sus fantasías misóginas en

102. T. V. Reed, *Digitized Lives: Culture, Power, and Social Change in the Internet Era*, Nueva York: Routledge, 2014.

línea. El término describe un fenómeno por el que, dentro de las paredes de un mundo virtual, las personas habitan las características de su avatar. El efecto, que toma prestado el nombre de Proteo, el dios griego que cambia de forma, plantea la teoría de que este cambio de personalidad en línea es el resultado de una expectativa asumida por otros usuarios del entorno virtual con respecto al avatar. Por lo tanto, si el avatar que el jugador adoptó es un macho musculoso y cerrado a compartir sus emociones, es probable que sus acciones reflejen ese estereotipo.

Una investigación reciente que indagó acerca de la relación entre el diseño de avatares y el comportamiento en el mundo real corrobora la existencia del efecto Proteo. El estudio comparó la apariencia y los comportamientos de los avatares en el mundo virtual de *Second Life* (2003) con el comportamiento y la apariencia de los usuarios en el mundo real. Se descubrió que los participantes que habían diseñado sus avatares para que fueran más atractivos físicamente también mostraron un comportamiento más confiado y extrovertido cuando interactuaban a través de sus avatares, en comparación con su yo típico en el mundo real[103].

Al parecer, entonces, las personas se involucran en un juego con prejuicios ya existentes y simplemente tienen la oportunidad de poner en práctica sus preferencias sin culpa. De esa manera, por supuesto, se traslada la responsabilidad a los creadores de videojuegos, que deben evitar proporcionar plataformas para actos destructivos y crear limitaciones para ciertos comportamientos. En una investigación realizada por la Universidad Edgehill en Lancashire, Inglaterra, los investigadores concluyeron que los estudios de videojuegos deberían considerar la implementación de sistemas que fomenten formas más constructivas y cooperativas de interacción social entre los jugadores, como permitirles colaborar en tareas sin dejar de ser parte de sus grupos. Los autores proponen que tales configuraciones mitigarían las actitudes negativas y agresivas que se expresan con frecuencia hacia las

103. Paul R. Messinger, Xin Ge, Eleni Stroulia, Kelly Lyons, Kristen Smirnov, Michael Bone, "On the Relationship Between My Avatar and Myself", *Journal of Virtual Worlds Research*, noviembre de 2008.

jugadoras[104]. Tal vez a través del encuentro con otros pares, y con una representación adecuada de sí mismos, los jugadores podrían autorrealizarse y, de ese modo, exhibir un comportamiento más amable. La tarea, entonces, es de diseño, no de narrativa.

A medida que más ejecutivos de marketing se dieron cuenta de la falta de personajes femeninos en los videojuegos (y de potenciales clientas), se hizo un esfuerzo para incorporar a algunas mujeres valientes y "rudas" a los elencos. Sin embargo, las medidas no siempre resultaron en una acción afirmativa. Los autores de un libro fenomenal sobre videojuegos y capitalismo, *Games of Empire*, señalan lo siguiente:

> Las nuevas "heroínas" de los videojuegos populares son profesionales militares y corporativas, ejemplares de mujeres que matan, asesinan e imparten castigos, avatares de una era de asesoras de seguridad nacional femeninas y un ejército estadounidense con igualdad de oportunidades en el combate. Las protestas de Girl Games y Grrrl Gaming se habían plasmado en las virtualidades del feminismo imperial compatible con el capitalismo militarizado[105].

El ejemplo por excelencia es Lara Croft en *Tomb Raider*, un personaje que aparece en todos los artículos que analizan la creciente representación de la mujer en los videojuegos. Claro, puede que sea una mujer, pero esa es solo una de sus características; las otras son mucho más problemáticas. Sus problemas paternales la llevan a visitar varias maravillas arqueológicas del mundo. De alguna manera, después de miles de años de existencia, estos sitios históricos son destruidos como resultado de su estadía. Esta descendiente de una familia aristocrática recorre el mundo pidiéndoles ayuda a pueblos indígenas pobres, que casi siempre terminan muriendo. No es precisamente una heroína progresista a la que emular.

104. Linda Katherine Kaye y Charlotte Rebecca Pennington, "*Girls Can't Play': The Effects of Stereotype Threat on Females" Gaming Performance*, Ormskirk: Edge Hill University, 2015.

105. Nick Dyer-Witheford y Greig de Peuter, *Games of Empire*, Mineápolis: Universidad de Minnesota, 2009.

Chun-Li, de *Street Fighter*, fue encasillada de una manera similar: es una experta en artes marciales y agente de la Interpol que busca venganza de forma implacable por la muerte de su padre a manos de M. Bison. Tifa Lockhart, de *Final Fantasy VII* (1997), otra heroína fuerte y sexualmente atractiva, va tras Sephiroth, que se convirtió en su archienemigo por asesinar a su padre, Brian Lockhart. A partir de estos argumentos, se puede adivinar el género de los guionistas. A mediados de 2010, las mujeres volvieron a ser encasilladas como adolescentes traumatizadas y egocéntricas, como en *The Last of Us* (2013) y *Life Is Strange* (2015). La violencia contra las mujeres es un vestigio de su histórica condición de propiedad: un producto de la división de la sociedad en clases explotadas y explotadoras. Lejos de resolver la desigualdad histórica de las mujeres, el capitalismo incorpora la violencia contra ellas en sus prácticas comerciales y sus estrategias militares imperialistas. Es poco ambicioso y políticamente ambiguo que las mujeres apoyen justo los mismos sistemas[106].

Solo de manera reciente y gracias a la energía de los creadores de géneros marginados, empezamos a disfrutar de los videojuegos con personajes femeninos complejos, imperfectos y empáticos. La protagonista de *Dead Pets Unleashed* (2022) es una mujer llamada Gordy, que intenta sacar adelante su banda punk y su vida a los treinta y tantos. En *Immortality* (2022), una historia sobre los demonios de Hollywood que recuerda a la obra de David Lynch, la actriz Manon Gage realiza una interpretación magistral en el papel de Marissa. En *Night in the Woods* (2017), Mae, una veinteañera que abandonó la universidad, se enfrenta al efecto del estancamiento económico en el llamado Cinturón del Óxido en Estados Unidos. Se avanzó mucho con respecto a los personajes femeninos tontos y sexualizados de otros videojuegos. No es que haya menos: a medida que la industria de los videojuegos se expande, la variedad de personajes también crece.

Aún hay muchos símbolos sexuales bidimensionales para elegir, pero no son lo único que existe. Los personajes trans,

106. Donna Goodman, "Capitalism Breeds Violence Against Women", *Liberation Magazine*, 1 de junio de 2005.

como Birdo en *Super Mario Bros. 2* (1988), Tyler en *Tell Me Why* (2020) y Lev en *The Last of Us Part II* (2020), pueden desarrollar su historia, sin que su identidad de género impulse la narrativa.

En el último tiempo, sin embargo, los videojuegos ampliaron las expectativas en cuanto a personajes más diversos. En 2023, los críticos se unieron para elogiar el tercer episodio de *The Last of Us*, de HBO, una adaptación televisiva del famoso videojuego, protagonizada por una pareja gay llamada Frank y Bill. Ambientado en un mundo posapocalíptico plagado de infecciones fúngicas, el juego retrata una relación apasionada pero tensa entre ambos, y a Bill como alguien muy antipático. Sin embargo, el programa de televisión, que deseaba representar a estos personajes de manera positiva, optó por una especie de historia de Romeo y Julieta, con poca fricción aparte de las circunstancias en las que se encontraban Bill y Frank. Aunque los dos guiones tenían los mismos escritores, sintieron que el público televisivo tendría dificultades con un enfoque más matizado de los personajes homosexuales. Eso demuestra que los juegos están entrando en un capítulo muy maduro de su existencia, en el que, según la dirección que queramos que tome la industria, pueden concentrar los impulsos más viles de nuestra sociedad o proporcionar un espacio para experimentar y marcar una diferencia positiva real en la cultura pop. El objetivo es que los personajes complejos y empáticos se conviertan en la tendencia dominante, no solo parte de los juegos progresistas. Es importante abrir la ventana de Overton de par en par.

COLONIALISMO

Quizá el trasfondo racial y colonial de muchos juegos se discuta menos en los medios de comunicación tradicionales, pero sin duda es muy visible para los propios jugadores. El nacimiento y la expansión de este espacio digital está íntimamente vinculado con las perspectivas (o, mejor dicho, a la limitación de perspectivas) de los creadores y el público del Norte Global. Estados Unidos, en particular, tiende a dictar gran parte del tono político de los videojuegos. Los videojuegos tuvieron todo tipo de temas: violencia, expansionismo, orientalismo y racismo abierto, mezclado con jingoísmo, complejo de salvador blanco y propaganda imperialista estatal.

Numerosas pequeñas producciones independientes de extrema derecha exhiben parafernalia nazi y de supremacía blanca, o atraen a comunidades de jugadores que construyen monumentos fascistas en juegos multijugador masivos en línea. Pero el racismo en los videojuegos no es solo un fenómeno marginal: las franquicias multimillonarias, respaldadas por grandes corporaciones, también están más que felices de vender narrativas similares. El académico Stefan Schubert nos recuerda lo siguiente:

> Los videojuegos se relacionan con las construcciones de la narrativa del imperio (tal como se entiende en sentido amplio) de varias maneras, y a menudo se relacionan con el tema de forma más evidente: series como *Age of Empires* (1997-) o juegos como *Empire: Total War* (2009, parte de la serie *Total War)* muestran este interés ya en sus títulos, y la forma en que estos juegos de estrategia, y otros como la serie *Civilization* (1991-), representan la historia de la colonización y el imperialismo es muy significativa para juzgar si asumen una postura crítica y poscolonial sobre su tema[107].

Una investigación de 2009 que analizaba la representación de las identidades raciales en los videojuegos reveló que la representación racial de los personajes se parecía en gran medida a la demografía de la industria del desarrollo de juegos, que está compuesta de manera predominante por hombres blancos. Hasta hace poco, los hombres afroamericanos solo eran representados con precisión en los videojuegos que simulaban ligas deportivas de la vida real. En cambio, en los videojuegos no deportivos, los hombres afroamericanos solían aparecer como miembros de pandillas o personas pobres[108]. La caracterización de personas latinas,

107. Stefan Schubert, "Playing With, Not Against, Empires: Video Games and (Post)Colonialism", *US Studies Online*, 27 de noviembre de 2020.

108. Dmitri Williams, Nicole Martins, Mia Consalvo, James D. Ivory, "The Virtual Census: Representations of Gender, Race, and Age in Video Games", *New Media and Society* 11: 5, 2009, 815-34.

hispanas y asiáticas también está plagada de tropos y, con frecuencia, estos personajes casi no tienen capacidad de acción.

La supremacía blanca absoluta y el racismo casual son promovidos por las principales franquicias, como *Call of Duty 4: Modern Warfare* (2007), *Resident Evil 5* (2009), *Gears of War* (2006) y *Grand Theft Auto: Vice City* (2002). A diferencia de las películas u otros medios artísticos, el racismo evidente en estos mundos apenas se critica. Los beneficios se obtienen con un escrutinio mínimo. La libertad de expresión es sin duda un principio valioso, pero la mayoría de las veces este argumento se utiliza como excusa o como medio para infligir una retórica violenta a las comunidades marginadas. Como es habitual, el dinero siempre manda. No se trata de una historia particularmente interesante: los creadores de los videojuegos saben lo que les conviene e intentan que la política de los juegos coincida con sus expectativas sobre el público. Cuando los presupuestos de los videojuegos son muy elevados, para muchos desafiar al público con una agenda progresista es una pérdida de dinero. Encuestas recientes realizadas por Deloitte y otras grandes consultoras, que están empezando a dejar su huella en el sector de los videojuegos, sugieren que la inclusión es rentable, así que las cosas están cambiando[109]. Como en el caso de la misoginia en los juegos, suele ser aún más útil e interesante diseccionar los juegos que intentan presentar una imagen más compleja, lo que a veces fracasa en el proceso. Tomemos como ejemplo a *BioShock Infinite* (2013), el último juego de la trilogía de disparos en primera persona *BioShock*, que se ganó un lugar en la historia de los videojuegos por fusionar una mecánica de combate inteligente con una trama sofisticada. Las dos primeras entregas de *BioShock* transcurrían en la ciudad submarina de Rapture, un lugar con una estética *art déco* prístina y pinturas al estilo de Norman Rockwell que creaban una atmósfera inquietante y cautivadora. *BioShock Infinite* traslada la acción a Columbia, una ciudad-estado flotante estilo *steampunk*.

Allí el racismo institucional y el elitismo están muy extendidos, lo que encarna la esencia del excepcionalismo

109. https://bit.ly/4inIVMj

estadounidense. El conflicto surge entre la Resistencia y la clase dirigente de Columbia, y culmina cuando la líder de la Resistencia, una mujer negra llamada Daisy, amenaza con matar a un niño. Se trata de un giro argumental acentuado por una ideología liberal y centrista: ambos lados del extremismo son responsables. En lugar de enmarcar el conflicto como uno entre opresores y oprimidos, la clase dominante blanca de alguna manera logra mantener la superioridad moral, ya que se limita a arruinar las vidas de un grupo de niños en lugar de ordenar la eliminación de uno solo. Daisy es asesinada por la protagonista, Elizabeth, una mujer blanca. Tiene otro giro más: de hecho, Daisy planea que Elizabeth la mate para que Elizabeth aprenda a tomar decisiones difíciles y porque, de todos modos, es posible que no sobreviviera mucho después de la revolución.

Al final, el crecimiento de Elizabeth, su historia, es lo más significativo, mientras que la de Daisy, el movimiento de resistencia Vox Populi y la liberación del pueblo subyugado de Columbia es de menor importancia. El camino del héroe blanco y su fuerza creciente triunfan sobre cualquier esfuerzo antirracista colectivo. Se trata de un fracaso de la narrativa, pero también del diseño del juego, que se basa en gran medida en la hegemonía establecida de un héroe singular, un individualista que destruye, manipula, conquista y acumula poder, hábitos de juego dictados por una forma de ambición imperialista que afecta a muchos desarrolladores de videojuegos[110].

El ala autoproclamada progresista de la comunidad de desarrolladores de videojuegos no está exenta de tendencias semicoloniales. A principios de 2010, Lucas Pope, un desarrollador de juegos independiente estadounidense blanco, notó que se sentía incómodo al pasar por el control migratorio en los aeropuertos. Pensó que sería un buen tema para un juego divertido. El resultado fue el exitoso juego de simulación de estrategia de 2013 llamado *Papers, Please*, que vendió alrededor de dos millones de copias

110. *Ibid.*

en tres años (cinco millones de copias para 2023), lo que generó enormes ingresos y volvió famoso al único desarrollador[111].

La mecánica de juego de *Papers, Please* consiste en asumir el papel de un oficial de migraciones en el país ficticio de Arstotzka. El jugador examina los documentos de varias personas que quieren ingresar al país. La tarea es identificar documentos vencidos o fraudulentos, y otras irregularidades en la documentación del inmigrante. El objetivo general del juego es ilustrar la burocracia a menudo mecanicista que determina la vida o muerte de muchas personas en controles fronterizos reales. Si bien la intención del juego de arrojar luz sobre las prácticas modernas de control fronterizo es encomiable, en última instancia, termina predicando a los conversos, e incluso puede considerarse autocomplaciente. El juego resultó muy atractivo para la clase liberal de la industria de los videojuegos: ¡un juego independiente con trasfondo político! Ese año arrasó en casi todas las entregas de premios.

El Reino Unido sigue implementando con orgullo controles fronterizos estrictos y operando centros de detención que han sido acusados de violaciones de los derechos humanos, como Yarl's Wood, Harmondsworth y Dungavel. El pésimo trato que el gobierno británico da a los inmigrantes que llegan a sus costas es bien conocido, pero esta grave situación no fue parte del discurso de Lucas Pope cuando recibió su BAFTA. De hecho, Pope jamás mencionó el tema en ningún momento durante esa gira de recepción de galardones. Pope había descubierto un tema que le hizo ganar millones, pero casi no hizo referencia a la devastación real causada por estos problemas durante la promoción y publicidad del videojuego. Algunos críticos sugirieron que Pope no había creado un juego abiertamente político de forma consciente, por lo que no debería ser juzgado como tal. Eso aumenta nuestra sospecha sobre tales prácticas: los creadores son universalmente aclamados por sus temáticas vanguardistas y antagónicas, pero

111. Lucas Pope, @dukope, Twitter, 9 de agosto de 2016; Lawrence Bonk, "Indie Favorite 'Papers, Please' Has Sold 5 Million Copies", Engadget.com, 9 de agosto de 2023.

cuando se las cuestiona eligen adoptar una postura más apolítica para apaciguar a los compradores potenciales del producto.

El peligro de caer en la mediocridad al crear juegos "políticamente comprometidos" es enorme. No es suficiente afirmar que una obra posee contenido antirracista y anticolonial mientras uno mismo utiliza estas fuerzas con indiferencia. Por el contrario, los creadores deben evaluar de manera activa sus propias prácticas y su conexión con sistemas opresivos de una forma genuinamente justa[112]. Sin duda, es casi imposible lograr tales ambiciones, ya que los videojuegos dependen completamente de tecnología que perpetúa la explotación brutal en el Sur Global. Espero que llegue el día en que los juegos políticos no se limiten a la mera crítica del *statu quo*, sino que proporcionen herramientas para desestabilizarlo.

Siendo indulgentes, *Papers, Please* puede incitar un sentimiento de culpa y empatía a través de su mecánica de dilemas morales. A medida que el juego avanza, el jugador se enfrenta a decisiones como permitir el paso de un inmigrante con documentación incorrecta, arriesgándose a que entre un terrorista, o aceptar sobornos para mantener a su propia familia. La narrativa desliza aquí una observación sobre la responsabilidad y la acción individuales y sistémicas. Sin embargo, humanizar la difícil situación de un oficial de migraciones también sugiere un cierto despojo de responsabilidad. Tales instituciones, como la policía, prosperan gracias a la corrupción, y la frontera de Arstotzka no es ineficiente ni defectuosa, sino más bien un excelente ejemplo de cómo están diseñados para funcionar tales sistemas.

Pocas personas en la industria de los videojuegos están dispuestas a reconocer que una de sus principales recompensas es un sentido de superioridad, sobre todo cuando se asocia con el estatus de desarrollador de videojuegos "políticos". Producir un cambio cultural o social real puede ser mucho más difícil y

112. Walter Benjamin, "The Author as Producer", en *Walter Benjamin: Selected Writings, Volume 2: 1931-1934*, Cambridge: Harvard University Press, 2005.

más aislante[113]. Por lo tanto, las prácticas artísticas autoprescritas que abogan por un cambio social pueden caer en la categoría de prédica mundana, ya que el jugador se siente culpable en lugar de empoderado. En el peor de los casos, pueden ser cooptadas y utilizadas para respaldar estructuras e ideologías opresivas. La práctica de deshacerse de tales narrativas de los videojuegos es cada vez más frecuente. En una conversación reciente publicada como "Cómo diseñar juegos que promuevan la equidad racial", Lai-Tze Fan, Kishonna Gray y Aynur Kadir "consideran teorías y métodos responsables para lograr la equidad racial, la justicia racial y el antirracismo en el diseño de videojuegos"[114]. Además de organizar una conversación para que las personas comprendan las complejidades de estos temas, los académicos también publicaron un manual, *How to Not: A Guide to Avoiding Worst Practices*, que ofrece consejos a los creadores de videojuegos sobre cómo diseñar productos antirracistas. Juntos, facilitan una red de creadores que aprenden unos de otros sobre cómo diseñar juegos de manera inclusiva, pero también, lo que es fundamental, sin avergonzarse de revisarlos y reiterarlos. Un ejercicio consiste en analizar varias perspectivas y preguntarse cómo recibirían distintas comunidades las narrativas que están diseñando. Gray explica lo siguiente:

> *Black Card Revoked* (2015) tiene sus raíces en la cultura y el conocimiento negro popular [que] epistemológicamente está reconocido en el juego. Lo llevé a una clase y un estudiante blanco expresó que se sentía en desventaja al jugar, pero, después de acostumbrarse a la incomodidad, se dio cuenta de que este juego no tiene por qué ser para él. Ese estudiante lo utilizó como un proceso de aprendizaje y disfrutó de aprender sobre la cultura negra a partir del juego y de las personas que estaban en ese espacio. *Black Card Revoked* es un ejemplo de diseño de un juego

113. En su colección de ensayos *Revolutions in Reverse* (Londres: Autonomedia, 2011), el antropólogo y teórico político David Graeber expresa preocupaciones similares sobre la política en las bellas artes.

114. Lai-Tze Fan, Kishonna Gray, Aynur Kadir, "How to Design Games That Promote Racial Equity", *Electronic Book Review*, 9 de diciembre de 2021.

hecho por nosotros, para nosotros, pero también es una forma de educar a otras personas sobre la cultura negra.

Al igual que ocurre con la representación de las mujeres en los videojuegos, las historias de y sobre personajes que no encajan en la historia habitual del "héroe" son cruciales, y se vuelven aún más poderosas cuando niegan, o van más allá, de las fantasías imperialistas de conquista y saqueo como fuente de poder. En 2015, *Everybody's Gone to the Rapture*, del estudio británico The Chinese Room, retrató la experiencia de un protagonista negro en un pequeño pueblo inglés. Esta es solo una pequeña parte de la devastadora trama posapocalíptica, pero el juego captura de forma maravillosa las nimiedades y la mundanidad del racismo cotidiano que vive el protagonista. *Pentiment* (2022), de Obsidian Entertainment, también logra algo inusual. Los guionistas realizaron una importante labor de investigación para recrear la verdadera diversidad de la Baviera del siglo XVI; los misioneros etíopes y los personajes judíos juegan un papel en el entramado del elenco.

En 2021, la sensación independiente *Hades* también recreó un Olimpo fantásticamente diverso. Tanto Atenea como Eurídice son mujeres negras, y el peinado afro de Eurídice tiene ramas y hojas de árboles. Dionisio es de ascendencia sudasiática y Hermes, asiática oriental. *1870: Cyberpunk Forever* (2018), de Santo Aveiro-Ojeda, un título independiente que recibió excelentes críticas, plantea preguntas fascinantes sobre las secuelas del colonialismo. Numerosos creadores de juegos BIPOC, como Michelle "Missy" Senteio, Derrick Fields, Cara Hillstock y Andrew Augustin, están desarrollando juegos muy necesarios que reimaginan el público y el propósito de los videojuegos en una industria que a menudo está construida por personas blancas para otras personas blancas. Incluso las franquicias más grandes están agregando una opción para cambiar el color de la piel del héroe, algo que era inaudito incluso a principios de 2010.

Aun así, hará falta mucho más que personajes y relatos diversos para que los juegos realmente se deshagan del impacto y las prácticas colonialistas, sobre todo con respecto a la manera en que son creados. Además, la mayor parte de los supremacistas blancos que se organizan en el mundo de los videojuegos tienen como objetivo los juegos multijugador masivos abstractos, lo que significa que la lucha para acabar con el racismo en los juegos debe ir más allá de los temas y la narrativa.

ESCAPAR DE LA NARRATIVA POLÍTICA

Los videojuegos ocupan un espacio extraño; son la rama de entretenimiento más influyente y rentable, pero al mismo tiempo están exentos de cualquier crítica cultural seria. Los medios liberales en general tratan los videojuegos como un espacio infantilizado con un impacto insignificante. La Gala del Met, los Oscar y el discurso en torno a la última gira de una estrella del pop reciben muchos más titulares. En efecto, se crea un vacío y un círculo vicioso, en el que los jugadores y los creadores de videojuegos se sienten incomprendidos y caen aún más en sus propios lenguajes excluyentes y subculturas alienantes. Pero desafiar esta dinámica parece una tarea muy difícil cuando la adhesión general a la polinización cruzada de los videojuegos y la política se limita principalmente a los discursos ya mencionados. La narrativa política, o la falta de ella, aún desempeña un papel crucial en nuestra comprensión de los juegos, incluso cuando no es demasiado ofensiva.

También existen múltiples subgéneros de videojuegos con inclinaciones políticas. A veces educan a los jugadores sobre un acontecimiento histórico o político en particular: *1979 Revolution: Black Friday* (2016) es un claro ejemplo. A veces son sátiras, como *Liberal Crime Squad* (2004), o imitaciones: el simulador de supervivencia de guerra *This War of Mine* (2014) encabeza este grupo. Luego hay juegos que valoran la simplicidad y la relajación y evitan el conflicto y la tensión de forma deliberada. Eso, en sí mismo, señala una cierta postura política. No hay escapatoria: incluso el rechazo de la política es político.

Un evento en línea titulado Wholesome Direct, que muestra un género en auge conocido como juegos "sanos", ha atraído a decenas de miles de espectadores desde 2021. Wholesome Direct también provocó un debate activo en línea sobre los objetivos y las limitaciones de la salud como práctica artística. En caso de que el nombre no se explique por sí solo, aquí hay algunos ejemplos del evento: un juego de resolución de acertijos ambientado en una tarde lluviosa, con una banda sonora *lo-fi* y pinturas al estilo de Bob Ross (*Behind the Frame*, 2021); una chica que corre por un mundo pixelado de tonos cálidos y completa tareas con compañeros animales (*Yokai Inn*, 2021); e incluso un juego en el que el jugador se limita a tomar fotografías de perros tiernos (*Pupperazzi*, 2022). Es fácil entender el atractivo de estos juegos. Animales tiernos, tareas acogedoras y colores pastel cálidos son habituales en este subgénero.

Los juegos sanos representan un sentimiento de resistencia totalmente justificado contra los videojuegos convencionales, que con frecuencia están dirigidos a hombres blancos adolescentes interesados en la violencia y la competencia. Deberíamos alegrarnos de que ahora existan espacios prósperos para los desarrolladores de juegos enfocados en diferentes públicos y se celebre su estética. Después de todo, ¿cuántos más juegos posapocalípticos agotadores, obscenos y frustrantes podemos realmente soportar?

Pero el concepto de escapismo sano merece ser analizado. Lo "tierno" se equipara aquí con lo bueno, lo positivo y lo democrático; el *ethos* recuerda a los cultos del *hygge* (la palabra danesa para "acogedor") y la psicología positiva, que pueden parecer grotescos e inalcanzables para cualquiera que enfrente ansiedades materiales crecientes o la erosión de las libertades reales. Es comprensible que los creadores de videojuegos quieran ceñirse a temas seguros, higiénicos y accesibles cuando la vulgaridad, la complicación, la intensidad y la torpeza son considerados delitos punibles.

La contradicción intrínseca en el deseo de los juegos sanos de representar algo así como "juegos para el bien" se pone de manifiesto cuando, durante la transmisión de Wholesome Direct, los presentadores piden que se realicen donaciones al International Rescue Committee, una organización que ayuda a las víctimas de crisis humanitarias en todo el mundo, incluida la República Democrática del Congo. Esta región está gravemente afectada por conflictos relacionados con la extracción de los minerales necesarios para producir el hardware electrónico, incluidos los que se utilizan en los videojuegos sanos. De más está decir que no se mencionó la conexión, y que la brutal ironía de la situación parece pasar desapercibida para el equipo organizativo de Wholesome Direct. En el mundo del arte, el término *kitsch* se refiere a cualidades estéticas que son bonitas, extravagantes y emotivas, más que controvertidas o inquietantes. Podría decirse que todos los videojuegos pueden considerarse *kitsch*, ya que son mercancías producidas en masa que a menudo priorizan la accesibilidad y el atractivo sobre el desafío intelectual o mecánico. Sin embargo, los exponentes críticos del *kitsch* en el mundo del arte, como Takashi Murakami y Jeff Koons, han utilizado esta estética de manera consciente y comprenden el lugar que ocupa su arte en un contexto cultural más amplio. En cambio, el movimiento de los videojuegos sanos parece carecer de esta autorreflexión y aún se desconoce si será capaz de producir un equivalente digital a la obra de Koons.

Como señala Liz Ryerson, música, escritora y teórica de la industria de los videojuegos:

> Los juegos sanos (*wholesome games*) nacen de la misma falta colectiva de imaginación de donde surgen los tropos de los juegos AAA. O bien debemos tener violencia sin sentido como espectáculo masivo, o bien debemos ser puros y despojarnos de todo lo que resulte demasiado problemático. Son dos caras de la misma moneda. ¡Ambos son poco desafiantes! Las personas quieren interpretar "conservador" como "políticamente conservador", y no como "sin riesgos y definido por las tendencias del mercado", que es también lo que significa "conservador"[115].

Es importante reconocer que, si bien los juegos pueden proporcionar un escape temporal y aliviar el estrés cotidiano, su verdadero potencial radica en su capacidad para fomentar la

115. Liz Ryerson, @ellaguro, Twitter, 12 de mayo de 2021.

solidaridad y promover el aprendizaje y el activismo. Al enfocarse en crear experiencias sanas y significativas, la industria de los videojuegos tiene la oportunidad de generar un impacto positivo en el mundo. Sin embargo, no debe esquivar los sentimientos de incomodidad, irritación y lucha, que a veces son una realidad para las personas que se encierran en los ámbitos digitales.

EN BUSCA DE LA UTILIDAD

Por último, los juegos pueden ir más allá de sus cámaras de eco cuando están diseñados de manera consciente con fines educativos, en especial cuando pretenden ser útiles en términos políticos. Algunos ejemplos incluyen títulos que se centran en eventos políticos o les asignan funciones cívicas concretas: informar, investigar y presentar información de forma innovadora. Esta práctica no es nueva. *Tax Avoiders* (1982) fue un título que recibió elogios cuando se lanzó en la consola de la vieja escuela Atari 2600. En la actualidad, los juegos de propaganda a pequeña escala suelen acompañar cualquier elección o acontecimiento político significativo. Mientras los juegos suelen ser elaborados con historias moralistas o grotescas, este último grupo de juegos políticos busca generar un cambio cívico al seleccionar y organizar información de manera inventiva y sorprendente.

En 2003, durante la preparación para las elecciones primarias presidenciales de Estados Unidos, el demócrata progresista Howard Dean presentó una campaña novedosa: *The Howard Dean for Iowa Game*. El propósito del primer juego oficial en la historia de las elecciones presidenciales era alentar a las personas a participar en la campaña previa al *caucus* en Iowa y otros estados. El juego no fue suficiente para asegurar la candidatura de Dean (finalmente, John Kerry se convirtió en el candidato demócrata pero perdió las elecciones frente al republicano George W. Bush en 2004), pero fue un buen ejemplo de diversificación de los métodos para llegar a un público.

Desde el punto de vista institucional, los activistas de izquierda tardaron demasiado en reconocer que los videojuegos pueden ser un espacio para la negociación y disidencia política, pero estos proyectos específicos demuestran que siempre estuvieron presentes en los márgenes. Sin embargo, mientras la derecha política ha tenido un éxito tremendo a la hora de moldear gran parte de cómo se entiende y organiza la industria de los videojuegos, la izquierda aún no logró una influencia similar, incluso con sus propios juegos de propaganda.

Los juegos electorales son variados. En general, se diseñan para representar encuentros cómicos entre políticos, a la vez que informan al jugador sobre las políticas de ambos bandos. En *Corbyn Run* (2017), el jugador se pone en el papel de Jeremy Corbyn, quien era el líder socialista del Partido Laborista británico cuando se lanzó el juego. La tarea del jugador es perseguir a los políticos conservadores Boris Johnson y Theresa May, así como al fantasma de Margaret Thatcher, que intentan frustrar la carrera del jugador. ¿Cuánto tiempo podrá escapar de esos ataques? En más de un sentido, como Corbyn descubrió, no por mucho tiempo.

Bernie Sanders, el senador progresista de Vermont, también encargó la creación de un juego para su campaña de las primarias de 2016 contra Hillary Clinton. *Labour-Elections 96* (1996) permitía que los jugadores israelíes controlaran un avión de combate pilotado por el político Shimon Peres para cambiar los resultados de las encuestas en diferentes ciudades. Ahora es toda una industria: Persuasive Games es una consultora con sede en Atlanta que desarrolla herramientas de diseño de juegos persuasivos, así como títulos en todo el mundo que encajarían en esta categoría. La eficacia sigue siendo debatible: si bien tiene sentido presentar información a través de distintos métodos, aún se debe investigar hasta qué punto estos juegos cambian realmente la opinión de las personas.

Los videojuegos también demostraron ser útiles en el área de las humanidades digitales. Stella Wisdom, curadora digital en la Biblioteca Británica, relata el trabajo en colaboración con creadores de juegos para dar vida a documentos históricos. Pudding Lane Productions, conformada en su mayoría por estudiantes de la Universidad De Montfort de Leicester, creó un entorno interactivo de Londres antes del Gran Incendio de 1666 basado en los mapas y estudios de calles detallados de John Leake. Estas visualizaciones incluyen el antiguo puente de Londres, que existió entre 1209 y 1831. También hay casas modulares con diferentes partes superiores, intermedias e inferiores que se pueden organizar de diversas maneras para formar calles con una apariencia muy diferente[116].

En 2014, un equipo de tres estudiantes de la Universidad de Gales del Sur creó una experiencia de realidad virtual para reconstruir la abadía de Fonthill. Ya no queda rastro de esta mansión de estilo gótico, otrora espectacular, ya que fue demolida en 1845 tras el colapso de su gigantesca torre de 90 metros. Para esta reconstrucción digital, los creadores del juego utilizaron ilustraciones detalladas del edificio guardadas en la Biblioteca Británica[117].

Aunque la corriente dominante asocia los videojuegos con problemas de salud mental por su tendencia a causar adicción o inducir al aislamiento, existen investigaciones que muestran que también pueden funcionar como una forma de terapia. Un ejemplo de ello es el videojuego SPARX (2012), que fue desarrollado como tratamiento para adolescentes con depresión. El acrónimo SPARX significa "pensamientos inteligentes, positivos, activos, realistas y de factor X", que son esenciales para combatir la depresión. En el estudio participaron 168 adolescentes, con una edad promedio de 15 años, que sufrían depresión.

La mitad de los participantes recibió el "tratamiento habitual", que consistió en cinco sesiones individuales de terapia, mientras que la otra mitad jugó a SPARX, un juego de fantasía en el

116. Joe Dempsey, Daniel Hargreaves, Daniel Peacock, Chelsea Lindsey, Dominic Bell, Luc Fontenoy, Heather Williams, "Pudding Lane: Recreating Seventeenth-Century London", *Journal of Digital Humanities* 3(1), 2014.

117. Lissa Holloway-Attaway, "Interview with Stella Wisdom, Digital Curator at the British Library", *Gamevironments Magazine* 14, 2021.

que los jugadores creaban avatares para eliminar los "pensamientos automáticos negativos" y restaurar el equilibrio en el mundo virtual. Cada nivel del juego educaba a los jugadores con datos sobre la depresión, estrategias para gestionar emociones negativas intensas y técnicas de relajación. Los resultados del estudio fueron particularmente prometedores para el grupo que jugó a SPARX, ya que el 44 % de esos participantes se recuperó por completo de la depresión, mientras que solo el 26 % del grupo de control superó la depresión.

PlayMancer (2009) fue un proyecto financiado por la Unión Europea con el objetivo de crear un videojuego para tratar enfermedades específicas de salud mental, incluidos los trastornos alimentarios y de control de los impulsos. El juego, llamado *Islands* (2009), introduce a los jugadores a un escenario interactivo con el objetivo de mejorar sus habilidades de autocontrol emocional y de gestión de comportamientos impulsivos. Un equipo de clínicos, ingenieros y programadores diseñó el juego basado en las necesidades y respuestas emocionales de la población de pacientes a la que iba dirigido, así como en sus perfiles de personalidad.

Los efectos a corto plazo del juego incluyeron el desarrollo de nuevas estrategias de afrontamiento para gestionar las emociones negativas en respuesta a los factores estresantes cotidianos, patrones más generalizados de mejora y un mayor autocontrol ante desafíos. Lo que es más importante, los pacientes pueden jugar con facilidad, ya que el 85 % se sintió cómodo utilizándolo con esos fines. Esta alta usabilidad aumenta la probabilidad de que ciertos grupos de personas, que son reacios a otros tipos de tratamiento, trabajen para mejorar su salud mental mediante el juego[118].

Según distintos estudios, los videojuegos producen una variedad de beneficios. Los videojuegos son terapéuticos para los niños con enfermedades crónicas y mejoran las habilidades

118. Fernando Fernández-Aranda, Susana Jiménez-Murcia *et al.*, "Video Games as a Complementary Therapy Tool in Mental Disorders: Playmancer, a European Multicentre Study", *Journal of Mental Health* 21: 4, 2012, 364-74.

motoras de los niños en edad preescolar[119]. Pueden reducir la soledad en el caso de los adultos mayores y permiten que los médicos perfeccionen su destreza y desarrollen sus conocimientos de anatomía[120]. Los videojuegos ayudan a los niños con dislexia a leer y hasta pueden aliviar el dolor[121]. Los usos y beneficios de los juegos son vastos, en especial cuando los desarrolladores se enfocan en ese objetivo, y los especialistas recién están comenzando a abordar la utilidad potencial para el cuerpo y la mente. Los videojuegos son un medio potencialmente persuasivo que puede tener muchas implicaciones cívicas. Sí, el tema del juego puede ser instrumental en este sentido, pero este es solo un elemento de las conexiones entre los juegos digitales y los resultados en la vida real.

MÁS ALLÁ DE LA REPRESENTACIÓN

Existen limitaciones e incluso trampas al esperar que todo se logre a través de la representación, en pensar que si los juegos tuvieran un tema o una mecánica determinada podrían ser readaptados como instrumentos de cambio. De hecho, esta idea constituyó la base de dos corrientes de pensamiento predominantes que dominan el discurso académico acerca de los videojuegos. ¿Qué es más

119. Hawken Miller, "Video Games Connect Chronically Ill Children Isolated at Home", *Hospital, Prader-Willi News*, 22 de mayo de 2020; Sen Li, Yang Song, Zhidong Cai y Qingwen Zhan, "Are Active Video Games Useful in the Development of Gross Motor Skills among Non-Typically Developing Children? A Meta-Analysis", *BMC Sports Science, Medicine and Rehabilitation* 14: 140, 2022.

120. Sara A. Freed, Briana N. Sprague *et al.*, "Feasibility and Enjoyment of Exercise Video Games in Older Adults", *Frontiers in Public Health* 9, 2021; "Video Games Made Me a Better Surgeon", *BBC News*, 21 de octubre de 2018; Christian Moro, Charlotte Phelps, Zane Stromberga, "Utilizing Serious Games for Physiology and Anatomy Learning and Revision", *Advances in Physiology Education* 44: 3, 2020.

121. "Video Games and Dyslexia: Can Gaming Increase Reading Speed?", *Succeed with Dyslexia*, 26 de marzo de 2021; Eleanor Jameson, Judy Trevena, Nic Swain, "Electronic Gaming as Pain Distraction", *Pain Research and Management* 16: 1, 27-32.

importante: la narratología (es decir, la trama) o la ludología (o sea, la jugabilidad)? El encuadre de este argumento revela mucho sobre el tipo de actores involucrados que definen las reglas de los estudios sobre juegos e indica cierta política debido a lo que excluye. Una perspectiva más crítica implicaría estudiar los elementos de producción y marketing. La eficacia de las relaciones sociales, de las que el juego es una parte fundamental, solo puede reflejarse, por lo tanto, prestando atención a las circunstancias en las que se encuentran.

En ese sentido, enmarcar los estudios sobre juegos como algo que pivota solo entre la narrativa y la mecánica expone una disonancia con el mundo fuera de los espacios cerrados de los medios de juegos y partes del mundo académico de los juegos. El modo en que se juega, se concibe y se utiliza un juego con fines ideológicos depende de su ubicación en el mercado de productos básicos, lo que significa que su valor de propiedad, accesibilidad y técnicas de marketing pueden tener un papel infinitamente más significativo. Están surgiendo métodos antropológicos, etnográficos y, lo que es más importante, materiales en la investigación de videojuegos, y deberían fomentarse.

Sin embargo, para las personas menos versadas en las complejidades de cómo se sitúan los videojuegos en las relaciones de clase globales, juzgar un juego en términos de sus temas principales es un enfoque predecible y popular. No cabe duda de que los temas de los juegos siguen siendo influyentes y capaces de ofrecer una visión de nuestra realidad social, pero cada año son más variados. Al mismo tiempo, los vendedores de juegos insisten cada vez más en clasificarlos dentro de un género específico. Ya sea un juego de disparos en primera personas (pero con una historia moral sobre el tirador), un juego de rol (pero con una ubicación sorprendente), un juego de carreras (pero con un arco argumental para el piloto), los juegos se venden mejor cuando ciñen a lo conocido.

Esta circularidad de lo que se permite o lo que se considera no rentable (y, por lo tanto, no se le da el tiempo de producción ni los recursos necesarios) clasifica los juegos y les impone limitaciones estrictas. Si bien se notan historias más intrincadas con personajes más complejos y escenarios detallados, también observamos una estratificación distintiva.

El fallecido académico Mark Fisher escribió de manera pormenorizada acerca del estrechamiento de la cultura y, por extensión, de la cultura pop, y sus hallazgos pueden aplicarse sin duda a los videojuegos. Con la consolidación de los sistemas políticos (es decir, economías de mercado estatales semidemocráticas), los límites para la expresión ciudadana ya están predefinidos, lo que también reduce la pluralidad de la expresión cultural[122]. Al mantener un esquema definitivo dentro del que se persigue y articula la creatividad (en este caso, máquinas de Microsoft o Sony con chips IBM o NVIDIA), nos vemos obligados a reducir nuestra imaginación y, por extensión, nuestras ambiciones con respecto a las condiciones de nuestros medios de vida colectivos. De este modo, los juegos transmiten la noción de que todos los debates ideológicos significativos han concluido, lo que hace que la política se interprete como meras tareas administrativas. Si se quita el discurso económico de la discusión, es inevitable que el enfoque se desplace a la asignación de las sobras.

No se trata de fetichizar la abstracción, que también puede llevar a interpretaciones formuladas por los poderosos. Sin embargo, el auge de las tendencias abstractas no es un problema actual para los videojuegos, mientras que su dependencia de tácticas estéticas tiende a subrayar, sobreexplicar y alinear ideologías según la base de consumidores. Deberíamos cuestionar este impulso, aunque solo fuera para fomentar mejores técnicas de propaganda con fines igualitarios.

El arte de vanguardia, el arte que desafía, sorprende y es heterodoxo, implica posibilidades y la urgencia de la reforma social, política y económica. En cambio, muchos juegos son conservadores y formulistas, lo que representa una fuente de estabilidad para el *statu quo*. No habría nada de malo si el medio no fuera activamente dañino y, a la vez, dependiente de los procesos

122. Mark Fisher, *Capitalist Realism: Is There No Alternative?* New Alresford: Zero Books, 2009.

de fuerzas destructivas. Pero una estructura no desafiante, junto con modos de producción nefastos, deja mucho que desear. Estos problemas deben ser abordados si se pretende que los juegos sirvan alguna vez a una agenda ampliamente igualitaria.

Incluso las voces de resistencia, aquellos juegos creados con las mejores intenciones y que apoyan de manera activa el bienestar mental y físico de numerosos grupos de personas, siguen siendo mercancías bajo el modo de producción capitalista. Y, como se explica en el Tutorial de este libro, los juegos en particular son susceptibles de volverse dependientes de herramientas logísticas fundamentalmente antagónicas.

Centrarse demasiado en el contenido puede hacernos sentir impotentes, sobrecargados de imágenes, sobreestimulados e incapaces de saber cómo cambiar las condiciones que permiten esa imaginería. Hay una sensación abrumadora, arraigada en gran parte de nuestra experiencia cotidiana, de estar atrapados en la prisión del barroco digital[123]. Poderes fuera de nuestro control bombean decenas de imágenes inmaculadas y de alto octanaje en nuestra existencia diaria a una velocidad incomprensible. En consecuencia, nos sentimos desorientados y queda poco espacio para considerar la acción más allá del espectáculo. Así como los estilos barroco y rococó fueron elegidos para reflejar los intereses y deseos de las clases dominantes, gran parte de las representaciones digitales actuales también luchan por nuestra atención. Jean Baudrillard nos ayuda a comprenderlo: "Se dice a menudo que la gran empresa de Occidente es la comercialización del mundo entero, la vinculación del destino de todo a la suerte de la mercancía. Esa gran empresa resultó ser, más bien, la estetización del mundo entero"[124].

Baudrillard sostenía que "ya no hay ningún secreto". Todo se dice, todo se expone; todo adquiere un significado y, al mismo tiempo, no se dice nada. Parafraseando a Marshall McLuhan, no

123. Angela Ndalianis, *Neo-Baroque Aesthetics and Contemporary Entertainment*, Cambridge: MIT Press, 2005.

124. Jean Baudrillard, *The Transparency of Evil: Essays on Extreme Phenomena*, Londres y Nueva York: Verso, 2009, 17.

solo el medio es el mensaje, sino que, lo que es más importante, la venta es el mensaje.

No necesitamos ser tan escépticos, pero es importante subrayar que abogar por sistemas descentralizados, democratizados e igualitarios es algo que solo puede suceder cuando los actores que luchan por estos objetivos se involucran desde dentro de los sistemas descentralizados y democratizados[125]. Debemos actualizar la crítica de Baudrillard para dar cuenta del vértigo de Internet y otros vastos reinos digitales.

Como alguien que fue siempre punk de corazón, también estoy conflictuada: ¿qué pasa con la estética punk tan explícita, con los pronunciamientos ruidosos y desafiantes de nuestras políticas? Usábamos pines y parches que indicaban nuestras creencias políticas. Me sentía como en casa en los conciertos políticos punk y benéficos en favor de distintas causas y al organizar eventos antifascistas bajo diversas banderas. Si tengo en cuenta mi crítica, ¿estas acciones también valen poco? La diferencia crucial debe estar, como siempre, en el nivel del modo de producción. En su vertiente más visceral y material, lo mejor del punk se ejecuta mediante medios DIY (do it youself, hazlo tú mismo), en busca de algo auténtico. ¿Qué significaría eso en los videojuegos?[126]. Significaría reutilizar objetos existentes retirándolos del mercado de productos básicos y cambiar su estética a algo antitético a los hábitos de consumo.

Los *mods*, los juegos gratuitos y los proyectos no comerciales creados con software libre como Bitsy y Twine se acercan a ese ideal. Implicaría la creación de productos para ser jugados en dispositivos fabricados bajo condiciones laborales dignas, con componentes que no costaran vidas en el Sur Global. De alguna manera, se daría a conocer que no depende de Internet, con servidores de empresas de gestión de activos que son propietarias de nuestras redes de comunicación. En esta época particular, me

125. Nick Dyer-Witheford y Greig de Peuter, *Games of Empire*, Mineápolis: Universidad de Minnesota, 2009.

126. El siguiente artículo ofrece algunas ideas: Paolo Pedercini, "Gaming Under Socialism", blog de Molleindustria, 12 de abril de 2017.

cuesta imaginar cómo todo eso podría funcionar, pero esa tiene que ser nuestra ambición (las palabras del crítico literario y teórico Fredric Jameson tienen resonancia en este contexto: "Es más difícil imaginar el fin del mundo que el fin del capitalismo"). Si no cumple con lo anterior, no es un videojuego descolonizado, y los *influencers* que intentan afirmar lo contrario solo están construyendo su propio capital social. Quiero ser clara, me encantaría jugar al simulador de una granja tártara de las colmenas de mi abuelo en los montes Urales, pero también sé que hoy no sería el método más eficaz para contar su historia ni honrar el *ethos* anticonsumista con el que vivió.

Jen Pan, en su videoensayo para la revista *Jacobin*, brutalmente titulado "Why Liberals Lose Their Minds over Hollywood Movies" ("Por qué los liberales pierden la cabeza con las películas de Hollywood"), resume de forma brillante la elección deliberada y limitante de centrarse en la representación por encima de todo. Señala lo tentador que resulta calificar de victoria política al reciente auge de la diversidad en los productos de Hollywood. Después de todo, cuando controlamos tan pocos resultados reales de nuestras vidas, observar victorias en la cultura pop puede sentirse empoderador. Pan cita dos novelas que demuestran que la literatura pop política puede generar cambios materiales: *La cabaña del tío Tom* (1852), de Harriet Beecher Stowe, y *La jungla* (1905), de Upton Sinclair. Luego nos recuerda que estos artefactos culturales no incitaron las luchas políticas de la época, sino que fueron, de hecho, complementarios.

> Ni los libros de Stowe ni los de Sinclair catalizaron por sí mismos un cambio político ni condujeron a la creación de nuevos movimientos. Más bien, ambas novelas surgieron de movimientos políticos que ya estaban en marcha: el movimiento abolicionista en el caso de Stowe y el movimiento socialista de principios del siglo XX en el caso de Sinclair. La producción cultural solo puede complementar, no sustituir, el trabajo de la política[127].

127. Jen Pan, "Why Liberals Lose Their Minds over Hollywood Movies", YouTube, publicado por Jacobin, 16 de septiembre de 2021.

A continuación, Pan cita con acierto al politólogo Adolph L. Reed Jr: "Nada podría indicar de forma más contundente el alcance de la hegemonía ideológica neoliberal que la idea de que la industria de la cultura de masas y sus prácticas representacionales constituyen un terreno significativo para la lucha por el fomento de intereses igualitarios"[128].

Los intereses promovidos suelen reflejar lo que ya existe; las verdaderas victorias políticas son más difíciles de lograr e implican un riesgo real. Estas críticas deben aplicarse a los videojuegos, o al menos deben ser abordadas por los creadores de videojuegos que se autodenominan políticos. En el mejor de los casos, los autores deberían enfatizar que su trabajo solo aborda los temas que se pueden tratar gracias a la organización política práctica. En el peor de los casos, la explotación de ciertos temas, que casi no ofrece ayuda material a las personas que llevan adelante esa lucha, debe verse como lo que es: una táctica de marketing. El mensaje del director de la franquicia *Crazy Rich Asians* (2018), que afirmó: "No es una película, es un movimiento", ilustra la necesidad de la clase liberal de imaginar la política emancipatoria dentro de la representación, incluso si se trata de personas obscenamente ricas, que en su mayoría adquirieron esa riqueza a través de la opresión de personas de la misma raza, pero de un rango socioeconómico inferior[129].

A nivel institucional, sin embargo, parece que los juegos seguirán recibiendo apoyo predominantemente por sus temas, y se seguirá ignorando sus otros rasgos especiales. La narrativa de los videojuegos parece ser el aspecto más relevante para garantizar inversiones futuras de industrias paralelas. El éxito de la adaptación de *The Witcher* (2019) para Netflix y los aclamados por la crítica *The Last of Us* (2023), de HBO, y *Fallout* (2024), de Amazon Prime, contribuyen a que los videojuegos lleguen a la última frontera: Hollywood.

128. Adolph Reed Jr, "*Django Unchained*, or, *The Help*: How 'Cultural Politics' Is Worse Than No Politics at All, and Why", NonSite.org, 25 de febrero de 2013.

129. Pan, op. cit.

En el sector público, al parecer, la narrativa también se valora por encima de todo. Las organizaciones de patrimonio cultural en el Reino Unido, por ejemplo, dividieron su apoyo a los videojuegos en las siguientes categorías: el Victoria and Albert Museum está interesado en el aspecto artístico y de diseño; el British Film Institute se centra en el cine y la animación; el Tate Modern, en el arte digital; y la Biblioteca Británica, en la narrativa y el relato de historias. Las mayores esperanzas pueden depositarse en el Tate, ya que es muy probable que investigue algunas partes estéticas menores, como la mecánica, las comunidades y el impacto, pero hasta la fecha no han hecho nada en este campo.

Los videojuegos tienen usos políticos prometedores, pero es necesario definir sus limitaciones actuales, aunque solo sea para abolirlas pronto. La escritora y crítica de videojuegos Samantha Greer, conocida sobre todo por explorar la marginalización de las voces de la clase trabajadora en la industria de los videojuegos, publicó un video emotivo en YouTube en el que reflexiona sobre el alcance de la empatía en los videojuegos. "Games Are Not Empathy Machines" ("Los videojuegos no son máquinas de empatía") investiga las lecciones que se pueden aprender de *The Last Guardian* (2016), un juego de acción y aventura centrado en la relación entre un niño pequeño y una criatura mitad ave, mitad mamífero, que se convierte en su compañero. Greer concluye que las narrativas de los videojuegos son espejos[130]. Si un jugador posee cualidades que lo llevan a sentir empatía, lo más probable es que la sienta. Si no, no se materializará la empatía por los personajes del juego. Los juegos con un tema político intrínseco pueden evaluarse de manera similar: deben movilizarse otras propiedades para lograr un cambio de conciencia, en lugar de limitarse a apoyar una inclinación ya existente.

Hay investigaciones que respaldan la idea de los juegos como espejos. Una realizada en Alemania entre 2012 y 2015, que contó con 824 participantes, no encontró correlación entre

130. "Games Are Not Empathy Machines | The Last Guardian | Subtext Adventure", YouTube, publicado por Samantha Greer, 12 de diciembre de 2022.

la cantidad de tiempo dedicado a los videojuegos y el sexismo[131]. Sin embargo, el estudio, que siguió la llamada teoría del cultivo, no demostró que el sexismo no esté presente en la industria y la cultura de los videojuegos. Sin duda, la mayoría de los juegos populares representan a las mujeres de manera estereotipada o sexualizada, y el sexismo es un problema común entre los jugadores, que repercute en particular en las jugadoras. Debe haber otro poder que convierta a las personas en actores políticos. El tema es impuesto por los creadores, pero lo que los propios jugadores hacen con los juegos puede volverse mucho más subversivo, creativo y, a veces, peligroso.

131. Johannes Breuer, Rachel Kowert, Ruth Wendt, Thorsten Quandt, "Sexist Games = Sexist Gamers? A Longitudinal Study on the Relationship Between Video Game Use and Sexist Attitudes", *Cyberpsychology, Behavior, and Social Networking* 18: 4, 192-202, 2015.

NIVEL II

Las comunidades

Corría el año 2015, y yo estaba segura en mi capullo de un estilo de vida anarquista: lucha política día y noche, y momentos más tranquilos y privados de fiestas y juegos entre medio. Me enamoré de un chico inglés que por aquel entonces se mudaba a Londres. Al igual que yo, él también era un okupa que encontró seguridad en una vivienda temporal. Yo era una persona política con un interés de nicho en los videojuegos. Él era un *influencer* de juegos de lucha y *youtuber*, conocido en línea como TheoryFighter, con un corazón de izquierda[132].

Comenzamos a intercambiar pensamientos, ideas y experiencias de vida, y un mundo entero se abrió ante mí. Fue TheoryFighter quien me habló por primera vez de la lucha Goonswarm contra Band of Brothers en EVE *Online* (2003), probablemente con una cerveza polaca en la mano, durante una acogedora reunión bohemia en alguna calle de Hackney Marshes. Puedo identificar con claridad que ese momento amplió mi concepción de lo que son capaces de hacer los espacios de juego. Y me abrió los ojos a la posibilidad de que todos estamos viviendo en un reflejo de las costumbres de esos espacios.

Para quienes no pasaron años en él, EVE *Online* parece una hoja de cálculo extraordinaria. Jugar este MMORPG (*massively multiplayer online role-playing game*, juego de rol multijugador masivo en línea) de temática espacial implica mucha contabilidad

132. youtube.com/@TheoryFighter.

y organización, y la distribución de una cantidad finita de recursos entre los personajes dentro del juego. Ambientado más de 21 000 años en el futuro, época en que los recursos de la Tierra se han agotado, *EVE Online* imagina que la humanidad intenta colonizar el resto de la Vía Láctea. Los jugadores controlan una flota de naves, cuyo tamaño y poderes dependen de la habilidad y el capital social o material de cada jugador.

Sin embargo, a finales de los años dos mil, la desigualdad monetaria se volvió evidente. Mientras algunos jugadores invertían decenas de miles de horas para mejorar sus flotas, otros tomaron un atajo y adquirieron mejoras dentro del juego con dinero real. La llamada Band of Brothers era un pequeño grupo de naves espaciales que utilizó esa última táctica: la tercerización, o directamente la compra, de poder sobre el entorno virtual, y pronto dominó la galaxia de *EVE Online*. Un grupo de jugadores más pobres, pero más hábiles, se hartó de esta dinámica y comenzó a tramar y coordinar formas de revertir esa tendencia, que creían había arruinado el juego. En 2006, miles de estos jugadores formaron el grupo Goonswarm y comenzaron una épica batalla contra la Band of Brothers. Se necesitó una increíble cantidad de juego, unidad y coordinación, pero finalmente Goonswarm logró la victoria en esta versión moderna de David y Goliat. La destrucción de la flota virtual de Band of Brothers costó a sus jugadores alrededor de 6000 dólares reales[133].

La clave del éxito de Goonswarm fue la cantidad de miembros, el anonimato y sus técnicas de comunicación ingeniosas. Sus miembros se infiltraron en los foros privados de Band of Brothers, filtraron información a sus compañeros y sabotearon cualquier contraataque. La enorme cantidad de integrantes y el compromiso con la misión les permitió tomar la delantera con respecto a sus adversarios adinerados. El punto de inflexión se produjo cuando el presidente de Band of Brothers, Haargoth Agamar, se pasó a Goonswarm porque, en sus palabras, prefería

133. Magníficamente relatado aquí: Eliza Gauger, "Breaking: Goonfleet Stomps Band of Brothers in Biggest EVE Takedown Ever", Destructoid.com, 5 de febrero de 2009.

la estructura organizativa más horizontal del grupo. Para añadir más belleza a este maravilloso acto de resistencia, socavó por completo el plan de negocios del desarrollador del juego, CCP Games. La empresa había introducido microtransacciones para aumentar sus ganancias, una medida seriamente cuestionada por esta disputa legendaria.

Este tipo de actividades de las comunidades de videojuegos evidencian el potencial de los espacios de juego para convertirse en sitios de expresión política. A diferencia de la narrativa impuesta desde arriba por el creador del juego, las acciones de las comunidades son autodefinidas y automotivadas y reflejan así la voluntad activa de cientos, a veces miles, de jugadores. Estas expresiones adoptan muchas formas diferentes, por ejemplo, puede tratarse de una organización política explícita en el juego, una organización de consumidores, disrupciones cooperativas y reuniones en línea en las que los jugadores representan diversas funciones en la vida real. Eso supone, quizá de manera sorpresiva, la conversión de algunas personas, que de otro modo serían pasivas, en sujetos políticos.

Avanzar al Nivel III exige que los lectores analicen cómo y por qué los jugadores suelen comportarse como seres comprometidos públicamente. ¿Cuáles son algunos ejemplos clave de compromiso cívico en los videojuegos? ¿Por qué casi no se lo reconoce como una forma de expresión política? En una época de malestar político generalizado y nihilismo, ¿por qué los videojuegos despiertan un sentido de pertenencia y por qué este espacio es propicio para lograr una acción significativa? ¿Cuál es el espectro de esta expresión y quién lo controla?

Algunos reconocemos nuestro papel como consumidores en los videojuegos y aprendemos a generar cambios como entidades activas en esa función. Una vez que logramos nuestro objetivo o disfrutamos haberlo intentado, pasamos a intentar influir en la política en la vida real. Algunos lo logran; en otros casos, los resultados son devastadores. La intensidad y las técnicas representan una variedad de objetivos, desde experiencias dentro del juego con diversos modelos de autoorganización hasta acciones políticas y radicalización directa. Mientras algunos jugadores como yo solo admiramos los ingeniosos trucos de narración y tenemos un espíritu deportivo relativamente básico, otros jugadores crean en los juegos sistemas cívicos completos. Sin duda, surgió en parte del espíritu competitivo, pero cuando empecé a estudiar el mundo de las comunidades de videojuegos quedó claro que, en gran medida, se sitúa entre una lucha por el poder y la búsqueda de un sentido de pertenencia. Si eso no es política, no sé qué lo es.

LOS JUGADORES COMO ENTIDADES CÍVICAS

Si bien algunos jugadores asignan un significado político a las comunidades de jugadores, no siempre es el caso. De hecho, muchos de los participantes de la épica batalla entre Goonswarm y Band of Brothers podrían mostrar indiferencia o incluso estremecerse al escuchar que su lucha refleja tendencias de izquierda. Argumentarían que los jugadores hacen cosas de jugadores, y nadie debería entrometerse. Sin embargo, muchos de ellos participan en actividades altruistas, por ejemplo, de coordinación y debate; hacen campañas, se agrupan y se autoseleccionan en facciones distintas. Los MMORPG proporcionan una plataforma abstracta y relativamente superficial en cuanto a la narrativa, que puede convertirse en un espacio valioso para la autoexpresión, la acción cívica u otro tipo de participación. Allí, de manera consciente o inconsciente, los jugadores componen lemas y lenguajes que imitan las estructuras de poder existentes y las luchas entre ellas. En una época en la que se teme por la disminución de la participación cívica y por la brecha creciente entre los organismos gubernamentales y las personas a las que se supone deben representar, es fascinante observar cómo las poblaciones construyen estructuras comunales y experimentan con diversas formas de gestión y administración, ¡todo de manera voluntaria!

World of Warcraft (*WoW*), al igual que EVE *Online*, es un juego multijugador masivo en línea muy popular. Alberga una variedad de grupos con sus propias tradiciones, expresiones y formas de unidad. Durante casi veinte años, cautivó al público con su vasto universo lleno de tradiciones, opciones de personalización y progresión, y épica fantasía, que incluye criaturas míticas y reinos diversos. El juego incluye a las conocidas facciones la Horda y la Alianza, que tienen una larga historia de conflicto. El jugador se convierte en un soldado en la batalla y debe buscar aliados para obtener el mejor resultado. La relación entre las dos facciones se basa en lealtades complejas, según la tradición del juego. Pero incluso en esas comunidades fluidas, surgen fórmulas organizativas distintas.

En su video de YouTube "DKP Is Market Socialism", el artista y *streamer* Joshua Citarella explica en detalle cómo el sistema de botín virtual de *WoW*, llamado *dragon kill points* (DKP), demuestra un nivel de comercio horizontal sofisticado que debería ser analizado y admirado por los pensadores progresistas. En una misión estándar de *World of Warcraft* participan unos cuarenta jugadores que intentan derrotar juntos a un jefe. Cuando lo logran, el jefe suele arrojar solo unos cuatro o cinco objetos coleccionables, por lo que no es fácil compartirlos entre decenas de jugadores. "Entonces, el gremio tiene la tarea de distribuir los escasos recursos entre un grupo de jugadores nerds enojados. Cada jugador es un trabajador en el sistema cooperativo de un gremio, lo que lo incentiva a jugar mejor y compartir el botín de manera equitativa", dice Citarella con aprobación[134].

Quince años de práctica, hábito y esmero convirtieron a estos grupos supuestamente caóticos de participantes digitales en miembros de algunos de los sistemas de distribución económica masiva más confiables, horizontales y justos que existen. Algunos gremios nombran de forma democrática "consejos de botín", que representan a los jugadores y toman decisiones sobre la distribución de recursos. Otros se agrupan bajo monarquías de clanes de élite que se quedan con el botín. Algunos tiran los dados para decidir quiénes serán los beneficiarios del botín, pero

134. "DKP Is Market Socialism'", YouTube, publicado por Joshua Citarella, 28 de enero de 2022.

estos grupos suelen ser inestables y la táctica rara vez da buenos resultados. Los creadores del juego (Blizzard Entertainment) no sugieren ni fomentan ninguna de esas alternativas; todas estas estructuras provienen de los propios jugadores. Por lo tanto, solo cabe concluir que, en la probada economía de *World of Warcraft*, el altruismo recíproco, la cooperación y la distribución equitativa de la riqueza dan como resultado las victorias más consistentes y la felicidad de los jugadores.

Otro ejemplo de comunidades de jugadores que se organizan para un mismo propósito es la conmemoración del centésimo aniversario del armisticio que puso fin a la Primera Guerra Mundial, en el juego de disparos en primera persona *Battlefield 1* (2016). Los jugadores coordinaron para cesar sus eternas hostilidades de forma temporal a las 11 de la mañana, hora de Australia, el 11 de noviembre de 2018, exactamente un siglo después de que las potencias aliadas y Alemania pusieran fin al combate en el Frente Occidental. Las imágenes de juego muestran algo verdadera y extrañamente impactante: una gran batalla en una playa entre decenas de personas, con explosiones y balas que vuelan en todas direcciones, y luego nada[135]. Paz.

Los jugadores hicieron un momento de silencio para recordar a los que lucharon en la batalla real. Electronic Arts, el editor del juego, nunca podría imponer este tipo de alto el fuego de manera oficial, ya que su modelo de negocios depende de la guerra continua y de que los clientes sigan luchando sin cesar en sus campos de batalla privados y perpetuos. Pero los jugadores no tenían tales obligaciones. Sin embargo, como es típico en los jugadores, un oportunista lanzó un ataque desde un avión y rompió el conmovedor silencio de dos minutos.

Los jugadores chinos de *World of Warcraft* también mostraron hace poco un sentimiento de unión colectiva, un ejemplo de esta bella y sensible melancolía. Después de una disputa por la licencia entre el desarrollador estadounidense Blizzard y su socio

135. "Battlefield 1 Players Hold a Cease Fire on Armistice Day to Commemorate the End of WWI Clip", YouTube, publicado por Isolated Gamer, 12 de noviembre de 2018.

local NetEase, se anunció que el juego dejaría de estar disponible para siempre en China a finales de enero de 2023. "No era solo un juego. También se trata de los recuerdos de toda una generación", escribió un jugador chino[136]. En sus más de quince años en línea, algunos habían dedicado toda su vida y convertido la plataforma en su medio de subsistencia.

En los últimos momentos en que los servidores estuvieron disponibles, los escenarios se llenaron de jugadores devastados y, sobre todo, divertidísimos y amables, que se condolían de forma colectiva en el chat mientras sus avatares virtuales se reunían, lanzaban destellos y fuegos artificiales y, lo más desgarrador, se regalaban objetos caros y raros que habrían tardado años en conseguir[137]. Fue el último carnaval de un grupo de amigos que se habían acompañado en muchas situaciones: bodas, cumpleaños, divorcios y funerales.

Existen numerosas historias en los foros en línea que describen cómo grupos de jugadores se encontraron por fin en la vida real, después de haber pasado años jugando juntos de manera virtual. Por lo general, son historias alegres y, a veces, totalmente desgarradoras. Ese fue el caso de Joe, quien en 2018 finalmente se encontró con los cinco amigos con los que había jugado durante los últimos cinco años. Tras enterarse de su diagnóstico de sarcoma de Ewing, todos se encontraron en una clínica de oncología de Nueva Jersey. En una entrevista con la BBC, uno de los amigos de Joe, David, dijo lo siguiente: "Jugábamos a casi todo. Aunque no estuviéramos jugando, pasábamos el tiempo hablando de cualquier cosa. Pasábamos el rato como si lo hubiéramos hecho miles de veces"[138].

En *Elite Dangerous* (2014), otro jugador con cáncer intentaba llegar a una estación llamada Dove Enigma. Quería que

136. "Chinese Gamers Bid Sad Farewell to 'World of Warcraft'", France 24, 23 de enero de 2023.

137. "Last Minute Before Shutdown of Chinese WoW Servers", YouTube, publicado por Asmongold Clips, 25 de enero de 2023.

138. "Gamers Meet in Real Life at Bedside of Terminally-Ill Friend", *BBC News*, 29 de septiembre de 2018.

fuera su último viaje. Cuando estaba por llegar, descubrió que la estación había sido desconectada. Un troll había aprovechado un *glitch* que hacía posible apagar estaciones sobrecargándolas con artefactos desconocidos. Pero cuando un grupo de jugadores se enteró de lo sucedido, todos se reunieron y enviaron metaaleaciones, un elemento que contrarresta las interferencias. Así que la estación se reactivó a tiempo para que Brandon Keith, el paciente de cáncer, pudiera llegar antes de fallecer[139].

Este juego también es conocido por el equipo de Fuel Rats, un grupo dedicado de jugadores que pasan miles de horas ayudando a otros jugadores varados en las regiones exteriores del universo del juego y entregándoles combustible. También hay hermosas historias de jugadores que organizan funerales, vigilias o simplemente campañas de apoyo en el juego para sus compañeros que pasan por alguna dificultad, disparan pequeños rayos al aire en solidaridad o realizan otras acciones emotivas y bondadosa[140].

Además de la organización de los jugadores con fines lúdicos, hay protestas de los consumidores. Los jugadores pueden utilizar las mecánicas del juego para expresar su frustración con los desarrolladores y editores. Al demostrar una amenaza a sus ganancias (el único idioma que los CEO de la mayoría de las empresas de videojuegos entienden), los jugadores pueden generar cambios reales que afecten al curso de una empresa o incluso, a veces, de toda una industria.

Ultima Online (1997), uno de los primeros MMORPG, tuvo problemas persistentes desde su lanzamiento, tras alcanzar cientos de miles de suscriptores en los primeros seis meses. Cuando el juego cumplió un año, los jugadores organizaron una "rebelión campesina" para protestar por la matanza desenfrenada de jugadores novatos, la lentitud de los servidores, la pérdida de progreso y los catastróficos colapsos en todo el mundo. Durante

139. Nathan Grayson, "Elite: Dangerous Players Band Together to Save Cancer Patient's Expedition from Griefers", Kotaku.com, 31 de enero de 2018.

140. "10 Times Gamers Came Together to Do UNBELIEVABLE Things", YouTube, publicado por gameranx, 16 de marzo de 2019.

la protesta, un gran número de avatares de campesinos invadieron el castillo virtual de Lord British, el personaje creado y protagonizado por Richard Garriott, multimillonario autodidacta y creador del juego, quien estaba invirtiendo grandes sumas de dinero en el juego para mantener su ventaja. En un despliegue emocionante de caos, destrucción y alegría por la protesta, la multitud de jugadores que se manifestaron de forma virtual bebió el vino de su amo, comió su comida, bailó desnudos en los pasillos y vandalizó sus aposentos, a la vez que expresaban sus quejas en el chat[141].

Las capturas de pantalla archivadas de esta protesta parecen un caos surrealista y hermoso, como muchas protestas en la vida real, y sus organizadores deberían ser reconocidos por su uso innovador de este nuevo medio. El desequilibrio de poder, el hecho de que Lord British pudiera manipular las reglas del juego solo por su riqueza, convirtió lo que de forma peyorativa podría llamarse una turba en guerreros de clase. Lo mejor de todo es que esa acción también envió un mensaje a los desarrolladores (la enorme corporación Electronic Arts): los jugadores se opondrían a que la empresa utilizara la moneda del juego para obtener beneficios económicos.

En otro caso de jugadores decepcionados que toman cartas en el asunto, los jugadores chinos del MMO *Fantasy Westward Journey* (2001) no estaban contentos con lo que entendían era contenido projaponés en el juego. Una empresa japonesa había comprado recientemente el juego, lo que despertó la desconfianza nacionalista entre los jugadores. Los administradores luego bloquearon la cuenta de un jugador con un nombre de usuario antijaponés, quien también era el líder de un gremio antijaponés que contaba con setecientos miembros. El 7 de julio de 2006, aniversario del comienzo de la segunda guerra Sino-Japonesa, 80 000 jugadores —cifra asombrosa— organizaron de manera simultánea la que quizá sea la mayor manifestación política celebrada en un mundo virtual. Dado que no había ningún conflicto en curso en

141. Nick Dyer-Witheford y Greig de Peuter, *Games of Empire*, Mineápolis: Universidad de Minnesota, 2009.

la vida real, es difícil concluir que fuera algo más que una protesta de los consumidores, pero también demuestra claramente cómo los primeros usuarios de juegos en red fueron capaces de aportar puntos de vista nacionalistas a este medio en crecimiento. Como era de esperar, la acción casi no atrajo el interés de los grupos que estudian el desarrollo de ideologías nacionalistas fuera de la pantalla[142].

Aunque algunos tipos de activismo de consumidores son elogiados por los liberales, en general se pasan por alto cuando son llevados a cabo por comunidades de jugadores. Maddie Messer, una niña de 12 años fanática del exitoso juego para dispositivos móviles *Temple Run* (2011), notó que jugar con el personaje predeterminado, Guy Dangerous, era gratis, mientras que jugar con un personaje femenino tenía un costo adicional. Maddie pensó que eso estaba mal y decidió hacerlo público. *The Washington Post* aceptó publicar su queja, que fue retuiteada por personas del *Financial Times*, y luego llegó a los creadores de *Temple Run*, Imangi Studios. Para alegría de Maddie, y sin duda para resolver el problema de relaciones públicas causado por su queja, los desarrolladores le enviaron un correo electrónico ese mismo día, confirmando que el personaje Scarlet Fox ahora sería gratuito. También prometieron que agregarían un elenco de personajes diversos en el futuro[143].

En otra expresión de protesta hacia un creador de juegos, los jugadores rusos de *Los Sims* se manifestaron de forma enérgica en contra de la decisión de la empresa desarrolladora Electronic Arts de cumplir con la ley aprobada por el régimen del Kremlin, que prohíbe cualquier mención de lo que se considera propaganda LGBTQ+ en el país, y desactivar la posibilidad de que personas del mismo sexo se casen dentro del juego. El lema #WeddingsForRussia fue respaldado por muchas comunidades de jugadores en Twitter, y una petición en línea reunió más de

142. Henry Jenkins, "National Politics within Virtual Game Worlds: The Case of China", *Pop Junctions*, 1 de agosto de 2006.

143. Steve Henn, Jess Jiang, "A 12-Year-Old Girl Takes On the Video Game Industry", NPR.org, 8 de abril de 2015.

10 000 firmas. La protesta funcionó y EA anunció su decisión de comercializar el paquete de juegos My Wedding Stories sin modificaciones a su comunidad de jugadores en Rusia[144].

Con la creciente politización de las comunidades de jugadores a raíz de Gamergate, los jugadores de izquierda están intentando generar un cambio en el mundo real. En esta etapa incipiente del activismo de jugadores de izquierda, la técnica preferida hasta ahora ha sido el boicot. En 2023, una gran cantidad de comunidades en línea hicieron campaña para reducir las ventas del videojuego de rol de acción *Hogwarts Legacy* (2023) en respuesta a las opiniones transfóbicas de la autora de la franquicia J. K. Rowling y a los tropos antisemitas que aparecían en el juego[145]. La presión social en línea en contra del juego fue tan fuerte que los medios de comunicación de videojuegos convencionales, como IGN y Kotaku, publicaron sus reseñas con grandes advertencias sobre la política del juego, o simplemente se negaron a reseñarlo. ¿Dónde estaban estos activistas cuando se lanzó el nuevo *Call of Duty*? ¿Dónde estaban cuando se lanzó un glamoroso videojuego islamófobo tras otro? ¿Por qué veo tan pocas convocatorias a boicotear *Atomic Heart* (2023), un juego creado y financiado en Rusia durante la invasión de Ucrania, que glorifica la violencia imperial del Bloque del Este? ¿Por qué no nos oponemos de forma colectiva a las enormes inversiones en videojuegos por parte de príncipes sauditas u otras dictaduras?

Pero reconozco que veo el vaso medio vacío. En la práctica, estamos presenciando un aumento de voces de izquierda en el espacio de los videojuegos y del activismo progresista en la industria. Un boicot se convierte en muchos boicots, y eso alimenta la conciencia política y el impulso de involucrarse en acciones más riesgosas. En lugar de jugar al eterno juego del *whataboutism* (y vos qué), elijo celebrar este despertar político colectivo. Desde el

144. Tom Regan, "Gay Weddings for Russia: How The Sims Became a Battleground for the LGBTQ+ Community", *The Guardian*, 22 de febrero de 2022.

145. Aja Romano, "Is J. K. Rowling Transphobic? Let's Let Her Speak for Herself", Vox.com, 16 de marzo de 2023; Dani Di Placido, "The 'Harry Potter' Anti-Semitism Controversy, Explained", Forbes.com, 5 de enero de 2022.

punto de vista cultural, la protesta contra *Hogwart's Legacy* tuvo repercusión, ya que muchos medios de comunicación siguieron e informaron sobre la negativa de la comunidad a comprar el producto, y alentaron a otros a seguir su ejemplo. En términos económicos, fue menos efectiva: el juego recuperó los gastos de su presupuesto de 150 millones de dólares en la primera semana de lanzamiento, y alcanzó mil millones de dólares en ingresos tres meses después[146].

Técnicas como el *review spamming*, la humillación pública y el boicot son utilizadas por la derecha durante mucho tiempo, con un éxito igualmente limitado. *Buck Up and Drive!* (2022), un inocente juego de conducción inspirado en los clásicos arcades, ofendió a algunos cuya experiencia de juego al parecer se vio afectada por unas pocas banderas del orgullo al costado de la pista digital. El intento de bajar la puntuación del juego en las reseñas fracasó, ya que los creadores del juego se defendieron y justificaron las banderas. La cobertura mediática posterior aseguró una ola de reseñas positivas, lo que protegió el estatus del juego en la importante plataforma de publicación de videojuegos Steam[147].

No obstante, este es otro ejemplo de la manera en que los jugadores se organizan políticamente para lograr un cambio más allá de los límites del propio juego. La cuestión de lo que constituye una acción política útil a veces puede atenazar a la izquierda al punto de paralizarla. Muchos tardamos demasiado en reconocer que la rebelión de los agitadores del verano de 2011 en el Reino Unido se trataba de una causa justa contra el racismo sistémico, y que no era solo una multitud violenta y enojada (como la describía la prensa en ese momento). Las protestas en estos campos digitales son en estos casos mucho menos significativas (sin las duras sentencias impuestas a los manifestantes en Tottenham y otros lugares ese año), pero sus métodos son

146. Evgeny Obedkov, "Hogwarts Legacy Hits $1 Billion in Retail Sales, Nearly 10% of WB Discovery's Quarterly Revenue", *Game World Observer*, 5 de mayo de 2023.

147. Ed Nightingale, "Homophobic Players Upset at LGBT+ Toggle in Arcade Racer Buck Up and Drive", Eurogamer.net, 17 de enero de 2022.

igualmente incomprendidos. La estética de la protesta también puede ser variada. Lo que constituye su rectitud o utilidad debe calcularse teniendo en cuenta las razones detrás de las protestas, el equilibrio de poder, el objetivo y la técnica. Un *gamergater* está más cerca de un manifestante del asalto al Capitolio de 2021 que de un saqueador de *Ultima Online*, que está más cerca de un agitador de Tottenham, quien a su vez está más cerca de un manifestante antifascista.

LOS JUGADORES SE CONVIERTEN EN ACTORES

Además de organizarse dentro de los juegos, los jugadores también se organizan en masa para generar cambios fuera del ámbito del juego, sin declararse agentes políticos ni identificarse como tales. Analicemos brevemente tres casos (el bombardeo de reseñas, los *streams* benéficos y el Gamergate), antes de sumergirnos en las profundidades de un cuarto caso: el estrangulamiento de posiciones cortas de GameStop en 2021.

El intento de movilizar a los miembros de foros conservadores para que dejaran reseñas negativas en el juego *Buck Up and Drive!* es un caso clásico de la práctica conocida como bombardeo de reseñas. Los jugadores suelen utilizar esta táctica para expresar su descontento con aspectos de un juego o con la política de sus creadores. Las puntuaciones de reseñas de usuarios promedio son muy importantes, ya que los servicios de distribución digital como Steam y la App Store de Apple son las principales vías de venta de juegos, y su diseño destaca las puntuaciones de reseñas agregadas de los usuarios mucho más que otras métricas, como las reseñas de críticos profesionales. Además, su algoritmo utiliza las puntuaciones de las reseñas para decidir qué juegos promocionar en la portada de la tienda. Así que un bombardeo de reseñas exitoso puede dañar seriamente el negocio de un creador de videojuegos.

Para muchos jugadores, esta es su primera experiencia como activistas. Formar grandes grupos de afinidad, planificar tácticas e implementarlas es algo que los jugadores hacen muy bien; en el juego, estructurarse en una fuerza en línea que se proyecta al exterior les resulta bastante fácil. Las afinidades y redes construidas en los juegos, con su propio lenguaje, "memeología" y tradiciones, pueden ir más allá de los chats y foros de los juegos, y tener consecuencias materiales muy tangibles en el exterior.

En el extremo positivo de este espectro, las comunidades de jugadores son responsables de algunas de las mayores recaudaciones de fondos en línea. Un paquete de juegos benéfico de 2022 recaudó más de 12 millones de dólares para las víctimas de la guerra en Ucrania[148]. Games Done Quick, una fascinante organización de jugadores que transmiten en vivo e intentan completar un juego lo más rápido posible, a veces mediante el uso ingenioso de *glitches*, recaudó casi 100 millones de dólares para la Prevent Cancer Foundation. Jingle Jam, que se enfoca en el bienestar físico y mental de los jóvenes, recaudó más de 40 millones de dólares para organizaciones benéficas a lo largo de una década[149]. Estos son solo algunos de los cientos de esfuerzos similares, sin mencionar a los miles de *streamers* individuales de Twitch y YouTube que hacen que sus comunidades recauden grandes o pequeñas cantidades para diversas causas de forma continua.

En el extremo más oscuro, podemos encontrar el #Gamergate y otras comunidades de jugadores similares, que instigan y apoyan lo que equivale a actos de terror pero que afirman ser apolíticos. *The Verge* publicó un excelente artículo que analizaba los temas de algunos juegos de Ubisoft, cuyos ejecutivos insisten en que son políticamente neutrales. Los temas incluyen un complejo en una isla en el Pacífico Sur, propiedad de un rico CEO de tecnología, quien hizo su fortuna con drones autónomos y IA; un grupo de exsoldados estadounidenses, cárteles de droga mexicanos y grandes poblaciones civiles destruidas por agentes especiales del gobierno de Estados Unidos; una toma de poder en Estados Unidos glorificada por la supremacía blanca; y un juego de disparos en Washington D. C., en el que el jugador tiene la

148. Zack Zwiezen, "Two Massive Charity Game Bundles Have Now Raised Over $12 Million for Ukraine", Kotaku.com, 19 de marzo de 2022.

149. Consultar el rastreador de fondos de Games Done Quick en su sitio web.

misión de recuperar el control de los edificios gubernamentales de la capital. La respuesta de la comunidad a estos juegos fue previsiblemente reaccionaria. "No son políticos", insistieron los voceros de Ubisoft[150]. Curiosamente, y por razones diferentes, esta negativa era un espejo distorsionado de las opiniones sostenidas por muchos autodenominados progresistas.

Hay muchas historias en línea de novias y madres que fueron testigos de cómo sus parejas o hijos se radicalizaban hacia comunidades de derecha a raíz del Gamergate[151]. Sin duda, estos hombres ya albergaban opiniones tóxicas, pero lo que es más importante es que el Gamergate les proporcionó una comunidad que validó y justificó esos pensamientos[152]. Los miembros de la comunidad de Gamergate se reunían en foros en línea como 4chan, donde formaron una identidad basada en la cultura *geek*, y decidieron protegerla, ya que creían que la diversidad en los videojuegos representaba una amenaza. En aquel momento, el movimiento Gamergate caminaba por la cuerda floja y denominaba a su campaña una protesta de consumidores contra lo que consideraban una falta de ética en el periodismo de videojuegos. Exigían que los medios y los creadores de videojuegos "no los politizaran", si bien utilizaban un lenguaje y métodos marcadamente políticos que resultaban en acciones en la vida real. Los partidarios de "dejar la política fuera de los videojuegos" estaban, de hecho, muy politizados.

Grandes comunidades se reunían en espacios como 4chan y crecían juntas. Estos foros están llenos de solicitudes de consejos fraternales y mentoría. Los avances tecnológicos apenas han reducido la jornada laboral y, en muchos casos, han hecho que sea más abrumadora. La creciente desigualdad de clases obliga a

150. Andrew Webster, "Ubisoft Keeps Pretending Its Political Games Don't Have Politics in Them", *The Verge*, 9 de mayo de 2019.

151. John Herman, "The Sad Parents of #Gamergate", *The Awl*, 16 de octubre de 2014.

152. Un fenómeno algo posterior pero similar que posiblemente tenga sus raíces en el #Gamergate es QAnon. Grupos como reddit.com/r/QAnonCasualties apoyan a los seres queridos de los "Q" perdidos.

muchos a trabajar más horas, dejándolos más solos y alienados. Los dispositivos de comunicación proporcionan el método más fácil para los encuentros sociales. El patriarcado y otros sistemas de creencias prejuiciosos sustentan estos foros, en los que las opiniones compartidas por una mayoría se radicalizan cuando los miembros encuentran suficientes almas afines.

Las ideas progresistas que contrarrestan este extremismo son innovadoras y exigen un cambio. Si solo las proponen unas pocas personas, es difícil que estas ideas puedan competir. Así que foros como 4chan, reflejo de tendencias más amplias, simplemente se convirtieron en espacios donde las personas pueden encontrar apoyo ilimitado para sus impulsos más oscuros, y donde deben probarse a sí mismos con las actitudes más excluyentes. La izquierda a veces puede descuidar el asesoramiento personal en favor de un llamado a la acción para la mayoría, y las personas pueden quedar en el olvido y formar masas en la base. El fenómeno del estrangulamiento de posiciones cortas de GameStop en 2021 brindó una oportunidad para una colaboración revoltosa, productiva y, una vez más, hacia afuera, entre estas comunidades.

La relación entre el sumidero de Internet que es 4chan y las comunidades de videojuegos es compleja: las personas que están "muy conectadas" se congregan en estos foros en busca de almas afines. Si alguien pasa tanto tiempo frente a la computadora que logra llegar a las profundidades de Internet, podemos asumir que su actividad en línea consiste en jugar videojuegos. Como era de esperar, 4chan está colmado de memes de videojuegos, mucho más que de memes sobre libros, bellas artes, música o literatura. Muchos de los primeros memes de Internet pueden atribuirse a los videojuegos, como la madre de todos los memes, "*All your base are belong to us*" (Todas sus base son nos pertenecen)[153].

El estrangulamiento de posiciones cortas de GameStop tenía lógica en la dinámica de estos espacios. GameStop es una

153. Este popular meme de Internet tiene su origen en el videojuego arcade de desplazamiento lateral *Zero Wing* (1989). La frase se hizo famosa a principios de los años dos mil por su inglés humorístico y mal traducido, y fue ampliamente compartida en Internet, a menudo acompañada de imágenes manipuladas y videos remixados.

cadena estadounidense de tiendas físicas de videojuegos, la más grande del mundo en su género. A medida que el mundo de los medios, incluidos los videojuegos, avanza rápidamente hacia la distribución digital, existen consecuencias financieras para las tiendas físicas como GameStop. El colapso de GameStop fue predicho por grandes conglomerados capitalistas, como Goldman Sachs, que comenzaron a invertir en apuestas contra la empresa. La pandemia de COVID-19 solo aceleró su destino aparentemente inevitable. Sin embargo, los jugadores tenían otras ideas.

El *subreddit* WallStreetBets, autodenominado un "4chan combinado con el terminal de Bloomberg", es una congregación de usuarios de 4chan con cuentas bancarias (o, para ser precisos, con cuentas de Robinhood) que la aplicación utilizó para el estrangulamiento de posiciones cortas. A mediados de 2019, el inversor Michael Burry, famoso por *The Big Short*, adquirió una participación del 3,3 % en GameStop y escribió a la junta directiva de la empresa instándolos a recomprar acciones debido a que había identificado un valor no reconocido en la empresa[154]. ¿El tipo que predijo la crisis de las hipotecas *subprime* de 2008 y ganó miles de millones con el colapso de los bancos tradicionales estaba instando a la empresa a invertir en sus propias acciones? Eso bastó para despertar el interés, y el inversor activista canadiense Ryan Cohen se unió a la junta directiva de GameStop en enero de 2021 con una inversión del 9 %[155]. Este fue el detonante que provocó el repunte en el precio de las acciones.

Cientos de usuarios con cuentas de Robinhood, organizados en WallStreetBets, decidieron subirse al "troll con potencial". Inflar de forma artificial el precio de las acciones de GameStop fue una combinación única de rectitud, oportunidad y burla; además, ofrecía la posibilidad de obtener ganancias. Estaban enviando un mensaje a los grandes actores del mercado financiero tradicional, provocando una crisis financiera. Lo que es más importante, para

154. Heejin Kim, "Michael Burry Calls GameStop Rally 'Unnatural, Insane, Dangerous'", Bloomberg.com, 27 de enero de 2021.

155. Emily Stewart, "The GameStop Stock Frenzy, Explained", Vox.com, 29 de enero de 2021.

los miembros de WallStreetBets, era muy divertido. Una campaña ficticia de dinero y poder que utilizaba el tipo de procedimientos absurdos y flagrantes que suelen causar desastres financieros, como la crisis de 2008, pero con el propósito benigno de salvar una tienda de principios del milenio.

Los medios de comunicación tradicionales transmitían en vivo las noticias llenas de memes sobre el frenesí de inversión por parte de personas comunes. Desde fuera, la imagen era la de una acción directa perfectamente formulada y divertida, un golpe a las corporaciones a la vez que creaba enormes ganancias para los jugadores. Al final los reguladores intervinieron para imponer una prohibición extraordinaria a las operaciones de Robinhood. Eso generó más indignación y la impresión de que obtener dinero mediante el comercio de acciones por parte de una masa de personas comunes era, de alguna manera, ilegal, aunque los grandes conglomerados de comercio pueden destruirse entre sí en esas mismas transacciones todo el tiempo.

El impacto y las secuelas de este fenómeno financiero y mediático fueron, al final, tristes para el pequeño inversor. WallStreetBets rompió récords de visitas debido al estrangulamiento de posiciones cortas, ya que alcanzó 73 millones de visitas en 24 horas[156]. Se convirtió en el *subreddit* de más rápido crecimiento en ese momento. La comunidad creció en más de 1,5 millones de usuarios de la noche a la mañana (llegó a un total de 6 millones de miembros) el 29 de enero de 2021[157]. Millones de personas querían sumarse a la acción tras leer las historias de quienes habían invertido en GameStop de forma anticipada e instaban a otros a unirse (aumentando sus ganancias). En el punto álgido de la operación, esta empresa prácticamente desaparecida llegó a valer más de 30 mil millones de dólares: lo mismo que el conglomerado de los videojuegos Electronic Arts o el gigante de

156. Shona Ghosh, "Reddit Group WallStreetBets Hits 6 Million Users Overnight after a Wild Week of Trading Antics", *Business Insider*, 29 de enero de 2021.

157. Jack Morse, "Reddit's r/WallStreetBets Breaks All-Time Traffic Record", Mashable.com, 27 de enero de 2021.

la ropa deportiva Adidas. Se llevó por delante miles de millones de dólares de sofisticadas empresas de gestión de inversiones, en especial Melvin Capital y Citadel LLC, y la primera cerró sus operaciones por completo en mayo de 2022[158]. Los ejecutivos de GameStop cobraron 22 millones de dólares en acciones, lo que aumentó de forma considerable el patrimonio de los miembros de la junta directiva[159].

Si bien al principio se creyó que el estrangulamiento de posiciones cortas había sido instigado por inversores individuales, más tarde se reveló que grandes fondos de cobertura jugaron un papel importante en la actividad del mercado relacionada con GameStop y sus valores asociados. Las grandes firmas de gestión de activos de Wall Street, como Morgan Stanley y BlackRock, obtuvieron enormes ganancias con sus participaciones, así como al prestar acciones a los vendedores en corto[160]. Los inversores institucionales tuvieron mucho que ver en la actividad comercial relacionada con el estrangulamiento de posiciones cortas. Internet terminó plagado de historias desgarradoras de los rezagados afectados por el meme que apostaron sus ahorros de toda la vida y perdieron la mayoría de ellos a manos de los grandes fondos en el proceso. La casa siempre gana.

La elección del nombre Robinhood para la plataforma hace alusión al personaje legendario y travieso que robaba a los ricos para repartir el botín entre los pobres. Hay una razón detrás de la decisión. Durante la era McCarthy, se buscó prohibir Robin Hood de los libros escolares por sus supuestas connotaciones comunistas. El uso justiciero de esta imagen rebelde, un enfrentamiento entre David y Goliat, es muy eficaz, incluso entre personas con

158. Matthew Goldstein y Kate Kelly, "Melvin Capital, Hedge Fund Torpedoed by the GameStop Frenzy, Is Shutting Down", *New York Times*, 18 de mayo de 2022.

159. Stephen Gandel, "Corporate Executives Reap Millions from Reddit Stock Frenzy", *CBS News*, 30 de enero de 2021.

160. Joe Rennison, "GameStop Frenzy Helps Fuel Sharp Gains for Morgan Stanley Fund", *Financial Times*, 3 de febrero de 2021; Niket Nishant, "BlackRock May Have Raked in $2.4 Bln on GameStop's Retail-Driven Stock Frenzy", Reuters.com, 27 de enero de 2021.

puntos de vista socialmente conservadores. Cooptar una figura que, en efecto, luchaba contra la clase capitalista para convertirla en un "disruptor" que no solo encaja dentro de los medios de producción capitalistas, sino que potencia sus peores rasgos, es una táctica demasiado familiar para los activistas experimentados.

La velocidad y la naturaleza engañosa del estrangulamiento de posiciones cortas de GameStop ilustran cómo una clase influyente del *subreddit* vendió un ejercicio lucrativo como la experiencia comunal que muchos ansían. Cuando los medios informaron sobre este meme financiero, probablemente perdidos en la maraña de números y el extraño lenguaje técnico, lograron convencer a muchos, incluida yo por un breve momento, de que se estaba llevando a cabo algún tipo de redistribución de la riqueza. La idea de que un pequeño grupo de jugadores estaba enfrentándose a los grandes poderes del capitalismo era una historia demasiado buena como para no contarla. Sin embargo, sucedió lo opuesto al mito de Robin Hood.

LOS JUGADORES COMO ACTIVISTAS

Los jugadores se están transformando en sujetos políticos de diversas maneras y con distintos niveles de intensidad. Forjan alianzas dentro del juego, invierten en promover sus lealtades y, a veces, transforman esa energía en intentar influir en los arquitectos de las plataformas que los ocupan. Fortalecidos por sus éxitos, o simplemente por haber encontrado una comunidad en un mundo cada vez más alienado, dirigen su poderoso enjambre hacia problemas y temas de la vida real.

En diciembre de 2018, un jugador de *World of Warcraft* escribió un posteo en el foro oficial del juego, titulado "¿Cuándo se volvió tan política la comunidad de WoW?"[161]. El post decía lo siguiente: "Se menciona en Guild Chat, está en Trade Chat, está en Group Chat. Parece que todos se quejan de lo que sea que esté

161. "When Did the WoW Community Get So Political?", un hilo de Blizzard Forums hecho por el usuario Lithya, 6 de diciembre de 2018.

en los titulares esa semana o vuelven a los viejos temas clásicos como feministas, justicieros sociales o corrección política. ¿Qué está pasando?". En los cientos de comentarios que siguieron al posteo, los jugadores apasionados ofrecieron sus explicaciones sobre la politización del juego, negándose a reconocer la subjetividad política que siempre tuvieron.

Los juegos están repletos de manifestaciones políticas. Algunas expresiones son sutiles y tienen más que ver con la autoorganización, pero cada vez más estos espacios están repletos de personas con creencias ideológicas variadas. Se trata de una gran cantidad de energía cinética disponible que puede ser dirigida y canalizada. A diferencia de los miembros de derecha, que son plenamente conscientes de este hecho y manipulan y utilizan esa energía de manera activa, la izquierda queda rezagada. Las personas que realizan el trabajo político serio para lograr un cambio social (política electoral, organizaciones no gubernamentales o formas orgánicas y alternativas de activismo) tienden a descartar los juegos del ámbito del activismo progresista. ¿Unos nerds, seguramente en el sótano de sus padres, tipeando en sus teclados para mover piezas animadas en el mundo virtual? La estética puede parecer poco inspiradora, pero descartar esta actividad masiva y menospreciar su potencial elimina una herramienta poderosa y limita el rango de tácticas de la izquierda. Después de todo, las mismas técnicas se utilizan de manera notoria para llevar adelante el activismo político y alcanzar logros en el lado opuesto del espectro político.

La capacidad de las comunidades de jugadores para formar grupos políticos potentes es bien conocida por las fuerzas neoliberales que las construyen. Este enjambre de consumidores, tentados por la posibilidad de cambiar el mundo más allá de su juego favorito, constituye una herramienta poderosa para moldear políticas.

En Brasil, varias figuras influyentes de la industria entendieron ese poder. Por eso, cuando en 2017 se propuso un proyecto de ley para regular los deportes electrónicos multimillonarios, las partes interesadas sabían que la única forma de resistencia era a través de la multitud. En 2019, la campaña #TodosContraPLS383 ("Todos contra el proyecto de ley 383") se hizo tendencia, impulsada por *influencers* de los videojuegos de la región y liderada por sus empleadores. La nueva política amenazaba con crear una asociación oficial para implementar el tipo de gobernanza y cumplimiento que se aplica en los deportes reales. Los especuladores de la multimillonaria industria brasileña del juego, temerosos de que se redujera la inversión futura, movilizaron a los actores de la industria y a los propios jugadores para oponerse a la legislación[162]. El *hashtag* comenzó a aparecer en las redes sociales y en los *streams* de las estrellas de los videojuegos de la región. El cabildeo y la presión lograron demorar la ratificación del proyecto de ley hasta su aprobación final a mediados de 2023 bajo un nuevo gobierno de izquierda liderado por Lula da Silva[163]. Es cierto que la legislación no era perfecta, ya que se consultó a pocas personas con información privilegiada. Pero el intento de sus opositores de desviar la conversación de la corrupción de la industria a la corrupción del Estado fue, como mínimo, profundamente deshonesto. Los ejecutivos, en sus salas de juntas, anticipando una pérdida de ganancias, les trasladaron los puntos clave de la discusión a los *influencers* de videojuegos, que a su vez movilizaron a los jugadores para ejercer presión política sobre los legisladores. Un mercado apenas regulado, que exprimía hasta el último centavo de los jugadores, convenció a esos mismos jugadores para que se convirtieran en sus soldados. En este caso, la fuerte regulación del Estado puso freno a un mercado que, por lo general, es capaz de eludir la supervisión. Aun así, la lucha política que libraron las masas contra sus propios intereses fue notable y es importante reconocerla.

Los videojuegos son un escenario de constante expresión política y un campo de batalla por la popularidad de ideas, donde los jugadores tienen la capacidad de crear, ejecutar, organizar

162. Thiago Falcão, Daniel Marques, Ivan Mussa, Tarcízio Macedo, "At the Edge of Utopia. Esports, Neoliberalism and the Gamer Culture's Descent into Madness", *Gamevironments Magazine* #13, Universidad de Bremen, 2020.

163. "Esports: General Law of Sport is approved in the Senate with rejection of the amendment on CBDEL", IRGlobal.com, 17 de junio de 2022.

y manipular de forma activa situaciones o incluso contingentes enteros de personas. Como mencioné, pocos otros espacios creativos ofrecen este tipo de acceso a la táctica. Además, toda la industria tiene una deuda de gratitud con el poder organizativo, la audacia y la tendencia a romper las reglas de las comunidades de jugadores. El intercambio de archivos, también conocido como piratería, la distribución gratuita de juegos organizada por comunidades en línea y de forma física, tuvo una enorme influencia en la velocidad de difusión de los videojuegos. Las personas sin acceso a tiendas físicas o el dinero para comprar juegos costosos se engancharon a jugar copias ilegales en un disquete y luego, por supuesto, se convirtieron en consumidores fieles.

El espectro de estas actividades no podría ser más amplio: los propios juegos se convirtieron en una paleta con la que pintar imágenes radicalmente diferentes. El juego *Minecraft* en sí no tiene nada intrínsecamente político: está diseñado para ser un patio de recreo, un espacio para que la imaginación de las personas tome el control[164]. Sin embargo, en 2022, un adolescente británico fue encarcelado durante tres años y medio por enviar un manual de bombas camuflado como una guía de *Minecraft* a sus compañeros de juego. Era miembro de un grupo de Telegram llamado English Only, donde publicaba comentarios islamófobos. Como parte del juicio, el tribunal mostró fotos del adolescente posando con un rifle de imitación y haciendo el saludo nazi, así como una foto de su daga, que había apodado "Jew Smiter" (aniquilador de judíos)[165].

La red neonazi en *Minecraft* se extiende más allá de este ejemplo particular: durante un tiempo, existieron estructuras enteras de foros y sistemas de *influencers* que creaban edificios de la Gestapo con los bloques, esculpían miniaturas de Hitler y atraían a niños pequeños a explorar estos espacios. Como se mencionó, *Minecraft* es

164. *Minecraft* es apolítico, salvo por el hecho de que su creador, Markus Persson (alias Notch), expresó numerosas tendencias de extrema derecha, misóginas y homofóbicas.

165. Tristan Kirk, "Teenage Neo-Nazi Jailed for Sending Out Bomb Manual Disguised as Minecraft Handbook", *Standard*, 7 de febrero de 2022.

el juego más popular en YouTube y, al momento de escribir estas líneas, tenía una cantidad asombrosa de un billón de vistas en la plataforma[166]. ¿Quiénes son los creadores de videos de videojuegos más populares? *Youtubers* como PewDiePie y Ninja a menudo se metieron en problemas por usar insultos racistas[167]. El discurso de odio no moderado es, por desgracia, algo habitual en esta plataforma, que sigue teniendo un enorme poder sobre su demografía adolescente.

En el otro extremo del espectro político de los jugadores de *Minecraft* se encuentran los actores políticos ingeniosos que usan el juego con fines igualitarios. En territorios donde la expresión política está vigilada y los intentos de hablar con libertad exponen a los activistas al peligro de enfrentar una persecución o algo peor por parte del aparato estatal, *Minecraft* acude al rescate. Hasta su asesinato, aprobado por Putin, Alexéi Navalny era el líder de la oposición en Rusia, conocido por su activismo contra la corrupción en línea. Justo antes de su encarcelamiento en 2021, Navalny publicó un video en el que exponía las vastas riquezas no declaradas del presidente Vladímir Putin, incluido el llamado "Palacio de Putin", una enorme y vulgar propiedad en las costas del mar Negro. Esta residencia dorada, símbolo de opulencia y corrupción, tiene techos dorados, baños del tamaño de una habitación promedio en Londres, una sala de baile erótico y una sala de arcade para jugar videojuegos[168].

No todos los jóvenes pasan el tiempo buscando en Internet videos anticorrupción hechos por políticos. No, pasan el tiempo en *Minecraft*. Por suerte, algunas almas ingeniosas encontraron la manera de desafiar la presentación homogénea de las noticias y recrearon el Palacio de Putin en el juego, copiando cada detalle,

166. Informe de Cultura y Tendencias de YouTube, "One Trillion Minecraft Views: Exploring the Data Behind a Mind-Boggling Milestone for Gaming Creators on YouTube", YouTube, 2023.

167. Chella Ramanan, "PewDiePie Must Not Be Excused. Using the N-Word Is Never OK", *The Guardian*, 11 de septiembre de 2017; Ben Gilbert, "Ninja Tyler Blevins Apologizes After Accidentally Using Racist Term on Twitch", *Business Insider*, 29 de marzo de 2018.

168. "Putin's Palace. History of the World's Largest Bribe", YouTube, publicado por Alexéi Navalny, 19 de enero de 2021.

hasta los masajistas virtuales y las arañas de cristal[169]. También existen *streamers* que enseñan a los niños a reconstruir el palacio en *Los Sims* y a cuestionar el gusto y las fuentes materiales de esta extraña propiedad[170].

En 2021, la organización sin fines de lucro Reporteros Sin Fronteras mapeó los países con bajas puntuaciones en su Índice de Libertad de Prensa Mundial sobre aquellas con un alto uso de *Minecraft*, según datos de Google. En función de los resultados, construyeron un enorme edificio inspirado en la Biblioteca Pública de Nueva York, en *Minecraft*. En el interior, los jugadores pueden acceder de manera virtual a libros y artículos que están prohibidos en países como Egipto, México y Rusia[171]. El proyecto demandó veinticuatro personas de dieciséis países y más de 12 millones de bloques de *Minecraft* para crear el espacio virtual, que también incluye un complemento que convierte documentos de Word en libros, para que los usuarios puedan agregar los suyos. Como utiliza almacenamiento en la nube basado en *blockchain*, la biblioteca no puede ser monitoreada por gobiernos opresivos. Una vez descargados, los contenidos pueden subirse nuevamente, lo que permite que la biblioteca crezca a medida que se comparte y se vuelve a compartir. En la actualidad, hay más de 200 mil copias del proyecto, lo que hace que sea imposible cerrarlo, incluso para los creadores.

LOS VIDEOJUEGOS COMO PLATAFORMAS POLÍTICAS

Las acciones de las comunidades dentro de *Minecraft* demuestran no solo que todo el espacio de los videojuegos es un territorio

169. "Putin's Palace in Minecraft 1:1", YouTube, publicado por TeamCIS, 24 de enero de 2021.

170. "Строю дворец Путина *в* SIMS *4* Прямой эфир", YouTube, publicado por Glitch, 28 de enero de 2021; "Строю дворец неПутина в Симс4", YouTube, publicado por HoneyMelon, 6 de febrero de 2021.

171. Alice Finney, "The Uncensored Library Gives Gamers 'a Safe Haven for Press Freedom'", Dezeen.com, 17 de agosto de 2021.

político en disputa, sino también que juegos individuales pueden albergar todo un espectro político de opiniones y movimientos. Esta variedad de expresiones políticas dentro de un solo juego sugiere que deberíamos considerar a estos juegos multijugador en línea no tanto como objetos, sino como espacios, más cercanos a las redes sociales que a los juegos lineales de un solo jugador. Así como las redes sociales se utilizan para organizar protestas y expresar e intercambiar ideas, los juegos en línea son un escenario en desarrollo constante. Hogar del activismo durante la Primavera Árabe, y para los movimientos #MeToo y Black Lives Matter, estos espacios también fomentaron el #Gamergate, la elección de Donald Trump, las masacres de musulmanes en Myanmar y los disturbios de extrema derecha del 6 de enero de 2021.

Los juegos tienen el potencial de enriquecer la lucha por la liberación y la justicia social, y también pueden ser cooptados como herramientas para difundir odio hacia poblaciones marginadas, acosar a personas inocentes y propagar conspiraciones fascistas. Esta subversión demuestra que los videojuegos son una esfera politizada, que debería haber sido muy atractiva para la izquierda organizadora. Lamentablemente, con una estética desconocida y poco atractiva para los gustos rígidos de nuestro campo, los videojuegos se desestiman como poco atractivos o desconcertantes, y en última instancia se descartan. De este modo, se pierde una gran oportunidad y, lo que es peor, estos espacios quedan abiertos para ser cooptados por parte de la extrema derecha.

Mientras la izquierda sigue sin tomar en serio a las comunidades de jugadores como sujetos políticos, la derecha avanza con éxito. *Roblox* (2006) es un sistema de creación de juegos cuya popularidad explotó durante la pandemia de COVID-19. La plataforma presenta una amplia gama de juegos generados por los usuarios, conocidos como "experiencias". Algunos juegos en el sitio tienen millones de jugadores activos cada mes y cuenta con alrededor de cinco mil pequeños juegos diferentes que reciben más de 1 millón de visitas, y unos pocos selectos que superan las mil millones de visitas. La base de clientes de *Roblox* está formada de manera casi exclusiva por preadolescentes y adolescentes, lo que hizo que fuera aún más perturbador el hecho de que, en 2019, una investigación de *NBC News* revelara una red de más de cien grupos de extrema derecha y neonazis afiliados al juego[172]. Después de que se publicara el informe, la Roblox Corporation eliminó esas cuentas, pero el contenido radicalizador inapropiado, incluidas numerosas redes neonazis, sigue prosperando en este espacio increíblemente popular e influyente[173].

Algunos *influencers* de derecha se dedican al ciberacoso y a crear ejércitos de niños impresionables. De pronto, inocentes juegos de rol adquieren connotaciones muy fuertes cuando se basan en la Confederación o están ambientados en la frontera entre Estados Unidos y México. La identidad de una persona se forma de acuerdo con las indicaciones de quienes cuidan alertas estos espacios radicalizadores. Este sentido de comunidad, de encajar, puede incluso inspirar el deseo de ayudar y convertirse uno mismo en un reclutador. Al comienzo, los jugadores pueden entender el discurso de odio como una broma, pero las infraestructuras alrededor del juego (como los servidores de Discord u otros espacios de chat) son puertas a una exposición y un adoctrinamiento ideológico más profundos. Ese deseo de pertenecer, de sentirse cuidado, hace que los niños participen en comportamientos que benefician al grupo más amplio. Los jugadores alteran su comportamiento para adaptarse a las dinámicas sociales y cambian su lenguaje para imitar el de los miembros populares de la comunidad, por más degradante que sea; comienzan a seguir a los grupos que siguen los demás miembros, aunque se trate de QAnon.

Las empresas de videojuegos deberían asumir la responsabilidad de los tipos de interacciones sociales que ocurren en sus espacios. La tolerancia con la que Roblox Corporation, los creadores del juego, lidia con el problema nazi de la plataforma puede sugerir una cierta elección curatorial. Si bien sostengo que las empresas de videojuegos proporcionan estas vastas plazas

172. Cyrus Farivar, "Extremists Creep into Roblox, an Online Game Popular with Children", *Head Topics*, 28 de agosto de 2019.

173. Cecilia D'Anastasio, "How Roblox Became a Playground for Virtual Fascists", Wired.com, 10 de junio de 2021.

públicas, ruidosos mercados de ideas, por decirlo de alguna manera, con sus ganadores y perdedores, los desarrolladores no son completamente impotentes. La decisión de moderar o no las interacciones en el juego, la gravedad de las sanciones o la sutileza con que se maneja la situación son factores que dictan qué parte del espectro político puede expresarse en sus servidores.

Tomemos como ejemplo *Overwatch*, la franquicia multijugador de disparos en primera persona, cuyo desarrollador, Blizzard Entertainment, aplica un código de conducta relativamente estricto. Aunque los métodos no son en absoluto perfectos y aún circula una gran cantidad de discurso de odio, el nivel de crítica, responsabilidad y respuesta también es bastante alto. Tiene que ser así. Desde el principio, el juego se comercializó como un juego de disparos no estereotipado: el elenco de personajes jugables ofrece una selección diversa de opciones en cuanto a raza, género, edad y tamaño. Para retener a sus jugadores y clientes, Blizzard Entertainment está invirtiendo seriamente en la moderación. En cambio, a juegos como *Call of Duty* o *Counter-Strike*, conscientes de dónde provienen sus ganancias, tal vez les preocupe menos si sus jugadores marginados son blanco de abusos frecuentes. Es probable que estos jugadores sean, después de todo, una minoría.

Los desarrolladores de juegos proporcionan plataformas en las que, más allá de la interacción, la cooperación, el troleo y la competencia por el capital social o la moneda del juego, también se juega. Las empresas de redes sociales operan de manera similar, ya que crean plataformas en las que se inventan una miríada de temas. En la actualidad, estas plataformas son objeto de escrutinio por albergar movimientos radicalizados. Los sitios web que operan dentro de los Estados Unidos en el presente están protegidos de la responsabilidad legal relacionada con material generado por los usuarios, gracias a la sección 230 de la *Communications Decency Act* (ley de decencia en las comunicaciones). Sin embargo, la clase legislativa está cada vez más dispuesta a enmendar esta ley desactualizada debido a las claras manipulaciones de las empresas de redes sociales para aumentar la participación de los usuarios, incluso cuando el contenido que atrae las visualizaciones produce daños en la vida real.

La situación de las comunidades musulmanas en Myanmar, que son víctimas de la violencia fomentada por la propaganda difundida principalmente en Facebook, demuestra los peligros de este enfoque de no intervención[174]. Los grupos que se ocupan de los jóvenes también están presenciando una epidemia de autolesiones y piden a los políticos que tomen medidas contra las empresas de redes sociales que los exponen a contenido perjudicial de manera deliberada. Debemos preguntarnos si las empresas de videojuegos son meras plataformas o editoras activas de contenido perjudicial.

¿Deberían realmente extenderse los derechos reservados a la libertad de expresión a los espacios de redes donde el contenido perjudicial se construye con las herramientas proporcionadas por el creador del juego? Estas preguntas deberían plantearse cada vez más para fomentar espacios digitales más saludables, en todas sus formas.

Sin embargo, también hay ejemplos de jugadores pioneros que comunican políticas progresistas en los videojuegos. *Los Sims* es un ejemplo obvio. A diferencia de muchos otros juegos multijugador, *Los Sims* siempre atrajo a un público, en general, más progresista. La adopción temprana por parte del juego de las relaciones homosexuales como una norma aumentó su popularidad como un espacio acogedor para usuarios que no eran los típicos jugadores. El potencial del juego para crear escenas extrañas y surrealistas y su presentación casi irónica de productos (muebles de cualquier tipo) dieron lugar a una comunidad de jugadores que se tomaban en serio la subversión. Así que no fue ninguna sorpresa que las calles imaginarias de *Los Sims* se convirtieran en territorio de protesta. Mientras miles de personas de todo el mundo asistían a las manifestaciones de Black Lives Matter para denunciar la brutalidad policial contra la población negra, no

174. "Myanmar: Facebook's Systems Promoted Violence Against Rohingya; Meta Owes Reparations–New Report", Amnistía Internacional, 29 de septiembre de 2022.

todas tenían la posibilidad de trasladarse a las manifestaciones en los centros urbanos.

Como resultado, los *streamers* de la comunidad de *Los Sims* organizaron manifestaciones locales virtuales de Black Lives Matter, con pancartas y eslóganes. Fue un espectáculo hermoso: una multitud de personas que, por una razón u otra, no pudieron asistir a los eventos presenciales, que abarrotaron los servidores de Electronic Arts con una postura política clara. Los *influencers* negros de la comunidad de *Los Sims* ya habían llevado la batalla al desarrollador exigiendo, o a veces consiguiendo ellos mismos, tonos de piel y vestimentas más diversas, y otros *mods* que se ajustaran a personajes no blancos[175]. Ahora estas comunidades de todo el mundo se unían para defender una causa importante con su método apasionado. "Me sorprendió ver jugadores de Brasil, Alemania, Corea, así como del Reino Unido y Estados Unidos, participando y promoviendo la manifestación", dijo Danielle "EbonixSims" Udogaranya, *modder* y *streamer* de *Los Sims,* organizadora de la protesta[176]. Esta y otras protestas o acciones demuestran que los jugadores con ideologías políticas bien formadas se infiltraron en estos espacios para ampliar el alcance de su mensaje.

LOS JUGADORES COMO ARTÍFICES DE TRABAJO INMATERIAL

Los jugadores se convierten en sujetos políticos, a veces en el juego, a veces en el mundo real. El cálculo utilizado por la extrema derecha para crear esferas de influencia en el mundo de los videojuegos debe ser estudiado y cuestionado por las fuerzas progresistas. Las suyas son estructuras frágiles que gobiernan con impunidad y ofrecen escasas soluciones materiales a los problemas que enfrentan los jugadores en la vida real. Sin embargo,

175. Una de las principales *influencers* en este ámbito es la increíble *streamer* Xmiramira, que crea los escenarios más mágicos, caóticos y surrealistas en *Los Sims.* También es una *modder* que impulsó la diversidad en *Los Sims* y, con el tiempo, se convirtió en consultora de Electronic Arts, los creadores del juego. ¡Buscala!

176. Nathan Grayson, "Sims Players Hold Virtual Black Lives Matter Rally", Kotaku.com, 12 de junio de 2020.

la política en las comunidades de videojuegos comienza con el acto fundamental de convertirse en consumidor de un producto. Cualquier proyecto progresista que escudriñe la industria de los videojuegos y sus prácticas debe cuestionar y ofrecer mejoras significativas al propio acto de jugar, bajo el actual modo de producción. Entonces, ¿cuáles son las políticas de las comunidades que inician un juego, incluso antes de que se constituyan en entidades explícitamente políticas dentro de él?

Una alternativa al actual estado de las relaciones de poder en los videojuegos podría cuestionar el trabajo inmaterial realizado por los jugadores para el beneficio de los propietarios de estas plataformas. Ciertas partes de la industria de los videojuegos se volvieron profundamente dependientes del material creado por los fanáticos. El término *trabajo inmaterial,* acuñado por los filósofos marxistas Maurizio Lazzarato y Antonio Negri, se utilizó por primera vez para describir formas de trabajo que generan productos intangibles, como el conocimiento, las responsabilidades de cuidado y la información, en lugar de bienes materiales[177]. En el contexto de la era digital, también comenzó a abarcar los procesos de creación de contenido, como blogs, publicaciones, videos y otros contenidos que pueden parecer despojados de una relación material, pero que, aun así, terminan generando valor, sobre todo para los propietarios de las plataformas de alojamiento.

Los nuevos jugadores de éxitos como *World of Warcraft*, *Dark Souls* (2011) o *Planetary Annihilation* (2018) dependen por completo de los foros y videos en línea creados por jugadores veteranos para aprender sobre las técnicas y estrategias de juego. La mayoría de estos tutoriales se crean de manera voluntaria (y gratuita). Los trabajadores de la industria de los videojuegos, así como los consumidores, obtienen pocos beneficios de esta forma de capitalismo de vanguardia, donde el trabajo arduo y necesario para respaldar un producto no solo no es remunerado, sino que se

177. Maurizio Lazzarato, "Immaterial Labor", en Paolo Virno y Michael Hardt (eds.), *Radical Thought in Italy: A Potential Politics*, Minéapolis: University of Minnesota Press, 1996, 133-47; Michael Hardt y Antonio Negri, *Empire*, Cambridge: Harvard University Press, 2000.

comercializa de forma activa como un proyecto de construcción comunitaria por el que los jugadores deben sentirse agradecidos.

La relación entre empleador y trabajador se está volviendo cada vez más difusa: gran parte de lo que hoy se percibe como ocio en realidad produce valor, lo que es fundamental para la existencia del medio. El consumidor no es solo un receptor pasivo, sino también un relé cómplice y creativo en la producción de beneficios.

Si bien algunos videojuegos de un solo jugador, *offline* y lineales aún tienen un único punto de venta minorista para comprar el juego, el surgimiento de las tecnologías de red y los videojuegos solo en línea, que extraen datos de forma continua, invita a una interacción más constante. Se puede hacer una analogía con los cambios en el mundo del arte. Hasta hace poco, la relación entre la obra de arte y el espectador era bastante unidireccional. Pero con la aparición del arte escénico y, de manera más reciente, el arte relacional, la interacción del público con la pieza se volvió imperativa; la obra simplemente no puede existir sin ella.

EverQuest (1999), de Sony, perfeccionó esta fórmula. Los editores crearon una plataforma y obtuvieron beneficios gracias a muchos complementos posteriores al lanzamiento, pero fue la creatividad de los jugadores y la intriga del juego lo que atrajo al público. Actividades como las incursiones y las misiones grupales son un aspecto integral de las mecánicas de juego de *EverQuest*. Coordinar estos esfuerzos con éxito exige un grado considerable de trabajo en equipo, diplomacia y diversas formas de trabajo social.

Los líderes de gremios, por ejemplo, a menudo invierten horas no remuneradas en supervisar la dinámica del grupo, organizar eventos y asegurar una experiencia de juego fluida para sus miembros. Una multitud de sitios de fanáticos, guías y foros de *fan art*, aunque a menudo son un trabajo hecho con amor, agregaron un valor significativo al juego y a su comunidad. Los jugadores dedicaban largas horas a "farmear" o "grindear" para obtener objetos raros y monedas del juego, o a mejorar los niveles y habilidades de sus personajes.

En algunos casos, eso permitía a las personas ganar salarios virtuales al realizar tales actividades y luego vender esos elementos a cambio de dinero real. Esta práctica se convirtió en una enorme industria mundial[178]. Los márgenes están cubiertos desde muchos ángulos. Se forja una plataforma relativamente sencilla y se logra que el jugador pague por cualquier complemento o suscripción. Los propios jugadores dedican tiempo a fomentar las comunidades que atraen a más jugadores. Es de hecho un modelo perfecto para la gigante corporación Sony Online Entertainment.

Algunos decidieron desafiar tales monopolios, aunque con éxito limitado. En el año 2000, una jugadora de *Ultima Online* inició una demanda colectiva en la que alegaba que, al ofrecerse voluntaria como líder de la comunidad del juego, y responder preguntas y ofrecer orientación a los novatos, sin saberlo, estaba realizando un trabajo no remunerado a tiempo completo. Si bien la demanda no prosperó, puso de manifiesto hasta qué punto la gestión de los MMO dependía de la cooperación de las poblaciones que realizan este *playbouring*[179].

Otros titulares de propiedad intelectual (PI), en oposición a los supuestos intereses materiales, tratan a las comunidades de sus juegos como un mero inconveniente. Nintendo y Capcom son conocidas por imponer requisitos de licencia de PI para eventos comunitarios, como los torneos competitivos de base de *Street Fighter*, de Capcom[180]. Se advirtió a los organizadores de todos los torneos, sin importar su tamaño, que debían obtener una licencia comunitaria o de deportes electrónicos de la empresa[181]. De lo contrario, podrían ser responsables de infringir los límites de la PI. Lamentablemente, los miembros de la comunidad de un

178. Rob Walker, "The Buying Game", *New York Times Magazine*, 16 de octubre de 2005.

179. Sam Parker, "Ultima Online Volunteers Sue Origin", GameSpot.com, 20 de septiembre de 2000.

180. Cale Michael, "Nintendo Imposes Severe Tournament Limitations–and the Community Responds with Uproar", DoteEsports.com, 24 de octubre de 2023.

181. Shiburizu, "Capcom's New Community License for Street Fighter V Tournaments Is a Dangerous Misfire", SuperCombo.gg, 1 de marzo de 2022.

juego deben ceder si desean mantener una relación pacífica con los creadores de su pasatiempo favorito.

Es algo similar a lo que sucede con Uber. Una persona crea la plataforma, pero lo que se realiza en ella, la principal fuente de atracción, es solo una función de la interacción entre los usuarios: los conductores y los pasajeros. La fanficción, los videos realizados con la técnica de *machinima* y las películas *defrag* son todas obras que en un principio fueron prohibidas por las empresas y acusadas de infringir los derechos de autor, hasta que los propietarios se dieron cuenta de que, de hecho, tales actividades agregan valor a la marca. Los *modders* desarrollan nuevas ideas creativas y los jugadores llenan estas plataformas de significado, alegría y actividad, a veces apenas curadas por el propietario de la plataforma.

Los jugadores modifican o introducen nuevo contenido, características o mecánicas de juego, a menudo impulsados por el entusiasmo por el juego y el compromiso con su comunidad. Lo hacen sin esperar una compensación a cambio y mejoran la experiencia de juego para otros y, al mismo tiempo, extienden la duración y el atractivo del juego. Este trabajo no remunerado agrega valor al juego y puede beneficiar de manera indirecta a los desarrolladores y editores al mantener la relevancia del juego y atraer a nuevos jugadores.

En consecuencia, los videojuegos pueden considerarse una forma de trabajo inmaterial que transforma un videojuego en un artefacto cultural.

LOS VIDEOJUEGOS COMO ESPACIOS POLÍTICOS: UN LUGAR PARA LA IMAGINACIÓN COMUNITARIA

En una plétora de casos, los jugadores se organizaron de manera consciente o inconsciente en formaciones políticas, quizá ampliando la definición misma de política. Para cualquiera que desee llamarse progresista, la política debe mantener un carácter abierto y experimental, en el que se intente reimaginar el mundo más allá de las circunstancias actuales. Los videojuegos están en una posición única para ofrecer esa posibilidad, ya que exigen interacción y participación, y son en sí mismos "lugares" donde pueden desarrollarse nuevas reglas. Analicémoslo a través de dos fenómenos muy diferentes: *Pokémon Go* (2016) y la cultura del *modding*.

Pokémon Go llevó a los jugadores a las plazas de nuestras ciudades y amplió las expectativas con respecto a cómo podía ser un videojuego. En este juego para dispositivos móviles, el jugador colecciona los Pokémon que están situados en diversas ubicaciones geográficas reales. Los efectos de realidad aumentada de la aplicación para dispositivos móviles crean la impresión de que hay un Venusaur sentado en lo alto de una fuente o que un Rattata acecha entre el pasto de un parque. ¿Hay un Blastoise travieso detrás de un cesto de basura mugriento? A la búsqueda de un Pokémon le sigue una breve secuencia de juego para capturarlo y agregarlo a la colección del jugador.

"¡Atrápalos ya!" fue el eslogan del verano de 2016. Muchos tienen recuerdos entrañables de la persecución delirante de esas extrañas criaturas de realidad aumentada, teléfono en mano, intercambiando miradas cómplices y sonrisas incómodas y amistosas con extraños que también estaban en la misma cacería. Es difícil involucrarse con este juego sin tener algún tipo de interacción social con otras personas, por lo que podemos decir que se producía un "pokécoqueteo".

El concepto de *dérive* (o "deriva") fue introducido por primera vez como una táctica revolucionaria por Guy Debord, uno de los fundadores de la Internacional Situacionista, en su obra de 1958 *Teoría de la deriva*[182]. Consiste en la exploración improvisada de un paisaje, típicamente urbano, en la que los participantes abandonan sus rutinas diarias y se dejan guiar por el atractivo del área y las experiencias que encuentran. Aunque no es una analogía perfecta, *Pokémon Go* comparte algunas similitudes, a pesar de sus vínculos con los sistemas económicos y de mercancías que la Internacional Situacionista criticaba con vehemencia.

Pokémon Go alienta a los jugadores a interactuar con la ciudad de maneras inesperadas, subvirtiendo las funciones

182. Guy Debord, "Théorie de la Dérive", *Internationale Situationniste* #2, París, diciembre de 1958.

previstas de las calles y reimaginando la naturaleza de un lugar y nuestras conexiones mentales con él. Como afirmó Debord, en esta actividad el azar juega un papel menor de lo que parece; las ciudades poseen características psicogeográficas, como flujos constantes, puntos fijos y vórtices que impiden la entrada o salida de ciertas áreas. Cualquiera que haya jugado a *Pokémon Go* puede atestiguar esta experiencia: la aplicación obliga a los usuarios a reevaluar su entorno y percibirlo desde una perspectiva completamente nueva. Una Pokéhunt puede crear momentos en los que nuestro entorno se transforma y podemos redescubrir elementos de nuestra vida cotidiana, con otros nombres e incluso en total ignorancia del lugar en sí.

Un usuario de Reddit, SlothOfDoom, relató esta historia inspiradora sobre la política urbana de *Pokémon Go*:

> No podía dormir, así que descargué el juego y salí a caminar a las 3 a. m. Hay un parque cerca de mi casa con tres poképaradas y un gimnasio, así que fui a ver qué me ofrecía el juego. Encontré un Eevee fuera de mi casa y algunos Pokémon basura de camino al parque. Así que llegué, caminé un poco mirando las paradas y husmeando el pasto alto, luego decidí alejarme unas cuadras para ver algunas paradas más cuando oí desde la oscuridad un "¡Ey, amigo!". Al darme vuelta, vi a dos tipos sospechosos sentados en un banco en la oscuridad. Debo haber pasado junto a ellos sin darme cuenta. Genial. Uno de ellos me saluda. "¡Amigo, mirá cerca de aquel camión azul, hace un rato atrapamos un Onyx [un Pokémon valioso]!". Así que me acerqué al camión y, efectivamente, allí había un maldito Onyx. Increíble. Terminé conversando un rato con ellos, les conté dónde encontré mi Eevee, me convencieron de unirme al equipo rojo cuando llegara al nivel cinco para que podamos controlar todo el puto barrio. Entonces llegó la policía. Sí, resulta que el hecho de que dos tipos negros de unos veintitantos y un hombre blanco de 40 años pasen el rato en el parque a las 3 a. m. resulta sospechoso. Tardamos un rato en convencer al policía de que no estábamos vendiendo y comprando drogas, y en explicarle el juego. Luego el policía descargó

el juego en su teléfono y nos preguntó cómo empezar. ¡Vamos, equipo rojo![183].

Los escenarios y los guiones comúnmente aceptados sobre lo que puede o no suceder en una calle se exponen por una ligera distorsión de esas expectativas. En este caso, los videojuegos sirven como una herramienta para introducir una asombrosa variedad de nuevos propósitos en nuestras experiencias sociales y urbanas. De manera similar a los escritos situacionistas (¡sin el ángulo corporativo, por supuesto!), esta aplicación convierte un poste de luz en un lugar de encuentro o un estacionamiento cualquiera en un destino buscado; una calle recta puede ofrecer ahora una variedad de paradas significativas y la vereda, un mapa de tesoros. Para muchos de nosotros, que tenemos inclinaciones radicales e interés en ver el mundo a través de una lente histórico-materialista, la forma mercantil del juego, entrelazada en una relación compleja con los mecanismos de recepción celular y las estrategias de fabricación de dispositivos, tiene poco potencial revolucionario; pero con la actual desaparición de la poesía en nuestros entornos urbanos, a veces podemos encontrar inspiración en los lugares más improbables. Los *mods*, quizá no explícitamente políticos, pero sí persuasivos y con un peso emocional maravilloso, son creados en su mayoría de forma anónima por miembros de las comunidades de jugadores. Los *mods* son alteraciones y adiciones a las reglas o los contenidos de los juegos existentes, utilizando sobre todo los videojuegos comerciales como material predefinido o casero. Si bien algunos son extensiones de la *fan fiction* o simples adaptaciones de un juego a un idioma local o gusto personal, otros logran una atmósfera inquietante y desconcertante que supera incluso las ofertas de algunas de las formas de arte contemporáneo más prestigiosas.

El vínculo entre *Pokémon Go* y el *modding* comenzó de manera accidental cuando se lanzó por primera vez en Rusia. Quienes recorrían la plaza Roja en Moscú, cerca del Kremlin, notaron que

183. u/isavino, "Why the fuck am I outside my house at 1am in my underwear trying to catch a meowth?", r/gaming Subreddit, Reddit, 7 de julio de 2016.

la aplicación (codificada para corresponderse con las coordenadas GPS) estaba funcionando mal. La señal mostraba que, en realidad, estaban en los alrededores del aeropuerto de Vnukovo, a 32 kilómetros de distancia[184]. Investigaciones posteriores, impulsadas por las experiencias de los jugadores, descubrieron una compleja operación de suplantación de GPS realizada por los operadores estatales. Los hallazgos fueron más allá cuando algunos jugadores utilizaron las direcciones erróneas para manipular el juego y atrapar las criaturas más raras desde la comodidad de su hogar[185].

Al momento de escribir este libro, un promedio de 100 000 personas miraban *streams* de *Grand Theft Auto V* en Twitch por día, y había alrededor de 2000 canales dedicados a un solo título. Uno de ellos, sin embargo, no es como los demás. El artista Brent Watanabe modificó el juego para que los protagonistas humanos fueran reemplazados por un ciervo blanco controlado por IA, que deambula por las calles ficticias de Los Santos irradiando un espíritu majestuoso y sobrenatural. Modificado para ser invulnerable, el ciervo no podía ser dañado por las balas, sin importar cuántas lo impactaran. A veces, el ciervo aparece, fastuoso, en los límites de la caótica ciudad al atardecer. A veces se mueve con torpeza junto a las sucias paredes de los depósitos, cae sin rumbo por los escalones y choca con objetos aleatorios. El ciervo huye de la policía o camina confiado por las soleadas calles del centro de la ciudad. A veces, lleva el entorno al límite al zambullirse en el mar[186].

La naturaleza atrapada de este sublime animal, con sus aparentes tendencias autodestructivas y su gracia, así como el contraste entre su elegancia natural y la superficialidad y suciedad del entorno miserable del juego, cautivaron a la comunidad. Impactados por esta subversión del juego, dejaron decenas de comentarios en el *stream*. El ciervo realiza una *dérive* en varios

184. David Hambling, "Ships Fooled in GPS Spoofing Attack Suggest Russian Cyberweapon", *New Scientist*, 10 de agosto de 2017.

185. "Pokemon Go Players Banned for Cheating", BBC *News*, 21 de febrero de 2021.

186. "Grand Theft Auto 5 Mod Lets You Watch a Deer Roam Los Santos", GameRant.com, 21 de marzo de 2016.

niveles: desafía el movimiento estructurado en las ciudades, el humanocentrismo tanto en el diseño urbano como del juego, e incluso las normas y prácticas de la cultura del *streaming*.

Muchos *mods* no solo son profundamente creativos y trascienden el medio por su profundidad y gracia, sino que, lo que es más importante, casi siempre son gratuitos y accesibles, un regalo de creadores a menudo anónimos que simplemente son apasionados por la comunidad a la que pertenecen. Tal rechazo por participar en el festín del capital social y material que impulsa el complejo cultural-industrial actual es único y alentador.

ENTRAR EN EL JUEGO

No es fácil caracterizar los videojuegos dentro de los binarismos de lo políticamente inútil o útil. Posee un espectro de significados y funciones que es necesario cuestionar. Sin embargo, cuando los videojuegos se ponen bajo la lupa de aquellos que intentan encontrar productividad cívica incluso dentro de su escapismo, resisten el desafío. Numerosos estudios sugieren una correlación positiva entre la inmersión, el juego, la motivación y el compromiso cívico, así como la participación política[187]. A medida que las personas aprenden a asociar la cooperación comunitaria con beneficios tanto comunitarios como individuales, están más dispuestas a trabajar con otras personas en sus comunidades. Tener lazos más fuertes con un grupo alienta a las personas a considerar las necesidades comunitarias además de las propias, lo que lógicamente puede impulsarlas a participar en su comunidad. Cuando personas con un interés compartido se encuentran en un juego multijugador, es posible que resulte en una interacción positiva y prosocial entre ellas, tanto en el juego como fuera de él.

Es probable que los jugadores que desarrollan las actitudes y los comportamientos propios de la pertenencia a una

187. Logan Molyneux, Krishnan Vasudevan, Homero Gil de Zúñiga, "Gaming Social Capital: Exploring Civic Value in Multiplayer Video Games", *Journal of Computer-Mediated Communication*, 2015.

comunidad de juego muestren estas actitudes y comportamientos en otros ámbitos de la vida. Este sentido de conexión con los demás puede hacer que las personas formen vínculos en persona y se involucren en sus comunidades en el mundo real. Como resultado, ahora existen múltiples caminos para que las personas (en especial los jóvenes, que a menudo están menos comprometidos con la vida cívica que los mayores) se conviertan en mejores ciudadanos.

Quienes buscan mejorar el compromiso cívico deberían abarcar una amplia gama de medios, incluidos los medios en línea y los videojuegos, al comunicar la importancia de tal participación. En una época en que la participación electoral, el voluntariado registrado públicamente, las donaciones benéficas, la afiliación a partidos políticos y sindical están en declive, debemos buscar lugares posibles donde canalizar esa energía. La derecha también es capaz de generar tales grupos y está más dispuesta a hacerlo en los videojuegos. Podemos elegir mirar con desdén e ignorarlo, o al menos intentar crear formas atractivas de coordinar y formular las ideas y los ideales que atraen personas a nuestras filas.

Cuando una persona pierde control de su entorno, se incrementa el atractivo del juego de roles. Algunos jugadores, aislados, alienados por los medios de producción capitalistas, reducidos a simples consumidores, están desesperados por encontrar una identidad bajo una bandera que les permita reivindicarse como sujetos. El tipo de política que esas banderas proclaman es objeto de negociación y disputa. La lucha es doble: las comunidades políticas existentes en la vida real desean recrear sus lealtades y estéticas en sus espacios de ocio, en este caso, los videojuegos. Así se solidifican y se les da credibilidad y validación. Por extensión, alimentan o enriquecen a los movimientos desde el punto de vista cultural.

Si bien muchas personas de izquierda lo ignoran, una enorme cantidad de personas valora sus experiencias virtuales en el juego tanto como las experiencias en la vida real. La falta de curiosidad acerca de estas poblaciones y de reconocimiento crea un vacío en la capacidad de la izquierda para movilizarse de forma masiva y generar cambios materiales. La alienación no es solo lo que nos imponen las clases capitalistas, sino también una energía que emanamos hacia miembros de círculos a los que consideramos indignos de nuestro tiempo. La creencia esotérica que muchas personas de izquierda tienen respecto a lo que constituye un sujeto político "correcto" puede ser, en ocasiones, agobiantemente estrecha. Esta actitud hace que la izquierda no solo pierda terreno, sino que aleje a las personas y las empuje al otro bando. A veces me pregunto si no lo hacemos a propósito: actuamos como artesanos políticos, es agradable pretender que guardamos un secreto, como si nuestro conocimiento de todas las injusticias de alguna manera justificara que hagamos tan poco al respecto. Como si aceptar a más personas en nuestros círculos significara renunciar a sentirnos especiales. Puede sonar ridículo, pero en todo caso es apremiante.

Veo un medio hermoso que se está transformando en algo bastante oscuro y, si no luchamos para salvarlo, nuestro desdén colectivo marcará otro fracaso en una larga lista de oportunidades perdidas, en especial en lo que respecta a la tecnología y su relación con la cultura. ¿Cómo pueden los videojuegos ser una herramienta en la lucha contra nuestro estado actual de opresión? ¿Cómo pueden los jugadores convertirse en agentes activos en la mejora de nuestras condiciones materiales? Muchos lo han intentado, con resultados dispares, pero las posibilidades siguen siendo infinitas.

NIVEL III

Eficacia

Aunque las comunidades de jugadores y la política que se gesta en ellas son temas subestimados, el potencial de los videojuegos independientes de autor y su capacidad para invocar el cambio social son igual de grandes. Estos juegos tienen la capacidad de informar, subvertir, desafiar lo que es aceptable y reunir tropas para luchar por un mañana mejor. Pero ¿cómo?

Lamentablemente, la respuesta es complicada. Muchos creadores de videojuegos afirman que están desarrollando productos con conciencia social. Abundan los juegos que abarcan cuestiones relacionadas con la igualdad, el cambio climático y otros temas progresistas. Pero, además de ser eso (conciencia social), ¿están ahí para señalar ciertas actitudes sociales o para cambiarlas? Los juegos con conciencia social están muy de moda. El capital social en el campo no escasea: tener un tema cívico en un juego es sinónimo de reconocimiento y prestigio. "Games for Impact" (Juegos por un cambio social) y "Games Beyond Entertainment" (Juegos más allá del entretenimiento) se convirtieron en categorías de premios en las competiciones de videojuegos más afamadas. Games for Change es una organización sin fines de lucro que cada año entrega premios influyentes en diversas categorías altruistas. Juegos como *Papers, Please*, analizado en el Nivel I, y numerosos otros proyectos lúdicos insinúan que nuestras costumbres deberían cambiar, pero nunca traspasan los límites de la zona de confort. Los medios de comunicación especializados consideran que son videojuegos que purifican la moral, a diferencia de los repetitivos comunicados de prensa e informes sobre las noticias más desagradables de la industria que suelen publicar.

Muchos creadores de videojuegos autoproclamados políticos consideran realmente que la misión principal de su trabajo es hacer un llamamiento a un mundo más justo y amable. Es de suponer que eso significa plantar las semillas del cambio en las mentes de los jugadores, inspirándolos a convertirse en agentes de valores progresistas. Dado que este resultado es difícil de medir, es incierto hasta qué punto los videojuegos permiten alcanzar ese objetivo. En el mejor de los casos, muchos terminan siendo ejercicios de relaciones públicas para el artista. Y en el peor de los casos, su mensaje puede ser cooptado, agudizando el cinismo en torno al potencial del arte para provocar el bien social. ¿Pueden los juegos progresistas generar una transformación política positiva real? ¿Cómo deberían ser tales esfuerzos? ¿Y a qué cuestiones deberíamos enfrentarnos en la búsqueda de eficacia para crear juegos que realmente generen un cambio de opinión? ¿O que hagan que alguien pase de la inacción a la acción?

No quiero decir que todo arte deba hacer eso: cambiar mentalidades. Gran parte del arte más magnífico reafirma nuestras creencias a través de nuevas formas, amplía nuestros horizontes o simplemente ofrece un alivio temporal. Sin embargo, estas obras no se definen a sí mismas como políticas ni se venden como tales. La conciencia política puede ser una moneda en el mercado, pero los efectos que genera difundir esa conciencia son mucho más difíciles de cuantificar. Debido a su inherente subjetividad, no es fácil determinar qué es exactamente lo que cambia la opinión de una persona. ¿En qué momento alguien se encuentra con una obra de arte y cambia de postura política? Si bien en los medios de comunicación se habla mucho acerca de cómo los videojuegos convierten a los jugadores en máquinas de violencia reaccionarias, se ignora el potencial que tienen para introducir ideales más igualitarios. ¿Qué tipo de relaciones sociales están produciendo los juegos explícitamente progresistas? ¿Para quién están hechos estos juegos y por qué? ¿Qué significaría, en lugar de hacer juegos políticos, hacer juegos de manera política? Este nivel explora ejemplos de arte político en la cultura en general, además de ofrecer una base teórica sólida.

EL REMATE ES MUY BUENO: CAPITAL SOCIAL Y ARTE

El concepto de capital social es importante en este nivel. El potencial de un videojuego de provocar un verdadero cambio social no es necesariamente proporcional al capital social que los creadores del juego podrían ganar. Al fin y al cabo, la industria de los videojuegos está guiada por el mercado, y lo que se vuelve popular en este ámbito puede a menudo complementar tendencias que tienden a reproducir las condiciones actuales en lugar de cuestionarlas verdaderamente. Un videojuego político que predique a los conversos recibirá más elogios que uno que sorprenda al jugador. Cuando el sociólogo francés Pierre Bourdieu definió el término *capital social*, estaba interesado precisamente en estas dinámicas: parece mucho más fácil para las personas ganar capital material si, esencialmente, son agradables. El capital social es una propiedad del individuo, más que del colectivo, y se deriva sobre todo de la posición y el estatus social de una persona. Es un recurso acumulado, ya sea real o virtual, que conecta las relaciones sociales y la capacidad de usarlas para progresar[188]. En otras palabras, alguien que goza de prestigio y popularidad social también tiende a progresar en términos económicos. Las personas que son afables y hablan en un lenguaje que ya resulta familiar para su público suelen ser consideradas más agradables.

En los videojuegos, como en cualquier industria cultural, tales conexiones también son evidentes y están en constante juego. Ante la ausencia de artefactos materiales reales derivados de los significantes culturales, el impulso de abordar esas narrativas

188. Pierre Bourdieu, Loïc J. D. Wacquant, *An Invitation to Reflexive Sociology*, Chicago: University of Chicago Press, 1992.

es increíblemente fuerte. En lugar de involucrarse en el mundo aburrido, impredecible y poco gratificante de la elaboración de políticas o la construcción de movimientos de base, los desarrolladores de juegos tienen muchas más probabilidades de recibir capital social con solo abordar un tema problemático. Los árbitros de la industria de los videojuegos, contaminados por sus propios procedimientos a menudo nefastos, pueden absolverse a sí mismos de manera conveniente y concederles prestigio a los juegos que señalan valores antitéticos a los procedimientos operativos de la industria, siempre que este señalamiento sea seguro y contenido, por supuesto. Este conjunto de condiciones fomenta un clima de videojuegos progresistas en el que el material celebrado es aceptable, agradable, conocido y obvio para los entendidos. Un poco de representación por aquí y un toque de historia política por allá (en general, sin un giro real), los videojuegos confirman con facilidad la política del jugador en lugar de subvertir su conjunto de creencias existente.

Una poderosa colección de ensayos titulada *Art, Activism and Recuperation* plantea preguntas difíciles sobre las relaciones cerradas, multibeneficiosas y de vital importancia, y el juego de poder entre el arte, los activistas y las instituciones culturales[189]. ¿Cuáles son las estrategias eficaces contra la recuperación, el proceso mediante el que las ideas subversivas, opuestas al *statu quo*, son cooptadas o apropiadas por la cultura dominante dirigida por el mercado, y que vacía de hecho su potencial disruptivo? ¿Podría la recuperación, el filtrar de lo desafiante a lo aceptable, ser a veces el objetivo, y no solo una consecuencia no intencionada? En la colección, el editor Nav Haq comenta acerca del libro de 2004 de su colega sueca Maria Lind, *This Is Going to Be Really Funny: Notes on Art, Its Institutions and Their Presumed Criticality.* En él, Lind expone con claridad la futilidad de muchas prácticas culturales contemporáneas con conciencia social[190]. Ella elabora una

189. Geoff Cox, Nav Haq y Tom Trevor (eds.), *Concept Store #3: Art, Activism and Recuperation*, Bristol: Arnolfini, 2010.

190. Maria Lind, *This Is Going to Be Really Funny: Notes on Art, Its Institutions and Their Presumed Criticality*, Bristol: Spike Island y Systemisch, 2004, 33-4.

analogía simple pero efectiva entre el acto de contar un chiste y las declaraciones inherentes al arte político. Si, antes de contar un chiste, decimos: "¡Esto va a ser muy gracioso!", lo más probable es que al receptor no le cause ninguna gracia. Algo en la afirmación inicial desactiva el humor. Se elimina el factor sorpresa, y el receptor puede prepararse de antemano para el remate[191]. Esta analogía se extiende a los juegos críticos o políticos: proclamar que nuestra obra profundamente crítica puede eliminar ese efecto intencionado de forma instantánea. De hecho, una cierta ambigüedad sobre las intenciones del artista puede potenciar la crítica, al igual que sucede con los chistes más graciosos.

¿Deberíamos abordar el arte político y juzgarlo de la misma manera? ¿Cuál es nuestra misión? Si el objetivo es informar, entonces las declaraciones explícitas tienen posibilidades de éxito. El énfasis estará puesto en la nueva información aprendida. Pero si el objetivo es cambiar de manera explícita la forma de pensar de personas que aún no están involucradas en la causa, es probable que los artistas fracasen con esta técnica. Con demasiada frecuencia, en las artes, los videojuegos y otros ámbitos culturales, el objetivo se mantiene dentro de los límites reconfortantes de nuestras creencias existentes. Permanecer dentro de la burbuja es más seguro y, sobre todo, más rentable.

JUGAR CON LA POLÍTICA: ¿QUIÉN GANA?

Como medio creativo con estéticas similares y la posibilidad de interacción, los juegos pueden aprender de las bellas artes, que han sido desafiadas y puestas a prueba de diversas maneras. A pesar de los diferentes métodos de producción, ambos medios son creados por personas creativamente ambiciosas que exploran, promueven y, en ocasiones, no logran sus objetivos de manera algo similar.

¿Qué pueden aprender los desarrolladores de videojuegos de las bellas artes sobre las dificultades de la producción cultural?

191. Nav Haq, "Declarations: The Polemics of Art Engaged With Conflict" en *Concept Store #3: Art, Activism and Recuperation*, Bristol: Arnolfini, 2010.

Tomemos como ejemplo a *Wheatfield* (1982), una instalación de la artista estadounidense Agnes Denes que duró seis meses. Con el apoyo del Public Art Fund, plantó un campo de trigo dorado en dos acres de un basurero lleno de escombros cerca de Wall Street y el World Trade Center en el bajo Manhattan. El campo estaba abierto al público y el grano cosechado se distribuyó por todo el mundo. Hermoso, sin duda. Y si la obra hizo poco por reducir el hambre mundial, sin duda contribuyó a la gentrificación del vecindario y aumentar el capital social y material de la artista.

En *Idol Worship* (2007), Laura Keeble reemplazó las lápidas normales de un cementerio británico por esculturas en piedra de logotipos de marcas como McDonald's, y la iglesia local obtuvo un vitral con el logo de la casa de moda Chanel. Más allá del gesto descarado, no está claro cuáles eran las intenciones de este "brandalismo". Mark Coreth creó una escultura de tamaño real de un oso polar en la cumbre climática COP 15 de 2009. Se desconoce cuánta energía se necesitó para congelar 9 toneladas de hielo o para crear el molde de bronce de 500 kilogramos del esqueleto, pero el Fondo Mundial para la Naturaleza, que financió la escultura (junto con los fabricantes de productos electrónicos Panasonic y Nokia), la publicitaba como "arte al servicio del medio ambiente"[192]. De manera similar, en 2019, el querido y autocomplaciente ecoartista Olafur Eliasson arrancó y transportó decenas de kilos de musgo desde su Islandia natal a la exposición que realizó en el Tate Modern en Londres. También instaló enormes cubos de hielo en la entrada de la galería. Se trató de un derroche desconcertante de recursos que solo sirvió para mostrar que al artista le importaban los problemas medioambientales y, como recompensa, él se benefició de importantes presupuestos de producción.

En 2022, el pabellón finlandés en la Bienal de Venecia presentó la obra *Close Watch*, de Pilvi Takala. La instalación sigue el viaje de Takala: comienza a trabajar como personal de seguridad en un centro comercial en su búsqueda por ser una persona común. Luego se pone del lado de la gerencia cuando uno de los empleados es reprendido por hacer un comentario sexista. No

192. "Art in Service of the Environment: The Ice Bear Project", WWF.org, 2009.

observa a los trabajadores con empatía, sino que los juzga. Es de suponer que el resto del personal de seguridad no recibió ninguna recompensa material por su participación, pero la obra le dio máxima exposición a la artista. Lo más importante es que el poder y la simpatía del público recaen en la artista y la gerencia, no en los trabajadores. Se les pide a los espectadores que se pongan del lado de la artista finlandesa blanca de clase media, y no de un trabajador inmigrante pobre, cuyas ideas políticas pueden ser menos refinadas. Se invita a los espectadores a apreciar a la profunda artista, que aceptó un empleo real durante unos meses, y a sacudir la cabeza ante las carencias morales de los guardias de seguridad de clase trabajadora de los centros comerciales.

Dicho de manera cruda, constituye arte por el bien de su propio espectáculo y la ganancia material de la artista, más que por provocar un cambio de opinión. Lamentablemente, en el mundo de los videojuegos hay numerosos ejemplos similares. Con el fin de fortalecer su esfuerzo por concientizar sobre los menguantes recursos naturales de nuestro planeta, la banda Linkin Park, junto con Kuuluu Interactive Entertainment, creó *LP Recharge* (2013), un juego en el que humanos y robots luchan por las menas y los minerales que quedan en la Tierra. Los jugadores deben defenderse de los androides y crear nuevas fuentes de energía sostenibles. La medida en que *LP Recharge* "llama la atención sobre la pobreza energética y las soluciones de energía limpia", como sugiere su campaña de relaciones públicas, sigue siendo un misterio, pero el juego fue sin duda una forma original de presentar el nuevo single de la banda; incluso contó con la cobertura de *National Geographic*[193].

Otro juego, llamado *Get Water!* (2013), pone al jugador en el papel de una niña india que quiere estudiar pero constantemente es interrumpida, ya que necesita ir en busca de agua. Desarrollado por una empresa emergente con sede en Montreal, el juego se lanzó en el Día Mundial del Agua y recibió elogios

193. "Gameplay Trailer for Recharge", Music for Relief, 2013; Christina Nunez, "'Recharged': Linkin Park's Efforts on Energy Poverty Get Brighter", *National Geographic*, 18 de noviembre de 2013.

de la Alianza de Civilizaciones de las Naciones Unidas. *Alba: A Wildlife Adventure* (2020), de UsTwo Games, invita al jugador a recorrer una isla del Mediterráneo, documentar la vida silvestre, resolver desafíos y unir a la comunidad para preservar la naturaleza contra un proyecto de construcción perjudicial. Temas como ecología, cambio climático y el valor de la naturaleza se entretejen en una conmovedora historia de perseverancia. Si bien los temas ecológicos del juego fueron sin duda un argumento de venta rentable, el estudio también se comprometió a plantar árboles reales por cada venta del juego. Hasta la fecha, se plantaron más de un millón de árboles en nombre del estudio, un buen resultado que, sin duda, también ayudó a que el título recibiera el Apple Design Award por Impacto Social en 2021[194].

Darfur Is Dying (2006) fue un juego en navegador basado en Flash sobre la crisis en Darfur, en el oeste de Sudán. Fue creado por la diseñadora estadounidense Susana Ruiz como un proyecto de una licenciatura en la Universidad del Sur de California, y fue patrocinado de manera parcial por el popular canal MTV. El juego pone al jugador en el papel de una persona desplazada de Darfur que vive en un campo de refugiados. El objetivo es superar los desafíos que enfrentan los refugiados, como encontrar agua, evitar los ataques de las milicias y mantener el bienestar en el campo. Algunos críticos, como Ian Bogost, mencionaron que, a veces, los videojuegos autodenominados activistas tienen más impacto en la carrera del creador del juego que en la causa que defienden. Si bien más de un millón de personas habían jugado el juego en abril de 2007, Bogost no encontró mucha evidencia de que el juego abordara los temas que planteaba de una manera particularmente productiva, eficaz o innovadora. Se preguntó si la participación de MTV era algo más que una táctica de marketing y si los fondos podrían haberse destinado a una causa más útil[195].

194. El juego se estrenó en Apple Arcade, el servicio de videojuegos de Apple. Apple es también un gran contaminador, ya que posee costos ecológicos de fabricación y emisiones de residuos gigantescos.

195. Clark Boyd, "Darfur Activism Meets Video Gaming", *BBC News*, 6 de julio de 2006.

La obra seminal de la crítica de arte Claire Bishop, *Artificial Hells: Participatory Art and the Politics of Spectatorship*, es una crítica perspicaz y empática de las bellas artes participativas contemporáneas. En ella, Bishop disecciona de forma minuciosa las victorias y los fracasos del arte contemporáneo de moda que busca "involucrar a la comunidad", "crear diálogo" e "invitar a participar". Unas pocas líneas ilustran perfectamente la necesidad de que el arte y los videojuegos crezcan más allá de las actitudes que aquí se critican:

> La urgencia de esta tarea social ha llevado a una situación en la que todas las prácticas socialmente colaborativas se entienden como gestos artísticos de resistencia de igual importancia: no puede haber obras de arte participativo fallidas, no exitosas, no resueltas ni aburridas, ya que todas son igualmente esenciales para reparar el vínculo social. Si bien simpatizo con esta última ambición, sostengo que también es crucial discutir, analizar y comparar este trabajo de manera crítica como arte, ya que este es el campo institucional en el que se avala y difunde, incluso aunque la categoría de arte siga siendo una exclusión persistente en los debates sobre tales proyectos[196].

Un marco similar puede y debe aplicarse a los videojuegos. El arte está en riesgo de quedar segregado en el espacio liminal de las comisiones perpetuas, las interpretaciones y un ciclo de proyección y normalización de las condiciones.

Aunque tengan las mejores intenciones, este tipo de prácticas artísticas caen en la categoría de prédica mundana, lo que deja al público con la sensación de ser menospreciado en lugar de empoderado. O, en el peor de los casos, se utiliza solo como una herramienta para promover estructuras igualmente opresivas. Sin duda, ese tipo de creación artística no posee la carga que el artista quería darle. Mi objetivo no es sentenciar de manera definitiva que estos proyectos fracasaron, sino cuestionar por qué el fracaso nunca parece ser una opción en los espacios defensivos y lingüísticamente limitados de la crítica de videojuegos.

196. Claire Bishop, *Artificial Hells: Participatory Art and the Politics of Spectatorship*, Londres y Nueva York: Verso, 2012, 13.

Aún más inconsistentes son las prácticas de la desarrolladora de juegos y autora Jane McGonigal. Se hizo conocida como defensora y creadora de videojuegos con un supuesto propósito superior, pero en la introducción de su éxito comercial *Reality Is Broken: Why Games Make Us Better and How They Can Change the World* demuestra una hipocresía inquietante.

> Con el correr del tiempo, como resultado de mi investigación, publiqué varios artículos académicos proponiendo cómo podríamos aprovechar el poder de los videojuegos para reinventar todo, desde el gobierno, la atención médica y la educación hasta los medios de comunicación tradicionales, el marketing y el espíritu emprendedor, incluso la paz mundial. Y, cada vez más, me pidieron que ayudara a grandes empresas y organizaciones a adoptar el diseño de videojuegos como una estrategia de innovación: del Banco Mundial, la Asociación Estadounidense del Corazón, la Academia Nacional de Ciencias y el Departamento de Defensa de Estados Unidos, a McDonald's, Intel, la Corporación para la Radiodifusión Pública y el Comité Olímpico Internacional. En este libro, encontrarás información sobre muchos de los juegos que creé con estas organizaciones y, por primera vez, compartiré mis motivaciones y estrategias de diseño[197].

Debemos observar con recelo las colaboraciones con instituciones como el Banco Mundial, McDonald's y el Departamento de Defensa de Estados Unidos que se llevan a cabo con el propósito de generar un "cambio para bien". McGonigal se convierte entonces en agente de las fuerzas regresivas. Habla el lenguaje de la bondad y la amabilidad, sin otro propósito seguramente que el de encubrir algunas prácticas comerciales turbias.

Analicemos esta cita del curador de arte Nicolas Bourriaud:

> Nunca se debe confundir las buenas intenciones con un arte sólido. El compromiso político es un principio, no un fin, ya que las ideas generosas a veces pueden conducir a una obra de arte reaccionaria, contradiciendo las intenciones originales. El arte debe

197. Jane McGonigal, *Reality Is Broken: Why Games Make Us Better and How They Can Change the World*, Londres: Penguin Books, 2010, 11.

empezar a cambiar el mundo mediante el cuestionamiento de sus propias condiciones de producción y difusión[198].

Bourriaud, más conocido por acuñar el término *estética relacional*, ha observado que muchos artistas contemporáneos eligen incorporar la interacción interpersonal como parte de sus obras. Más allá del arte escénico, una variedad de *happenings*, eventos, acciones sociales y espacios para el encuentro son ahora una oferta artística común[199]. Eso expone otro espacio de posible convergencia entre las artes y los videojuegos, ya que estos últimos proporcionan escenarios amplios para la participación, comunicación e interacción interpersonal.

Los artistas que trabajan dentro de los límites de una galería, pero que abordan su práctica de manera crítica, a menudo reconocen las limitaciones de tal compromiso. ¿Deberíamos esperar lo mismo de los desarrolladores de videojuegos? Solo al expresar esos límites podemos desafiarlos y fomentar procesos más ambiciosos. Debemos intentar evitar los errores del mundo del arte, como el hecho de que el arte callejero transforme el grafiti en capital sin tener en cuenta las demandas de las clases sociales que originaron el movimiento. De manera similar, en la estética relacional, las relaciones sociales se pliegan en una mirada, en lugar de galvanizarse en un intercambio productivo[200].

Tal vez las palabras "jugar" o "juegos" restrinjan el progreso del medio, ya que dictan que los videojuegos deberían ser sinónimo de diversión, alegría y recompensas gratificantes, incluso si la estética es espantosa. Los sentimientos de incomodidad y disgusto, de desafío, confusión o de llamada a la acción, son inversiones mucho más engorrosas. Exigir la eficacia de los videojuegos es una tarea difícil, pero a menos que se los cuestione

198. Toke Lykkeberg, "Political Commitment Is a Beginning, Not an End", Kunstkritikk.com, 19 de septiembre de 2016.

199. Nicolas Bourriaud, *Relational Aesthetics*, Dijon: Les Presses du réel, 2002.

200. Malcolm Miles, *The Strange Relation of Art and Politics: Considering an essay by Jacques Rancière*, artículo en la Universidad de Loughborough, para Radical Art Radical Aesthetics, marzo de 2012.

desde esa perspectiva, corren el riesgo de quedarse estancados en el ámbito del capital social y, por extensión, material.

ARTE POLÍTICO HECHO POLÍTICAMENTE

Una característica que redime a un juego como *Papers, Please* es su capacidad para cuestionar nuestro sentido de la culpa. El jugador se enfrenta a dilemas morales a medida que avanza en el juego. Por ejemplo, los jugadores deben decidir si dejan pasar al supuesto cónyuge de un inmigrante, aunque carezcan de la documentación correcta, a riesgo de aceptar a un "terrorista" en el país. Como guardias, los jugadores suelen aceptar sobornos para alimentar a su propia familia. El juego no solo crea un comentario social simplista y sintomático, sino que también obliga a los jugadores a admitir que son parte del problema, haciéndolos sentirse responsables activamente.

Brenda Romero, esposa de John Romero, leyenda de *Doom*, de id Software, y diseñadora de juegos y educadora muy exitosa e influyente por derecho propio, creó una pieza similar en forma de juego de mesa llamado *Train* (2009). En él, los jugadores transportan pasajeros en ferrocarril. Al final (*spoiler*) se revela que el destino definitivo es un campo de concentración nazi y que el jugador, al mover el tren en esa dirección, ha sido cómplice, sin saberlo, de las atrocidades del Holocausto. Los ejemplos anteriores pueden despertar en los jugadores sentimientos de complicidad, en especial si se utilizan como herramientas educativas para los más jóvenes, pero cabe preguntarse si serían eficaces para adultos con opiniones diversas. Después de todo, es posible suponer que la elección del producto por parte del consumidor indica que ya tiene cierta empatía por los temas de estos juegos.

Entonces, el problema que aqueja a la escena de los videojuegos progresivos, más allá de los modos de producción malditos, que se abordan en detalle en el Nivel IV, es el desfase entre su misión declarada y los resultados. Los juegos para el bien son una gran ambición, pero a menudo la ejecución cae en las trampas más obvias del espectáculo y la información proporcionada no contribuye a incrementar la eficacia. Aunque sin duda el mundo del arte enfrenta el mismo problema, algunos ejemplos contemporáneos que utilizan enfoques innovadores se destacan como intentos ambiciosos de encontrar maneras de informar al espectador desde una nueva perspectiva. Tal vez examinar las prácticas de estos artistas proporcione nuevos marcos conceptuales sobre cómo los videojuegos, ya de por sí un medio influyente y potente, pueden profundizar su impacto.

Papers, Please y *Train* recuerdan en cierto modo a la forma en que el artista español Santiago Sierra utiliza la complicidad en sus obras para explorar las complejidades de la migración, la clase y la culpa. Por ejemplo, presentó una *performance* en 2008 en el Tate Modern de Londres, en la que les pagó a mujeres sin hogar el precio de una estancia de una noche en un albergue para que se pararan frente a la pared de la galería durante una hora. En otras *performances*, les pagó a migrantes un salario mínimo para que se sentaran dentro de cajas de madera, se tatuaran o cavaran y rellenaran agujeros en el suelo. Aunque estas *performances* fueron denunciadas de forma pública como explotadoras o problemáticas, los espectadores comprenden rápido que la verdadera injusticia no radica en cómo se trata a estas personas en la exposición, sino en el hecho de que son tratados de manera mucho más cruel en el mundo exterior y que son ignorados por el público en general.

A lo largo de su carrera artística, Sierra recibió críticas frecuentes por el "trato poco ético hacia estos sujetos" y por presentar lo que algunos consideran, con mezquindad, "pornografía de la pobreza". A algunos espectadores les preocupaba que utilizara a las personas implicadas en su arte como simple utilería. Irónicamente, esta línea de reproche aumentó el capital social de esos espectadores que habían malinterpretado el proyecto de Sierra. Él explica lo siguiente:

> En el Kunstwerke de Berlín me criticaron porque hice que las personas permanecieran sentadas durante cuatro horas al día, pero no se percataron de que más adelante en el pasillo el guardia pasaba ocho horas al día de pie. Si creen que es un horror estar

> escondido en una caja de cartón durante cuatro horas, no saben lo que es trabajar. El guardia del museo al que pagué para vivir 365 horas detrás de una pared en una galería en Nueva York me dijo que nunca nadie se había interesado tanto por él y que nunca había conocido a tantas personas. Me di cuenta de que ocultar algo es una técnica de trabajo muy eficaz[201].

El tipo de experiencia que Sierra curó revela la hipocresía de la población que visita las exposiciones. Me detengo en este ejemplo porque este tipo de incomodidad es aún menos apreciada dentro del ámbito de los videojuegos. La comodidad, la seguridad, una transacción conveniente y la resistencia a experiencias arduas: esos son los parámetros preferidos de mi querido medio lúdico. En otras palabras, Sierra no sermonea y dice: "Ah, *vos* deberías estar a la altura"; dice: "*Todos*, como sociedad, deberíamos estar a la altura". Se expone a una crítica muy particular y dolorosa, solo para volver a la cuestión. A diferencia de Pilvi Takala, que también utiliza figuras de la clase trabajadora en su arte, Sierra crea un entorno en el que el espectador se convierte en parte del problema de las condiciones actuales. Takala se presenta como una archivadora, una salvadora, una mártir imparcial, una heroína. Los trabajadores son sujetos, algunos más meritorios que otros, y el espectador es un testigo silencioso de la genialidad y el sacrificio de la artista. Los temas de Sierra, por el contrario, son inequívocos sobre la relación del arte con el trabajo asalariado, la monetización del mundo del arte y el desplazamiento del valor y la explotación en él.

En una de las obras más controvertidas de Sierra, en la Bienal de Venecia de 2003, en su pabellón solo se permitió la entrada a quienes tuvieran pasaporte español, lo que expuso de manera eficaz la difícil situación de millones de personas perjudicadas en la lotería de los pasaporte desde su nacimiento, para quienes es difícil cruzar las fronteras. Una vez más, Sierra creó un espacio de fricción y autoevaluación.

Lo que Sierra hace con mucha eficacia es enfrentar al espectador de una manera inesperada. En un videojuego, la barrera

201. "Santiago Sierra by Teresa Margolles", *Bomb Magazine* 86, 01/01/2004.

para provocar una sorpresa real es increíblemente alta. Los consumidores deben buscar un videojuego particular con su propio conjunto de archivos e instalarlo en su máquina antes de jugar. Los artistas que trabajan en el ámbito público tienen muchas más oportunidades de sorprender al espectador y la manera en que lo hacen podría inspirar a los desarrolladores de videojuegos con conciencia social.

Ahora deseo presentar un tapiz de obras de arte contemporáneo que, en paralelo, recorren exactamente el mismo camino: alcanzar la eficacia. Los siguientes son ejemplos de obras que tienen éxito en términos que pueden resultar útiles para los videojuegos.

Hank Willis Thomas y el doctor Baz Dreisinger exploran la noción de sorprender al espectador en el estudio en curso titulado *Writing on the Wall* (2019). La instalación itinerante está compuesta por ensayos, poemas, cartas, historias, diagramas y relatos escritos por presos de todo el mundo, y se presentó en las calles de varias ciudades, como la High Line de Nueva York, la más prolífica y céntrica hasta ahora. A diferencia de Lucas Pope (autor de *Papers, Please*), Thomas se aseguró de que se invitara a los representantes de distintas organizaciones enfocadas en la reforma de la justicia penal a los eventos públicos de apoyo a la exposición. Un proyecto más sutil en la misma línea es el restaurante y proyecto artístico de Pittsburgh llamado *Conflict Kitchen* (2010), que servía comidas tradicionales de países con los que Estados Unidos estaba en guerra en ese momento. ¿Cuál sería un intento equivalente en los videojuegos de poner de manifiesto una cuestión así? ¿Quizá un juego que solo se pudiera jugar en países con los que Estados Unidos estuviera en guerra? Debemos intentar este tipo de cambios audaces en la forma en que ofrecemos y distribuimos los videojuegos si queremos que el medio madure.

Los videojuegos suelen ser aclamados como una herramienta exitosa para presentar información y datos a nuevos públicos de manera inesperada, pero rara vez se estudian el efecto y la calidad de ese encuentro en un mercado de juegos abierto.

¿Acaso alguien se sorprende particularmente cuando aprende más sobre un tema determinado, por delicado que sea, dada la cantidad de anuncios publicitarios y reseñas de las tiendas que leemos antes incluso de cargar el juego? Por otro lado, pocos estaban preparados para lo que estaba por suceder cuando aceptaron la invitación a la inauguración de una exposición de arte de Hans Haacke. Para su pieza seminal *Shapolsky et al. Manhattan Real Estate Holdings, A Real Time Social System, as of May 1, 1971* (1971), Haacke recopiló pruebas documentadas de corrupción y operaciones con información privilegiada de los hacendados de los barrios marginales de Nueva York. Se dispondrían en las paredes fotografías y una meticulosa cadena de documentos para confrontar al espectador con evidencias de delitos como soborno, lavado de dinero y fraude cometidos por el magnate inmobiliario Harry Shapolsky. La pieza iba a ser mostrada en el Museo Solomon R. Guggenheim de Nueva York, pero la exhibición se canceló seis semanas antes de la inauguración[202]. Los administradores del museo, que en su mayoría tenían conexiones con el mercado inmobiliario de Nueva York, protestaron contra la obra e incluso despidieron al curador, Edward Fry, por apoyarla. En sus obras y aperturas de exposiciones posteriores, Haacke volvió a utilizar el formato investigativo y sorprendió a los espectadores con los resultados de esa investigación. A menudo los visitantes no estaban al tanto de la información que iban a encontrar.

Mark Wallinger también usó su plataforma (en este caso, una exposición en 2007 en el Tate Britain) para concientizar con incomodidad acerca del caso del campamento de Brian Haw, que alguna vez estuvo frente al Parlamento de Westminster. Las draconianas leyes antiprotesta del Reino Unido incluyen la *Serious Organised Crime and Police Act* (SOCPA), que impide que se realicen protestas a menos de un kilómetro de las cámaras del Parlamento. El activista por la paz Brian Haw, quien construyó una ciudad de tiendas improvisadas y un campamento de protesta en el pasto frente al Parlamento, recibió una orden judicial especial. Atraía a los transeúntes con carteles que mostraban

202. Objetos de colección, Museo Whitney de Arte Estadounidense, whitney.org.

las numerosas violaciones de derechos humanos cometidas por los soldados británicos y el gobierno contra el pueblo iraquí durante la invasión de 2003. Haw finalmente falleció en 2011, tras residir en el campamento durante años, y la policía lo desmanteló y destruyó.

Ubicado parcialmente dentro del círculo designado por la SOCPA, el Tate Britain fue el lugar perfecto para reinstalar esta importante pieza de la historia de protesta británica. En las salas neobarrocas de esta pomposa galería, se construyó una reproducción impecable del campamento de Brian, con la adición de imágenes gráficas de bebés deformes que representaban los embarazos amenazados e interrumpidos como consecuencia de las atrocidades de la guerra. Es posible que algunos visitantes de esta institución artística conservadora se sintieran confundidos al ver una reproducción meticulosa de un campamento que solían evitar ver en la calle o que pasaban por arriba de camino a una exposición. Algo que había sido repelente para la mayoría de los transeúntes ahora confrontaba a los espectadores de la galería. Haw, casi sin capital social, no pudo atraer a las multitudes que Wallinger logró convocar. Pero lo más perfecto fue el desplazamiento de esta información crucial, del espacio común al espacio fetichizado de lo extraordinario (sobre todo, a un espacio más conocido por sus pinturas de la realeza del siglo XVI que por las protestas políticas contemporáneas).

El comediante Mark Thomas se acercó aún más a la acción cuando organizó la campaña Mass Lone Demos en 2006. Durante la campaña, Thomas alentó a los miembros del público a solicitar sus propios permisos individuales para llevar a cabo una protesta dentro de la zona SOCPA, todos al mismo tiempo, con el fin de provocar una pesadilla logística para la policía y, en el proceso, exponer lo ridículo de la ley. Casi 2500 personas se presentaron en la plaza del Parlamento a la hora acordada, posiblemente rompiendo el récord mundial de mayor número de manifestaciones en un espacio limitado en un solo día. Esta obra es un excelente ejemplo de la observación de la artista de *performance* Tania Bruguera, quien dijo que el arte político debe "hacerse cuando no está de moda y cuando es incómodo: legalmente incómodo, cívicamente incómodo, humanamente incómodo"[203].

Otra pregunta que me persigue a menudo, dejando de lado los videojuegos políticos que se ejecutan de manera original: ¿no son los videojuegos terriblemente ineficaces a la hora de plantear una cuestión relevante? Consideremos las decenas de personas que trabajan en un videojuego durante cientos de horas y todo el hardware y las tiendas necesarias para su producción y distribución. Las bellas artes tienen una agilidad que los videojuegos a menudo no logran alcanzar.

Wallinger creó un mensaje antibelicista de manera optimizada, pero la obra de arte de *performance* de Chris Burden de 1971 redujo a un segundo el tiempo necesario para exponer un argumento. En una galería de California llena de cubos blancos, Burden le pidió a un amigo que le disparara. Burden se paró contra una pared blanca, con una remera blanca y jeans, y apenas se inmutó cuando recibió el disparo de un rifle calibre 22 en el hombro izquierdo a cuatro metros de distancia. Se tomaron algunas fotografías y se aplicó un primer vendaje en la herida. Burden conversó tranquilo con los participantes de la muestra antes de ser trasladado al hospital para recibir asistencia médica. Fue una declaración antibelicista bien lograda, pero fue aún más eficaz como crítica visceral a la brutalidad policial, el racismo y la violencia armada. El hecho de que el disparo tuviera lugar entre las paredes inmaculadas de una galería de arte elegante protegió a los sujetos de la intervención de la policía y el Estado. El mismo acto cometido fuera de este contexto habría tenido consecuencias completamente diferentes, en especial si Burden no hubiera sido un hombre blanco, privilegiado y en boga.

Estas piezas gráficas y maravillosamente mínimas de *performance* rebosan de una sencillez que los videojuegos no pueden lograr. El hardware, las largas etapas de planificación, la producción y distribución del videojuego son todos procesos engorrosos que a veces llevan años y cuestan millones. De manera similar,

203. Tania Bruguera, "Political Art Transforms the Audience Into Citizens", *Texte Zur Kunst* 80, 2010, 133-5.

Tehching Hsieh se dedica a bellas artes mucho más complejas y que difícilmente podría calificarse de eficaces. En sus *performances*, Hsieh se compromete a pasar un año exacto en circunstancias extremas. En una ocasión, pasó un año en Nueva York sin entrar en ningún espacio que tuviera techo. En su colaboración artística con la artista Linda Montano, pasaron un año conectados el uno al otro por una cuerda de dos metros y medio (luego, no volvieron a hablarse). En su *performance* más crucial y extrema hasta la fecha, Hsieh se fotografió introduciendo una tarjeta en un reloj de fichar cada hora durante un año. Eso significaba que nunca podía dormir más de 59 minutos seguidos ni alejarse más allá de un radio aproximado de treinta minutos del reloj de fichar.

Este tipo de dedicación puede compararse con los meses y años que los desarrolladores de videojuegos dedican a crear sus proyectos, a veces para sí mismos en el caso de una carrera independiente, a veces trabajando horas insoportables para un jefe. Quizá la falta de un artista torturado e idealizado sea solo una barrera más para que se tome en serio a los miembros de la industria de los videojuegos, no solo por las horas trabajadas, sino también por su proceso creativo: pensemos en Van Gogh o Pollock.

Por último, los videojuegos no son una industria que haya estado interesada en crear obras que hagan referencia a sus propios fracasos. La compulsión de crear la próxima gran novedad, inspirada por Silicon Valley, sofoca cualquier tendencia a mirar hacia adentro y evaluar si nuestro trabajo es útil o legítimo. Una industria más sana podría aceptar esa autocrítica y tener un mercado para ella. Los creadores de videojuegos que sí cuestionan los límites de cómo se enmarca el medio permanecen en los márgenes, y cuanto más profunda es la crítica a los métodos de producción necesarios para disfrutar de los juegos, más se los margina.

Un medio seguro que no se percibe a sí mismo como particularmente dañino no sentiría la necesidad de justificar sus propios méritos. A pesar de todos sus defectos, los videojuegos están libres de algunos de los males del mundo del arte. Por ejemplo, los videojuegos no sufren el preciosismo y las desigualdades que conlleva el fetichismo del aura de una obra de arte, es decir, la insistencia en que evoque una sensación o atmósfera única y distintiva por el mero hecho de existir en un tiempo y espacio determinados, que son exclusivos e irrepetibles. A su vez, da lugar a un mercado de la escasez: cuanto más rara es una obra (o diversas agencias de relaciones públicas del arte contemporáneo la elogian como tal), más cara es y, por supuesto, necesita protección. Tal protección mercantilizada del aura culmina con las obras maestras encerradas en cajas fuertes con control de temperatura o utilizadas para evadir impuestos y lavar dinero, y rara vez exhibidas al público[204]. Los videojuegos son mucho más democráticos en ese sentido, ya que son accesibles para muchos y, cada vez más, para la mayoría, son fáciles de piratear y están libres de la grandiosidad o la escasez especulativa del arte.

Sin embargo, el mundo del arte, a pesar de toda su complacencia, sobresale en la crítica institucional, un subgénero que evalúa y juzga a la propia industria artística. Por ejemplo, las piezas de *performance* de Andrea Fraser que arrojan luz sobre la hipocresía de las mismas estructuras que inevitablemente la exaltarán, algo que rara vez se ve en los videojuegos, incluso en los diseños más radicales. Para *Museum Highlights: A Gallery Talk* (1989), Fraser interpretó a una guía de museo que daba un recorrido de la colección del Museo de Arte de Filadelfia. Pero en lugar de comentar las obras de arte, hablaba sobre el presupuesto del museo, los salarios de su personal y el papel del patrocinio corporativo en el financiamiento de las exposiciones. En *Official Welcome* (2001), Fraser, en la inauguración de su propia exposición en Hamburgo, parodió el lenguaje inflado que se utiliza para describir el arte contemporáneo y los precios absurdos que los coleccionistas pagan por él. Durante la *performance*, fue carismática; su humor y las burlas a la industria del arte contemporáneo fueron astutas y autocríticas. Se desnudó y se volvió a vestir, y al final de la *performance*, estaba visiblemente conmovida hasta las

204. Para saber más sobre dónde guardan los ricos sus vastas colecciones, leer acerca del Geneva Freeport y Le Freeport en Singapur. El primero alberga una colección tres veces mayor, según el *New York Times*. “Alberga” es una palabra generosa: las instalaciones son simples contenedores de alta gama a los que solo pueden acceder los guardias de seguridad y los propietarios.

lágrimas: expuesta, poderosa, atrapada en una maravillosa dialéctica de adoración y repulsión.

En 2003, sorprendió al mundo del arte al sostener frente a él un espejo en su *performance Untitled*. Con la ayuda de la galería Friedrich Petzel, Fraser llegó a un acuerdo con un coleccionista de arte anónimo y cobró 20 000 dólares por tener relaciones sexuales con él en una habitación de hotel. El encuentro fue grabado. Se produjeron cinco copias del DVD de sesenta minutos, tres de las cuales forman parte de colecciones privadas, incluida la del coleccionista con quien tuvo el encuentro. La obra causó furor en la escena artística por sus métodos radicales, aunque *Untitled* no hacía más que plasmar de otra forma muchas de las transacciones y relaciones del mundo del arte.

PERO ¿TE PROHIBIRÁN?

Este tipo de autocrítica urgente rara vez ocurre o se fomenta en la industria de los videojuegos. Si bien muchos videojuegos hacen referencia a sí mismos y al medio, muy pocos se atreven a desafiar de verdad a la industria de los videojuegos como institución de manera significativa. Sin embargo, los que lo hacen son recibidos con frialdad por los expertos de la industria. Por ejemplo, la práctica del desarrollador italiano Molleindustria ha sido uno de los proyectos más largos de creación de videojuegos explícitamente contraculturales y de izquierda. El artista detrás del proyecto, Paolo Pedercini, creó numerosas piezas que critican varios aspectos del capitalismo, como *Tamatipico* (2003), basado en la vida de un trabajador y producido en apoyo al referéndum italiano de 2003 sobre los derechos de los trabajadores, o *McDonald's Video Game* (2005), que retrata el funcionamiento interno de la industria de la comida rápida.

Pero en *Phone Story* (2011) Pedercini brinda el ejemplo más impresionante y desgarrador de un videojuego que confronta sus modos de producción y distribución. Este juego para dispositivos móviles está compuesto por cuatro minijuegos distintos que asignan a los jugadores una tarea diferente relacionada con el proceso explotador de producir los dispositivos móviles en los que se juegan los videojuegos. Incluye forzar a niños de países en desarrollo a extraer coltán y evitar suicidios en una fábrica de Foxconn. El sitio web de *Phone Story* contiene información detallada sobre los problemas que se retratan en el juego y todas las ganancias de la venta de la aplicación se destinan a organizaciones benéficas laborales, incluida una donación de más de 6000 dólares a una niña herida en un intento de suicidio en una fábrica de Foxconn. A las pocas horas del lanzamiento de *Phone Story*, Apple prohibió el juego en su tienda digital. El juego aún existe en las grandes tiendas de Android, que hacen poco para aliviar las brutales condiciones laborales que el juego critica. Este juego mete el dedo en la llaga de estas instituciones inseguras, que hacen todo lo posible para ocultar sus crueles métodos de operación.

No es fácil que videojuegos tan subversivos lleguen a su público. En 2018, Valve Corporation anunció que eliminaría los juegos que se consideraran "ofensivos, ilegales o directamente troleo" de Steam, la tienda en línea más grande del mundo para juegos de PC, que ellos poseen y operan. Aunque esta norma es comprensible en los espacios en línea que albergan tanto contenido obsceno y no regulado, en especial en las redes sociales, es menos relevante para una tienda especializada. Una plataforma que exhibe lo mejor de los videojuegos no debería tener miedo de alojar contenido que podría considerarse ilegal: basta con ver las prácticas del artista callejero Banksy o de la artista de *performance* Tania Bruguera. En 2009, Bruguera invitó a críticos de arte famosos a su exposición y les ofreció líneas de cocaína pura para resaltar la terrible situación de aquellos involucrados en la producción de la droga, que los miembros del mundo del arte consumen con tanta frecuencia. Técnicamente, hacer grafitis y repartir drogas de clase A son actos ilegales, pero en el contexto adecuado proporcionan un reflejo excelente y necesario sobre la sociedad en la que vivimos. Es cierto que las áreas públicas e instituciones son espacios mucho más abiertos a la negociación que las tiendas digitales privadas. Pero si los creadores de videojuegos tienen ambiciones serias de traspasar límites culturales y producir arte innovador con sus creaciones, deben entablar una conversación crítica sobre dónde se alojan esos juegos.

El hábito de prohibir juegos de las tiendas no solo se aplica a los materiales ilegales, sino también a los juegos controvertidos o que se dedican a burlarse de las críticas (lo que Valve llamó "troleo"), un parámetro muy amplio que abarca gran parte del arte (y la mayoría de la escoria, sin duda). Lo que se considera "ofensivo" puede ser interpretado de manera diferente por las comunidades marginadas y por las élites, y las críticas a estas últimas pueden ser descartadas con facilidad bajo tales normas. A menos que se establezcan nuevas definiciones, las tiendas de videojuegos pueden borrar de forma sistemática la disidencia y el trabajo de los creadores que salen de los esquemas tradicionales. Por ejemplo, hubo protestas comprensibles cuando la App Store de Apple prohibió *La Petite Mort* (2016), del estudio danés Lovable Hat Cult, que invita al jugador a simular relaciones sexuales en una serie de vulvas abstractas con el fin de provocar un orgasmo. Lo que debería haber sido un juego educativo que explora la satisfacción física, las sensaciones y el rendimiento de las personas con vulvas se convirtió en un detonante de pánico moral de las tiendas conservadoras que buscaban curar las colecciones más seguras posibles.

Entre otras aplicaciones rápidamente eliminadas de la App Store está *I Am Rich* (2008), que no tenía casi ninguna función, pero se vendía por un precio exorbitante de 999,99 dólares (equivalente a más de 1400 dólares al momento de escribir estas líneas). El juego simplemente funcionaba como una especie de símbolo de estatus, una grotesca extensión del propio estatus del iPhone. Se vendieron ocho copias de la aplicación antes de que fuera retirada de la tienda, lo que refleja de alguna manera el trabajo del artista Carl Andre, que también jugó con el concepto de precio y, en una ocasión, decidió vender sus obras por el 10 % de los ingresos del comprador. "Me decepciona que los artistas no intenten jugar con el mercado de esa manera. Todos dejan que el distribuidor fije el precio. En ese sentido, creo que los artistas renunciaron a un papel que podrían desempeñar", comentó el curador Ralph Rugoff sobre el trabajo de Andre[205]. Debido a la proximidad que tienen con sus clientes, facilitada por las tiendas digitales que permiten a los creadores controlar los precios, los creadores de videojuegos independientes han sido creativos en este ámbito.

LAZA KNITEZ!! (2014) es un trepidante juego de justas a muerte para hasta cuatro jugadores. Con once megabytes, es diminuto, pero su modelo de compra es una gran declaración de intenciones. El equipo había debatido acerca de la mano de obra y otros sacrificios que conlleva la creación de videojuegos, y decidieron ponerle un precio de 100 dólares, con un descuento del 98 % durante los primeros cinco años. En 2019, el juego que antes costaba 2 dólares subió al precio previsto al comienzo, de 100 dólares, lo que resultó en un comentario satírico sobre el estado de la longevidad de los juegos, o la falta de ella, la fijación de precios y las prácticas de ventas[206]. El trabajo, las horas y la emoción invertidos en crear un juego rara vez se reflejan en el precio o en las ganancias obtenidas; la realidad del mercado es tal que la gran mayoría de los juegos lanzados fracasan y, en el caso de los exitosos, quienes tienen los derechos sobre ellos son los que se llevan todas las ganancias. Por lo tanto, *LAZA KNITEZ!!* especula con el estado en el que se encuentra la industria.

Como Carl Andre, los autores de *Oikospiel Book I* (2017), un juego sobre "paisajes vertiginosos, literatura clásica, sistemas operativos, ópera y la necesidad de sindicatos perrunos", también tuvieron un sistema de fijación de precios autocrítico y astuto[207]. Los jugadores debían completar un formulario en el que declaraban sus ingresos y la cantidad de miembros en su hogar para generar el precio que pagarían por el juego. Luego, se invitaba a

205. Kolja Reichert, "The Vacuum Cleaner Effect", *Arts of the Working Class*, 3 de diciembre de 2019.

206. Ian Walker, "After Being 98% Off for 5 Years, This Indie Game Is Going Up to $100 Forever", Kotaku.com, 16 de octubre de 2019.

207. Alec Meer, "Grab a Free Dog Opera from The Proteus Musicman", *Rock Paper Shotgun*, 4 de marzo de 2019.

los posibles compradores a girar una turbina de viento bidimensional aparentemente sin sentido, usando el cursor, para reducir algunos centavos del precio. Tanto *LAZA KNITEZ!!* como *Oikospiel Book I* fueron celebrados por la prensa especializada, a diferencia de *I Am Rich*, que tiene una presentación más mínima y vulgar. La prensa tradicional se hizo más eco de este último, pero solo con respecto al intento de arbitrar la extraña economía de las aplicaciones digitales.

La historia del arte moderno está marcada por una constante tensión entre los artistas que empujaron los límites y fueron considerados inmorales o irritantes y los guardianes de la moralidad cultural y la ideología dominante. En el ámbito de los videojuegos, ese sentimiento floreció en los primeros días de Internet y ahora está más institucionalizado gracias a pequeños minoristas en línea independientes, como itch.io. Introducir y ampliar esta selección de modo que sea parte de las corrientes populares será beneficioso para los videojuegos a largo plazo.

Aun así, es importante subrayar que las prácticas críticas como las de Sierra y Fraser hoy en día no solo son toleradas, sino que se las invita específicamente a ser parte de la escena artística de élite, las bienales internacionales y los circuitos mundiales de galerías de alto nivel. La crítica que plantean está casi por completo contenida en el medio, es nutrida y celebrada, y representa poco peligro para el mundo del arte que acoge estas exposiciones. La mayoría de estas prácticas son parte de colecciones artísticas elevadas y son codiciadas por los curadores más reputados. Conscientes de sí mismas, autorreferenciales y críticas de un modo estéticamente agradable, estas prácticas se integran en el mundo del arte y aumentan el prestigio de la industria artística.

Los juegos como *Phone Story*, en cambio, son apartados de los estantes más visibles de las tiendas. No se promocionan y son considerados una abominación más que una invención ingeniosa. Muy pocos en los medios especializados o distribuidores calificarían este tipo de trabajo como algo más que una novedad simbólica o un incordio, en lugar de considerarlo un valioso componente de la crítica institucional. Y ahí radica el tipo de potencial subversivo que parece haber sido neutralizado por el mundo del arte, que lo acepta todo.

Un juego que cuestiona la forma de jugar de manera eficaz es *Send Me to Heaven* (2013). El juego utiliza el acelerómetro del dispositivo (en general, un teléfono móvil) con el que juega el público para medir la puntuación, calculada en función de la altura a la que el jugador lo lanza al aire. Los usuarios de esta aplicación compiten entre sí intentando lanzar sus teléfonos más alto que los demás, a riesgo de dañar o incluso destruir sus dispositivos. Apple volvió a mostrar su suspicacia al prohibir la aplicación en App Store. Aún puede descargarse en Google Play, donde cuenta con numerosos fanáticos devotos.

De manera similar, *Lose/Lose* (2009), un videojuego de disparos de arte lanzado para Mac OS por el diseñador estadounidense Zach Gage, invita al jugador a controlar una nave espacial y disparar a alienígenas a su paso casi sin dificultad. Sin embargo, con cada alienígena abatido, el juego borra un archivo aleatorio en la computadora Mac del jugador de forma permanente, lo que puede dañar el sistema operativo. El juego cobró notoriedad por su mecánica tipo ruleta rusa y la codiciada tabla de clasificación: ¿cuánto tiempo podría durar el jugador antes de que su computadora quedara inutilizada?

Estos ejemplos representan el arte en su forma más intrigante: subversivo, peligroso, arriesgado, generoso, con diversas interpretaciones y resultados. Pero tales experimentos extremos o abstractos no son lo único interesante acerca de la intersección entre los videojuegos y la política. *Untitled Goose Game* (2019) está protagonizado por un ganso molesto que siembra el caos en un tradicional pueblo conservador inglés. El juego atrae al jugador con una estética relativamente segura y simpática y un protagonista discreto. Su giro repentino hacia la travesura subversiva puede generar intriga en los jugadores, que tal vez no estaban preparados para las confabulaciones anarquistas y el incitamiento descarado al caos. Un porcentaje de las ganancias del juego financió campañas de resistencia indígena en Canadá. El ganso rápidamente se convirtió en un meme de izquierda, relacionado en particular con el Brexit.

El megaéxito de 2019 *Disco Elysium*, del estudio estonio-británico ZA/UM, es considerado uno de los videojuegos políticos más poderosos y exitosos del momento. Este proyecto independiente, tras un proceso de desarrollo arduo que supuestamente duró años en el que participaron al menos nueve guionistas, adoptó los diálogos y la mecánica de los juegos de rol para contar una historia definida por su amplitud y matices. Mientras el jugador controla al protagonista, el detective Harrier "Harry" Du Bois, el juego lo invita a empatizar con personajes no jugables de todos los ámbitos de la vida y con diversas inclinaciones políticas. Los jugadores de ambos extremos políticos pudieron encontrar algo en este juego y conocieron a sus oponentes en el proceso. Los creadores introducen políticas revolucionarias comunistas profundas a lo largo de las diversas tramas y subtramas de forma dosificada, pero nunca lo hacen de manera brusca ni con la intención de dirigirse solo a su propio bando. Este juego trata sobre todo acerca del propio descubrimiento político y espiritual del jugador, por lo que la sensación de ser capaz de elegir guía la narrativa, más que la proyección de los valores de los creadores. El diseño del juego y los trucos narrativos dejan espacio para una persuasión fluida, sin compromisos y constante.

Un jugador lo describe de la siguiente manera: "Para abordar el fascismo, *Disco Elysium* no muestra por qué está mal, sino por qué es atractivo. Lo muestra desde su lado más fuerte, no desde el más débil. De ese modo, es un juego antifascista mucho más honesto"[208]. También incluye un vistazo a la crítica institucional que escasea en los videojuegos: en un momento, el protagonista se enfrenta a los fracasos de un estudio de videojuegos independiente ficticio, lo que en parte hace referencia a los inicios del estudio real, pero también presagia las peleas internas y la salida dramática de algunos de los creadores reales del juego[209].

208. wally b kleeposting, @kleeposting, Twitter, 5 de marzo de 2023.

209. "A Response to PMG's Disco Elysium Investigation", YouTube, publicado por stushi, 12 de junio de 2023.

LA CULTURA COMO HERRAMIENTA, NO SOLO COMO SIGNIFICANTE

Presentar información de formas innovadoras es uno de los métodos clave que los videojuegos políticos utilizan para justificar su existencia. *A Hand with Many Fingers* (2020) intenta hacerlo de una manera no muy diferente a la práctica mencionada de Hans Haacke. En este caso, el jugador se adentra en una trama intrincada de conspiración y corrupción de la CIA en el mundo real, y debe analizar documentos reales, leer notas y revelar secretos enterrados para avanzar en la narrativa. El juego ofrece un viaje estimulante a través de temas como la autoridad, el secretismo y la implicación institucional. Una vez más, se podría cuestionar la eficacia de dicha presentación, pero el hecho de que los jugadores revisen el material ellos mismos y descubran los secretos hace que se involucren más con respecto a la información descubierta. En 2018, *Vice* y otros medios cubrieron un pequeño y maravilloso juego de aventura con texto de Kris Ligman titulado *You Are Jeff Bezos*, en el que el jugador recibe una variedad de opciones de compra virtual, como el último iPhone, joyas, suscripciones vitalicias a diversos objetos codiciables, autos y mansiones. Pronto se vuelve evidente lo tedioso que es gastar todo este dinero. Muchos clics después, apenas se ha hecho mella en la riqueza del multimillonario.

Desde que vi la cobertura del juego por primera vez, el ejemplo más intrigante de un videojuego político para mí ha sido *The Uber Game* (2017). La trama es la de un simulador de Uber: el jugador se pone en los zapatos de un conductor independiente, que pasa el día llevando por la ciudad a pasajeros, a veces difíciles, y que gana dinero con la App de Uber. Algunos trucos de escritura ingeniosos permiten que los jugadores entablen una relación emocional con el personaje principal, todo en un juego rápido de diez minutos. Las cifras parecen bastante provechosas hasta que, al cabo de unos días (*spoiler*), hay que pagar los gastos de mantenimiento del auto, la nafta, el seguro, los arreglos y la comisión de Uber. El conductor se queda en el bolsillo con una pequeña fracción del total, que representa solo la mitad del salario mínimo.

Aunque está bien hecho, el contenido no es más fascinante que el de los juegos que suelo criticar: no se trata de una mecánica de juego revolucionaria, ¿no? Lo que se destaca es la ubicación del juego: fue encargado por el *Financial Times*, una publicación prominente de centroderecha, y se puede jugar gratis en su página web. Al fomentar un vínculo sentimental entre el jugador y el personaje, y luego introducir un mensaje progresista a través de ese impactante final, el juego tiene muchas más posibilidades de provocar un cambio de mentalidad real. Lo que es más importante, apunta a jugadores que no necesariamente serían solidarios con un conductor de Uber. En otras palabras, los desarrolladores evitaron el momento de "¡esto va a ser muy gracioso!". Es probable que el lector promedio del *Financial Times* no estuviera preparado para el remate, y precisamente por eso es tan poderoso.

The Uber Game y *Phone Story* ponen de relieve la cuestión acerca de si, de hecho, son el diseño, la estética y la mecánica de un juego los que crean un argumento político persuasivo, o si en este caso el método de distribución es clave. *The Uber Game* hubiera sido mucho menos eficaz si se lo hubiera presentado a los lectores de *The Guardian*, que ya son de centroizquierda, o si hubiese estado en una tienda de juegos neutral, donde probablemente lo habrían elegido jugadores progresistas que no necesitan ser convencidos de que los conductores de Uber merecen un trato mejor. ¿Podría ser, quizá, que entre las muchas otras técnicas descritas aquí, los modos de difusión y la sofisticación del marketing sean algunos de los factores más fuertes para generar un cambio de mentalidad real?

Por otro lado, ¿cómo pueden los juegos convertirse en herramientas para el cambio social, en lugar de ser meras declaraciones o piezas de propaganda? Una vez más, lo relaciono con una práctica artística. El artista polaco Krzysztof Wodiczko convirtió carritos de compras comunes en espacios de almacenamiento que se desplegaban en forma de camas. Luego los distribuyó entre los residentes en situación de calle de la ciudad de Nueva York. En 2005, la artista argentina Judi Werthein creó Brinco, una marca de zapatillas, y las regaló a las personas que intentaban cruzar la frontera en Tijuana, México, de manera ilegal. Las zapatillas incluían una linterna, una brújula y bolsillos para esconder dinero y medicamentos. En una plantilla extraíble había un mapa del área fronteriza de Tijuana. Al mismo tiempo, al otro lado de la frontera, en California, vendía las zapatillas como objetos de arte de edición limitada por 200 dólares el par. Parte del dinero generado fue destinado a un refugio en Tijuana que ayudaba a migrantes necesitados. La zapatilla forma parte de la colección permanente del Tate Modern. Estas piezas proporcionan medios reales de solidaridad y para la implementación de valores morales. En lugar de ser meros significantes, se convierten en objetos ideados y movilizados eficazmente para promover el cambio.

En principio, nada impide que los juegos hagan lo mismo, en especial, dada su profunda huella digital y capacidad de presentación original. Pero, de alguna manera, prácticamente no se invierte un esfuerzo genuino. Sí, el aspecto informático puede verse como una limitación, pero no falta espacio para la innovación, o quizá la faceta digital pueda resultar más poderosa en algunos aspectos. En lugar de minar criptomonedas para blanquear dinero, ¿podría utilizarse potencia informática más limpia para automatizar algún tipo de activismo digital? Ya lo dirán el tiempo y los niveles de creatividad en esta área. También debería analizarse el eje de la eficacia, no solo la afiliación política, para evaluar las posibilidades de generar acción a partir de la inacción.

Para ser claros, a veces otros medios tampoco logran ser muy útiles o prácticos. Claire Bishop señala lo mismo sobre algunos aspectos del mundo del arte. Detecta que los logros sociales percibidos de una obra de arte político nunca se comparan con los de los proyectos sociales de la vida real. En cambio, obtienen valor crítico en oposición al arte más tradicional o abstracto, que no se preocupa por salvar el mundo. El arte con conciencia social valida su propia existencia precisamente porque no se presenta como "artístico". La aspiración siempre es ir más allá del arte, pero nunca al punto de compararlo con proyectos similares en el ámbito social[210]. En lugar de indagar sobre la eficacia, la tendencia es comparar los proyectos de los artistas con los de otros artistas sobre la base de la superioridad ética. El arte contemporáneo, como se destacó al principio de este capítulo, también puede rezumar mediocridad. Sin embargo, la capacidad de experimentación e indagación, en lugar de limitarse a la creación de productos, sigue siendo mucho más amplia en el sector artístico.

Es sencillo exponer la corrupción y las intrincadas hipocresías que empañan a los artistas con conciencia social y a las galerías y bienales que los exhiben, financiadas con dinero procedente de las partes más oscuras de la economía contemporánea. El Tate y el Museo Británico llevan a cabo grandes campañas de relaciones públicas en torno a su trabajo de diversificación del elenco de artistas que exhiben y, al mismo tiempo, reciben dinero de los oligarcas que empobrecen a las clases oprimidas del mundo.

A pesar de ello, existen enclaves de artistas que renuncian al capital social y material en pos de la sostenibilidad o pureza, en cierto sentido. Aunque el antropólogo David Graeber dedicó la mayor parte de su carrera a examinar las formas de economía e historia, sus reflexiones sobre la soberanía del artista también son acertadas:

> Los artistas y aquellos atraídos por ellos crearon enclaves en los que ha sido posible experimentar con formas de trabajo, intercambio y producción radicalmente diferentes de las promovidas por el capital. Si bien no siempre son revolucionarios de manera consciente, los círculos artísticos han tenido una tendencia persistente a solaparse con los círculos revolucionarios; tal vez precisamente porque han sido espacios donde las personas pueden experimentar con formas de vida radicalmente diferentes y menos alienadas. [...] Muchos artistas son muy cínicos acerca de lo que hacen. Pero incluso los más idealistas solo pueden sentir que están logrando algo cuando son capaces de crear enclaves, por pequeños que sean, en los que pueden experimentar con formas de vida, intercambio y producción que son, si no comunistas (a menudo lo son), al menos tan alejadas de las formas

210. Claire Bishop, *Artificial Hells: Participatory Art and the Politics of Spectatorship*, Londres y Nueva York: Verso, 2012, 19.

que suele promover el capital como cualquiera puede llegar a experimentar[211].

¿QUÉ DIRÍA ADORNO?

Analizar las dificultades y los éxitos de la eficacia política del mundo del arte puede ser un ejercicio útil, pero los juegos también plantean desafíos únicos. Algo en los juegos y muchos de sus diseños apunta a fallas más fundamentales. Mis sentimientos contradictorios hacia el medio continúan cuando observo que a veces su diseño está en el fondo vinculado a la competencia y la acumulación, lo que justifica y valida muchas experiencias bajo sistemas capitalistas. Siempre detrás, ansioso por avanzar, esforzándose para tener éxito, ganar o simplemente sobrevivir. Incluso los juegos sanos, despojados de todas esas mecánicas, tienden a someternos a la inacción. El teórico Theodor Adorno nos recordaría aquí que gran parte del entretenimiento es un ritual en el que los subordinados celebran su sumisión.

Como actividad recreativa, el filósofo de la Escuela de Fráncfort insistiría sin duda en que los juegos refuerzan y destacan nuestra propia posición como mercancía permanente en el mercado laboral. Ofrecen unas pocas horas de relajación a través de productos comprados, con dinero que se nos da, por lo que tenemos menos tiempo para expresarnos y jugar de verdad. El tiempo libre no es más que una sombría continuidad del trabajo[212]. El trabajo en pantalla y el ocio se fusionan. Completamos tareas en piezas de hardware que, en el fondo, generan más trabajo para nosotros, y cada segundo de nuestra interacción con ellas aumenta las ganancias que se utilizarán para hacer nuestras vidas aún más miserables.

211. David Graeber, "The Sadness of Post-Workerism, or 'Art and Immaterial Labour'" en *Revolutions in Reverse: Essays on Politics, Violence, Art, and Imagination*, Londres y Nueva York: Minor Compositions, 2011, 98.

212. Theodor Adorno, *The Culture Industry: Selected Essays on Mass Culture*, editado por J. M. Bernstein, Londres: Routledge, 1991, 168.

Adorno no está solo, ya que los pensadores modernos ofrecen una crítica similar:

> Los juegos pueden ofrecer un sentido de orden y control, un momento de recuperación y un sentido de escape de la inseguridad, la desigualdad y la tensión causadas por los sistemas capitalistas, pero estas mismas cualidades también tienen el potencial de atrapar al jugador en espacios de juego que están menos relacionados con los poderes creativos del juego y más con calmar las ansiedades de los ciudadanos en espacios de ocio comercial sancionados[213].

Los trabajadores con ingresos discrecionales por ocio pagan para entretenerse, para ser compensados por el aburrimiento de sus vidas laborales. Alucinados y preocupados de manera colectiva por sobrevivir en lugar de derrocar las estructuras que engendran nuestro sufrimiento, estamos atrapados en nichos de cultura como el único espacio que tenemos alguna posibilidad de controlar. En ausencia de autonomía material, los enclaves del entretenimiento y la cultura popular se presentan como arenas en las que las personas irrelevantes pueden enfrentarse o despertar la admiración que con frecuencia escasea en nuestras experiencias cotidianas alienadas.

Incluso jugar, una actividad que antes era relativamente privada, se mercantilizó hasta volverse irreconocible. Todo tipo de imagen posible (fijas, en movimiento y con las que se pueda jugar) se comercializa, se consume y se vende en beneficio del propietario, a través de terceros que sacan una tajada del negocio[214]. Con el auge de las aplicaciones de inteligencia artificial impulsadas por el mercado, ni siquiera es necesario ser propietario de la imagen para controlarla, manipularla y beneficiarse de ella. Las imágenes prevalecen sobre lo real, lo que crea un pseudomundo que oscurece el mundo real. Los juegos son una colección de

213. Jennifer R. Whitson, "Book Review: Graeme Kirkpatrick, Computer Games and the Social Imaginary, Cambridge, Polity Press, 2013", *Canadian Journal of Sociology*, 2014.

214. *Ibid.*

imágenes con las que se interactúa, lo que transforma al individuo en un espectador pasivo y consumidor al mismo tiempo.

En una cultura superficial como esta, la representación de un artista o una obra de arte a menudo es más significativa que la obra o el propio artista. Un artista con más capital social podría tener un perfil público más amplio e influyente, lo que, una vez más, lleva a un mayor éxito. Este tipo de supremacía de las imágenes significa que las campañas de marketing de los videojuegos, los esfuerzos de relaciones públicas e incluso el capital social de los desarrolladores o estudios juegan un papel importante en la formación de las expectativas y reacciones de los consumidores. Los videojuegos progresivos no están exentos de esta máquina del espectáculo y su eficacia se mide más por la cantidad de personas que descargan el producto y los premios que gana el autor que por los cambios que inspiran en el mundo real.

El teórico cultural Walter Benjamin advirtió que no basta con hacer pasar algo por "contenido revolucionario" si se siguen utilizando las relaciones de producción contemporáneas. En su obra seminal "El autor como productor" (1934), argumentó que es esencial que el autor, el artista o el activista se convierta en un productor consciente, alguien que considere y evalúe su propio trabajo, y su relación con los medios formales de producción, de una "manera verdaderamente revolucionaria"[215]. Eso se vuelve fundamental cuando tomamos en serio los métodos involucrados en la creación de videojuegos (esa será la batalla del Nivel IV). Cualquier producto que tenga la ética como argumento de venta nunca podrá ser verdaderamente válido si dicha ética niega las condiciones necesarias para que ese producto exista. Además, el juego corre el riesgo de parecer siniestro si insiste en su propio valor.

No debería ser una opinión controvertida: si un artista o un desarrollador de juegos toman en serio la eficacia de su obra y la venden sobre la base de ese mérito, debe ser igual de consciente

215. Walter Benjamin, "The Author as Producer", incluido en *Walter Benjamin: Selected Writings, Volume 2: 1931-1934*, Cambridge: Harvard University Press, 2005.

acerca de los métodos por los que dicha obra ha llegado a existir. A nivel personal, me reprochan que haya sugerido que las colaboraciones con instituciones o productos que promueven la desigualdad y la destrucción, a la vez que intentan vender su propia causa progresista, son erróneas[216]. La necesidad de capital social, en lugar de la resolución sistemática e institucional de las injusticias, aún domina gran parte de esta industria. La esperanza es que se trate de una disputa temporal que se da mientras trabajamos para encontrar métodos nuevos y fiables de reestructurar la manera en que hacemos juegos y señalamos la política en ellos. Sin embargo, mientras tanto, puede ser un camino desmoralizador y agotador.

Incluso en el ámbito artístico de alto nivel, muy pocos profesionales se sienten impulsados a adherir a gran parte de las directrices de Benjamin. Me viene a la mente Hito Steyerl: la cineasta y artista de la imagen en movimiento está interesada en producir obras y exhibiciones neutras en carbono, así como en limitar el número de compradores de sus obras en función de su ética[217]. Steyerl cita con frecuencia la literatura históricamente materialista como un marco de integridad que le proporciona un desafío y un sentido de seguridad. Si bien no pretende trabajar para alcanzar un público fuera de la sofisticada escena artística, Steyerl da importancia al cultivo de una ética en los propios procesos de sus expresiones artísticas. Los videojuegos son una expresión clásica del *modus operandi* capitalista: apoderarse del juego, una parte del crecimiento cognitivo y la interacción básica de los seres humanos, y apropiarse de ello para la especulación, la explotación y todo lo que conlleva una búsqueda obsesiva de ganancias. Una actividad que en sí misma no debería ser moralizada (jugar en pantallas digitales) hoy depende de rutas explotadoras para fabricar esos productos, lo que los contamina casi de

216. Como criticar la estrecha relación entre el corrupto Banco Barclays y las partes progresistas de la industria de los videojuegos en el Reino Unido.

217. Philip Oltermann, "Post-Internet Artist Hito Steyerl on Refusing Honours, Buying Her Work Back–and Fighting Big Tech", *The Guardian*, 13 de junio de 2023.

manera automática. Ante casi ninguna opción, estamos atrapados en una relación de consumo pasivo, entretenidos en un circo no solo mientras el mundo se prende fuego, sino también mientras lo quemamos nosotros mismos, cada vez que presionamos un botón. "La autoalienación de la humanidad ha alcanzado tal grado que puede percibir su propia destrucción como un placer estético de primer orden", escribió Benjamin[218]. Los videojuegos son extremadamente buenos en ese aspecto. ¿Existen alternativas para el medio más allá de eso?

218. Walter Benjamin, *Walter Benjamin: Selected Writings, Volume 4, 1938-1940*, Cambridge: Harvard University Press, 2003, 270.

NIVEL IV

Modos de producción

Después de leer el Nivel III, mi pareja me miró y me hizo un comentario sombrío y acertado: "Sabés que todos los juegos que estás escudriñando en este nivel, y todos los juegos similares juntos, probablemente solo generen un porcentaje de los ingresos de un solo juego de *waifus* de alta gama, ¿no?". Tiene toda la razón. El tipo de círculos en los que me muevo como parte de la escena independiente occidental, artística y políticamente consciente de los videojuegos representa una pequeñísima fracción de la industria global de los videojuegos.

Una *waifu* es un personaje ficticio, popular sobre todo en el anime y el manga, que el jugador considera su pareja romántica. Suele ser un personaje no jugable con el que el jugador puede interactuar en un juego determinado; las *waifus* tienen rasgos hipersexualizados y su atracción por el jugador está directamente relacionada con lo bueno que sea en el juego. Sin embargo, en los juegos que se centran en este tipo de interacción, lo bueno que el jugador sea suele estar determinado por la cantidad de dinero real que haya invertido en cajas de recompensas, una mecánica de apuestas en el juego en la que los artículos y las mejoras se dan (o no) al azar. Por lo tanto, el impacto de una mecánica de juego de apuestas que utiliza *waifus* o *husbandos* (sí, es un término real) en un juego para dispositivos móviles como *Genshin Impact* (2020), que consiguió más de 50 millones de jugadores mensuales y 4 mil millones de dólares en ingresos en sus cuatro años de existencia, es sin duda mucho mayor que todo el entorno de los juegos serios o artísticos[219].

Los diez juegos para dispositivos móviles más importantes, colmados de microtransacciones en torno a temas que a propósito son poco desafiantes, son sustancialmente más rentables (12 mil millones de dólares de ingresos en 2022) que los lanzamientos basados en la narrativa para PC y consolas. *Dungeon Fighter Online* (2005), un juego con gráficos nada excepcionales, personajes con poca ropa y una mecánica muy adictiva, ha tenido más jugadores únicos que toda la población de Europa[220]. En la actualidad, la gran mayoría de los videojuegos digitales están concentrados en las mecánicas *gacha*[221] lucrativas, en lugar de preocuparse por aspectos de la cultura que resisten la dominación y el extractivismo.

El Nivel IV presenta el desafío más grande hasta ahora. Para fomentar las partes brillantes de este fascinante campo (los videojuegos digitales) y empezar a eliminar otras partes, debemos entender cómo se hacen los juegos. No solo la cadena de montaje detrás de ellos, sino también los complejos modelos financieros y de ingresos que dan forma a la cultura de los videojuegos. Solo al diseccionar las capas de producción e inspeccionar los diversos engranajes de esta enorme máquina global podremos tener la esperanza de orientarla en otra dirección. Como demuestra este capítulo, la creación, el almacenamiento y la venta de un videojuego

219. Sarah "KZ" Zulkiflee, "How Many People Play Genshin Impact in 2022?", Esports.gg, 1 de mayo de 2022; Ann Cao, "Genshin Impact Bags US$4 Billion in Sign of Rising Power of China's Video Gaming Industry", *South China Morning Post*, 2 de enero de 2023. ¡Es importante señalar que no hay nada de malo con que las *waifus* o los *husbandos* sean personajes de juego! También deben ser liberados y desvinculados de los incentivos lucrativos y adictivos con los que suelen estar asociados hoy en día.

220. Lewis Rees, "Which Five Mobile Hits Generated $7.2 Billion in Revenue in 2022?", Pocket Gamer, 18 de enero de 2023; Owen Mahoney, Shiro Uemura, *Investor Presentation Q2 2023*, Nexon Co., Ltd., 9 de agosto de 2023, 33.

221. Los *gachapons* son cápsulas que se venden en máquinas expendedoras y que contienen juguetes aleatorios. Un videojuego *gacha*, por lo tanto, implementa la mecánica *gacha* (máquina expendedora de juguetes). Al igual que las cajas de recompensas, los videojuegos *gacha* incitan a los jugadores a gastar moneda del juego para recibir un elemento aleatorio.

constan de muchas partes; se pueden y deben ajustar varias situaciones problemáticas, y la industria debe ser reimaginada por completo. Un videojuego, como artículo individual, según su tamaño y escala, puede alcanzar como un pulpo a muchas industrias adyacentes. Un producto sólido tiene diversos niveles de política cuestionables y puntos de resistencia. ¿Cómo se hacen los videojuegos? ¿Qué partes de esta máquina global pueden justificarse y para cuáles deberíamos decir con valentía y rapidez "*game over*"?

CREACIÓN

Desde el primer momento en que se abre el archivo "nuevo proyecto de juego" en una computadora, los desarrolladores de juegos ya forman parte del proceso de extracción de ganancias y relaciones costo-beneficio con otros productos. La mayoría de los juegos son creados en piezas de software llamadas *motores de videojuegos*, aplicaciones informáticas que el creador de videojuegos (o un equipo) puede utilizar, capa por capa, para construir los gráficos, código, el diseño y los sistemas de audio que harán que el proyecto cobre vida. La forma en que se venden esos motores varía. Los motores más avanzados están disponibles a través de costosos contratos de licencias y complicados mecanismos de acreditación y de participación en las ganancias. Los que utilizan los creadores de juegos independientes pueden tener un sistema de precios menos complicado, pero, del mismo modo, una conjunto de herramientas más básico. Los grandes motores de videojuegos, como Unreal y Unity, no solo son grandes piezas comerciales de software en sí mismas, sino que empresas independientes a gran escala basan ahora su negocio en la creación de *middleware*, los numerosos complementos que se integran en estos motores, lo que da origen a minindustrias que orbitan alrededor de los grandes actores.

Grandes producciones como la serie *The Witcher*, de CD Projekt (2007 en adelante), y hasta hace poco *Cyberpunk 2077* (2020) funcionan con motores de videojuegos patentados y personalizados, y algunos creadores de juegos independientes también los fabrican[222]. Sin embargo, la mayoría de los juegos se construyen con herramientas disponibles en el mercado cuya influencia es cada vez mayor. Unreal, por ejemplo, es uno de los mayores motores de videojuegos comerciales (desarrollado por Epic Games, los creadores del megaéxito *Fortnite*) y ahora se usa para construir mucha de la expresión visual que nos rodea no solo en los videojuegos. Los motores de videojuego se convirtieron en la columna vertebral de la producción de películas, programas de televisión, publicidades, la construcción y la arquitectura. No solo se valoran por su aspecto visual, sino también por sus simulaciones de física, y juegan un papel intrínseco en modelar muchos proyectos culturales, de ingeniería e infraestructura en la vida real[223].

Los motores de videojuego también son la base del software que guarda información considerable sobre los jugadores y sus hábitos. Eso incluye el tiempo de sesión, en qué momento del juego deciden dejar de jugar, los patrones de comportamiento, la duración de la partida y otros datos relacionados con el juego. Según el juego, algunos motores también pueden almacenar gran parte de la información privada del jugador, como sus datos bancarios y contactos personales[224]. Muchos de estos datos son utilizados por las propias empresas fabricantes de motores o por terceros contratistas, que los empaquetan en una interfaz para quienes paguen por acceder a ellos. Tales prácticas causaron indignación a nivel internacional. Por ejemplo, los jugadores occidentales desconfían de los productos de Epic (propietarios de Unreal Engine), ya que el 40 % de la empresa es propiedad del conglomerado chino Tencent. En 2019, el CEO de Epic, Tim Sweeney, hizo lo posible por refutar las acusaciones de que Epic

222. Aunque a mediados de 2023, CD Projekt anunció un cambio a Unreal Engine para Cyberpunk, alejándose de sus herramientas internas, consolidó aún más la influencia de Epic en los videojuegos.

223. "Are Game Engines the Future of Filmmaking?", Filmmakers Academy, 26 de julio de 2021.

224. "Game Player and App User Privacy Policy", Unity.com, 15 de noviembre de 2022.

Games Store era un software espía del gobierno chino[225]. No obstante, los reguladores europeos y estadounidenses exigen que los estudios de juegos que operan en esos territorios conviertan sus bases de datos mediante *boxing* para que nadie de Tencent pueda acceder a ellas. Por lo tanto, los creadores de videojuegos están inmersos en las tensiones geopolíticas globales y se relacionan con grandes corporaciones de software influyentes al momento de poner en marcha las herramientas que utilizan para crear su arte.

Y, sin embargo, la prominencia y el acceso relativamente fácil a estos motores también ha tenido algunos efectos democratizadores. A finales de los años dos mil, equipos pequeños de uno o dos integrantes pudieron implementar estas herramientas en máquinas informáticas simples para construir mundos de juego impresionantes y profundos, dando origen al movimiento de los juegos independientes. Los motores de videojuegos (el acceso, la variedad, la propiedad y la implementación) suelen citarse como una forma abreviada para indicar cómo se hacen, venden e incluso perciben los juegos. ¿Fue creado con Unreal? Probablemente se trate de un videojuego grande, AAA, de gran presupuesto y espectacularidad, con gráficos detallados (por ejemplo, la serie *BioShock*). ¿Fue creado con Unity? Tendrá gráficos más económicos y será ideal para dispositivos móviles, un juego independiente tan apreciado como *Firewatch* (2016) y un megaéxito como *Genshin Impact*. A nivel de software, surgen enfoques dispares para diseñar un juego. En esta etapa inicial, el capital ya inserta su tentáculo en búsqueda de beneficios.

¿Qué tipo de personas hacen videojuegos y cómo se congregan?

Las condiciones laborales en los estudios AAA (grandes) salieron a la luz con la mencionada "Carta de la esposa de EA", que describe las condiciones extenuantes en una de las empresas de videojuegos más grandes y rentables del mundo:

225. Charlie Hall, "The Fury Over the Epic Games Store, Explained", Polygon.com, 5 de abril de 2019.

> La jornada laboral obligatoria actual es de 9 a. m. a 10 p. m., siete días a la semana, con algún sábado libre por buena conducta (a las 6:30 p. m.). El promedio es de 85 horas semanales... Y escuchen esto: por el honor de recibir este trato, los empleados asalariados de EA a) no hacen horas extras; b) ¡no tienen tiempo de compensación! (el "tiempo de compensación" es la equiparación del tiempo libre por las horas extras; las horas trabajadas durante un *crunch* se acumulan en días libres después de que el producto se haya lanzado); c) no tienen días adicionales por enfermedad o vacaciones[226].

Desde 2004, cuando se hizo público este problema generalizado en toda la industria, la situación apenas ha mejorado. En 2010, la industria recibió una nueva carta abierta, esta vez de las "esposas de Rockstar"[227]. Los trabajadores de Rockstar Games, los creadores de *Red Dead Redemption* (2010), *LA Noire* (2011) y *Max Payne 3* (2012), todos informaron haberse enfrentado a un período de *crunch* en el estudio de San Diego. Empleados anónimos de Epic Games luego describieron que tuvieron jornadas laborales de entre ochenta y cien horas previo al lanzamiento de *Fortnite Battle Royale* (2017)[228].

Según una encuesta de 2019, el 41 % de los desarrolladores de videojuegos se enfrentaron a un *crunch* al menos una vez ese año. Solo el 8 % informó haber recibido un pago adicional por las horas extra. La encuesta fue realizada por la International Game Developers Association, que representa sobre todo a los trabajadores del Norte Global[229]. Podemos suponer que las condiciones son aún peores en las regiones a las que no llegan tales encuestas. Los trabajadores de los estudios dicen que cada vez se incluye más

226. EA Spouse, "EA: The Human Story", *EA LiveJournal*, 11 de noviembre de 2004.

227. Kate Brice, "'Rockstar Spouse' Accuses Dev of Pushing Its Employees 'to the Brink'", GamesIndustry.biz, 11 de enero de 2010.

228. Ben Gilbert, "The Creator of 'Fortnite' Reportedly Has a Brutal Work Culture Where Some Employees Have 100-Hour Work Weeks: 'I Hardly Sleep. I'm Grumpy at Home. I Have No Energy to Go Out'", *Business Insider*, 23 de abril de 2019.

229. *2019 Developer Satisfaction Survey*, International Game Developers Association, noviembre de 2020.

un período de *crunch* en los calendarios de producción: se está convirtiendo en la regla, más que en una excepción. Los desarrolladores rara vez se quejan: su pasión por los videojuegos y su creación se da por sentada. La presencia de mesas de ping-pong, metegoles y heladeras con cerveza en las oficinas, así como el ocasional *merchandising* gratuito del título en el que trabajaron, tienen como fin hacer que los trabajadores se sientan especiales y que no necesiten protección de las partes más oscuras de la industria.

Tal vez el *crunch* sea el problema más discutido, pero no es el único que afecta a los trabajadores de los estudios de videojuegos. El sexismo y otras formas de discriminación, por desgracia, siguen siendo un problema persistente en este campo dominado por los hombres. Para dar solo un ejemplo bien documentado, Jessica Price fue despedida sin miramientos de su puesto como diseñadora narrativa en ArenaNet, los creadores de la serie *Guild Wars* (2005 en adelante), tras discutir con un fanático sexista en Twitter[230]. El acoso sexual en eventos de la industria o los jefes que abusan de su posición y salen con sus subordinadas en el trabajo son hechos comunes y casi siempre tolerados. La oscura nube de misoginia que Atari puso de moda en los años setenta aún proyecta su sombra.

En 2022, Riot Games, el equipo detrás de grandes títulos como la franquicia *League of Legends*, acordó pagar 100 millones de dólares para resolver una demanda colectiva presentada por sus empleadas. Insinuaciones sexuales no deseadas por parte de colegas varones, disparidad salarial y pérdida de ascensos debido a su género fueron solo algunas de las ofensas alegadas[231]. Es de suponer que la compensación apenas hizo mella en las arcas de la corporación, ya que los ingresos de su título principal, *League of Legends*, alcanzaron los 1600 millones de dólares en 2015[232].

230. Nathan Grayson, "Guild Wars 2 Writers Fired for Calling Out Fan on Twitter", Kotaku.com, 6 de julio de 2018.

231. Shannon Liao, "Since Lawsuit, Riot Games' Once All-Male Leadership Now Over 20 Percent Women", *Washington Post*, 10 de agosto de 2022.

232. Tom DiChristopher, "Digital Gaming Sales Hit Record $61 Billion in 2015: Report", CNBC.com, 26 de enero de 2016.

También en 2022, Activision Blizzard resolvió una demanda, por la que pagó 18 millones de dólares a sus empleadas, y "acordó tomar medidas para prevenir y abordar la discriminación y el acoso". En uno de los incidentes más notorios y extraños de conducta inapropiada del estudio, empleados varones presuntamente robaron leche materna de la heladera de la oficina[233].

Los despidos masivos y repentinos también son habituales en la industria. Los siguientes son solo algunos ejemplos. En 2018, Telltale Games, el estudio que creó *The Walking Dead* (2012), despidió de forma abrupta a 250 empleados sin indemnización. Ese mismo año, Capcom cerró su filial de Vancouver y dejó a 158 personas sin trabajo. En febrero de 2019, Activision Blizzard eliminó casi 1000 puestos de trabajo[234]. En 2023, EA despidió a 800 personas semanas después de informar ingresos por 7 mil millones de dólares. Y 600 personas que trabajaban en el motor de videojuego Unity fueron despedidas en 2023, lo que aumentó los temores de que Unreal Engine, propiedad de Epic Games, pronto se convirtiera en un monopolio. Embracer Group, que gastó miles de millones de dólares en la compra de empresas de videojuegos, sobre todo en Escandinavia, cerró numerosos estudios y dejó a miles de empleados sin trabajo y juegos inacabados que nunca saldrán a la luz[235]. En 2023 hubo un colapso pospandémico en la industria, lo que produjo decenas de miles de despidos en

233. "Court Approves EEOC's $18 Million Settlement with Activision Blizzard", Comisión para la Igualdad de Oportunidades en el Empleo de Estados Unidos, 30 de marzo de 2022.

234. Nick Statt, "Telltale Under Fire for Prioritizing The Walking Dead Conclusion in Wake of Mass Layoffs", *The Verge*, 25 de septiembre de 2018; Alissa McAloon, "Capcom Shuts Down Dead Rising Developer Capcom Vancouver", *Game Developer*, 18 de septiembre de 2018; Liana B. Baker, "Activision Blizzard Cuts 600 Jobs", Reuters.com, 29 de febrero de 2012.

235. Todd Spangler, "Electronic Arts to Lay Off 800 Employees, 6% of Workforce", Variety.com, 29 de marzo de 2023; "Electronic Arts Revenue 2010-2023", Macrotrends.net, 30 de septiembre de 2023; Ashley Capoot, "Unity Software to Lay Off 600 Employees, or 8% of Its Workforce", CNBC.com, 3 de mayo de 2023; Ash Parrish, "More Layoffs at Another Embracer Group Studio", *The Verge*, 5 de diciembre de 2023.

todo el mundo y redujo los presupuestos para los videojuegos. A nivel ejecutivo, sin embargo, el negocio sigue prosperando.

La precariedad laboral es una realidad cotidiana para la mayoría de las personas que trabajan en la industria de los videojuegos. El pago de indemnización por despido es una rareza y luchar para obtenerla puede ser difícil. Lo más importante es que los creadores de videojuegos suelen trabajar bajo estrictos acuerdos de confidencialidad (NDA) que prohíben hablar sobre proyectos no anunciados. Si un proyecto se interrumpe a mitad de la producción, los desarrolladores no reciben créditos y no pueden mostrar su trabajo a posibles futuros empleadores, sin importar cuántos años hayan dedicado a ese proyecto. Conozco a muchos desarrolladores desafortunados que trabajan en la industria desde hace más de una década a quienes les cuesta encontrar un empleo nuevo, ya que sus proyectos fueron cancelados de manera aleatoria: la experiencia se mide por la cantidad de lanzamientos en los que se trabajó, no por los años en el puesto.

Los trabajadores de control de calidad (QA), que soportan el peso de tareas arduas, repetitivas y subvaloradas (asegurándose de que realmente funcionen), suelen soportar el período de *crunch* más intenso y gozan de pocos derechos y casi ningún reconocimiento. El tener que jugar cientos de veces a un juego y descubrir y registrar errores antes del lanzamiento puede, a menos que se gestione de manera adecuada y ética, encerrar a los trabajadores en un escritorio durante días. El control de calidad es la parte que suele estar más tercerizada en la creación de videojuegos y a menudo es delegada a trabajadores invisibles del Sur Global y Europa del Este. Trabajar en control de calidad suele ser la vía más accesible para ingresar a la industria de los videojuegos para aquellas personas que no pudieron estudiar en la universidad o que no encontraron otra forma de entrar.

El escritor Ian Williams lo describe de la siguiente manera: "Cuando asistimos a la presentación de un CEO de la industria de los videojuegos en la PAX (una cumbre prestigiosa de la industria), miramos más allá de esa figura solitaria y vemos el esfuerzo y amor de decenas de personas que hicieron posible la plataforma sobre la que se encuentra"[236].

En el sector existe una disparidad de clases generalizada. En el Reino Unido, por ejemplo, los desarrolladores de videojuegos tienen el doble de probabilidades que la población en general de que sus padres ocupen puestos directivos. De manera similar, los desarrolladores británicos de videojuegos tienen el doble de probabilidades de haber asistido a escuelas privadas[237]. Sin duda, las personas que son una minoría en la industria (ya sean mujeres, migrantes, personas de color o provenientes de entornos más pobres) pueden ser víctimas de la prácticas como el florerismo y no sentirse bienvenidas en un grupo dominante que nunca ha tenido que preocuparse por su seguridad.

En contraste con el *glamour* percibido y el crecimiento de una industria llena de desarrolladores de videojuegos convertidos en celebridades de Twitter y de exitosos estudios *boutique*, los trabajadores que realmente mantienen esta industria unida están mal remunerados, tercerizados, alienados y son ignorados de manera constante. La incapacidad de la industria de los videojuegos de comprender la pobreza es un problema no solo en las reuniones de las juntas corporativas, sino también entre sus trabajadores. Por más que sean idealizadas, las empresas independientes suelen padecerlo aún más. Al estar organizados de manera opuesta a las grandes empresas que crean juegos AAA, que cuentan con cientos de personas en decenas de equipos que crean un gran lanzamiento, se suponía que los equipos independientes tenían una estructura más horizontal y ofrecían a los desarrolladores más opciones sobre cómo y cuándo querían (o no) trabajar. Funcionan con un desfase menor entre la creación del juego y su lanzamiento. Los salarios de los empleados en los estudios independientes suelen estar por debajo del estándar de la industria; además, la precariedad es mayor, por lo que las personas que

236. Ian Williams, "It's Time to Talk About Labor in the Games Industry", *Giant Bomb*, 9 de febrero de 2016.

237. *2022 UK Games Industry Census*, United Kingdom Interactive Entertainment, Ukie.org, 2023.

trabajan en estos estudios quizá ya sean más estables desde el punto de vista material. Trabajar para una empresa independiente puede implicar que los empleados no solo realicen las tareas correspondientes a su puesto: dado que suelen necesitar aptitudes empresariales, los puestos son más accesibles para aquellos que asistieron a escuelas de negocios o privadas.

Si bien el *ethos* de los estudios independientes debería ser la antítesis de la cultura de las grandes empresas de videojuegos, lamentablemente también están inmersos en problemas que subrayan la necesidad de una salvaguardia más universal. Cualquier estructura empresarial con fines de lucro, no importa cuán pequeña y acogedora sea, tiene problemas. Se necesitaba una solución más institucional. En 2017, los trabajadores de la industria comenzaron a explorar la posibilidad de establecer sindicatos. Estas estructuras probadas a lo largo de la historia deberían ayudar a los estudios, tanto grandes como pequeños, a incorporar consideraciones éticas en este campo en gran medida no regulado.

Los numerosos sindicatos locales que surgieron en varios países bajo el paraguas del movimiento Game Workers Unite desde 2018 ofrecen un atisbo de optimismo. Tienen mucho trabajo por delante; aun así, ya se alcanzaron numerosas victorias. Por supuesto, hizo falta luchar para lograrlo. Los directivos de las empresas repitieron el mismo discurso que se había escuchado de boca de los directivos de las empresas tecnológicas de Silicon Valley: somos especiales, somos diferentes, necesitamos soluciones a medida. La narrativa de quienes ocupan puestos de poder en la industria de los videojuegos es la de la singularidad, ya que afirman que las estructuras habituales para exigir responsabilidades a los empresarios no son adecuadas para el mundo de la tecnología. Los videojuegos difieren de las cadenas de montaje y las viejas formas de organizar la fuerza laboral. Este velo de misticismo tecnológico no puede desaparecer sin el apoyo de los sindicatos.

No todos los sindicatos son iguales, y cabe señalar que su eficacia, así como sus afiliaciones políticas, forman un amplio espectro. Algunos, como el STJV en Francia, son sindicatos horizontales y radicales que luchan por sus trabajadores con uñas y dientes. Otros identifican una oportunidad económica, ya que los salarios de los desarrolladores de videojuegos llenan las arcas de las cuotas sindicales, por lo que agrupan a los trabajadores del sector en sindicatos que apenas se preocupan por sus necesidades específicas. Algunos están más interesados en mantener un perfil limpio en las redes sociales entre los influyentes de clase alta de la industria de los videojuegos, e incluso entre los jefes, que en proteger a sus miembros vulnerables. Les interesa parecer maduros y no confrontativos, con el fin de encajar en los sectores de la industria que buscan la comodidad, en lugar de abrazar la antagonismo de clases, lo que tal vez los haría perder amigos en las altas esferas.

Por otro lado, los sindicatos de cara al público están más expuestos que nunca. Los trabajadores de videojuegos suelen verlos como un servicio en lugar de un espacio de solidaridad o para construir un movimiento. Por eso, cuando algo malo sucede en el espacio sindical, la urgencia de muchos en una industria en sintonía con los valores neoliberales es llamar al gerente en lugar de trabajar juntos para formar un futuro mejor. El activista Alex Fernandes describe la dinámica de la siguiente manera: "Cada vez que un sindicato hace algo que se percibe como bueno o malo, hay una avalancha de personas que se unen o se van, como sucedió con BFAWU/UNISON, y no me cansaré de repetir que esto no funciona así. Dejen de tratar a los sindicatos como si fueran clubes, por favor, por el amor de Dios"[238].

El movimiento sindical de la industria de los videojuegos es joven y, a veces, torpe; hay que dejar que cometa errores y crezca. Cada vez son más los empleados de la industria de los videojuegos que forman parte de movimientos sindicales sólidos y eficaces que ofrecen resultados a los trabajadores de a pie de manera consistente. Nuevas generaciones de posibles organizadores sindicales se están involucrando en el movimiento, y, en general, lo que sucede es realmente asombroso. Tuve el privilegio de presenciar de cerca este movimiento incipiente y, aunque mi historia personal en el movimiento terminó en agotamiento y tristeza,

238. Alex Fernandes, @oneferny, Twitter, 3 de octubre de 2021.

sigo asombrada por las personas increíbles de todo el mundo que impulsan esta parte crucial y esperanzadora de la industria.

La sindicalización es una herramienta esencial para resistir lo que está por venir: una industria cada vez más agresiva, poderosa y consolidada, con poca restricción o supervisión. Las cinco principales empresas de videojuegos del mundo facturaron la impresionante cifra de 90 mil millones de dólares en 2021[239]. En 2023, Microsoft agregó con éxito enormes catálogos de juegos a su Xbox al comprar Activision Blizzard por casi 70 mil millones de dólares, una plataforma de ventas de juegos por suscripción que empuja a los jugadores a un único sistema cerrado[240]. La empresa más grande del mundo, el gigante chino Tencent, que cuenta con ingresos de 30 mil millones de dólares, ha estado comprando estudios y estudios que poseen muchos otros estudios en todo el mundo. La monopolización de la industria es un proceso en curso y, ante decenas de miles de millones de dólares que circulan en acuerdos de consolidación grandes y pequeños, cada vez es más difícil ejercer cualquier influencia sobre un poder de tal magnitud. El futuro de los videojuegos se decide en salas de juntas impolutas, casi sin la participación de aquellos que realmente los crean o de las masas de personas que los juegan.

Y si bien personas de demografías cada vez más diversas están desarrollando juegos más variados, es probable que esta centralización siga reduciendo la oferta de juegos en general. Empresas cada vez más grandes están trabajando en un catálogo más reducido de activos de propiedad intelectual antiguos o incluso en un único juego que siga vigente en términos financieros.

239. A principios de 2022, las diez principales empresas eran las siguientes: Tencent (ganancias por videojuegos de USD 32 200 millones), Sony (USD 18 200 millones), Apple (USD 15 300 millones), Microsoft (USD 13 mil millones), Google (USD 11 mil millones), NetEase (USD 9 600 millones), Activision Blizzard (USD 8 100 millones), Nintendo (USD 8 100 millones), EA (USD 6 500 millones), Sea Limited (USD 4 300 millones). Jeffrey Rousseau, "Report: Top 10 Companies Made 65% of Global Games Market in 2021", GamesIndustry.biz, 12 de mayo de 2022.

240. Tom Warren, "Microsoft Completes Activision Blizzard Acquisition, Call of Duty Now Part of Xbox", *The Verge*, 12 de octubre de 2023.

Al mismo tiempo, la mayoría de las tiendas de aplicaciones están eliminando juegos antiguos de sus estanterías digitales. Otros videojuegos nunca llegan a ver la luz del día: los proyectos se suspenden a mitad de la producción y la propiedad intelectual se compra para que otra empresa no pueda beneficiarse de ella. Esa situación se asemeja al despilfarro que impera en la industria cinematográfica, en la que proyectos de gran presupuesto se descartan antes de su estreno. Por ejemplo, la película de *Batgirl* costó 90 millones de dólares, pero nunca se proyectará ni transmitirá en *streaming*[241]. En 2023, Disney Plus terminó la producción de la serie *Nautilus* en Australia, en la que participaron cientos de personas en el elenco y el equipo de producción, solo para cancelar el programa antes de su estreno[242]. Ahora que los presupuestos de marketing rivalizan con los costos reales de producción, el solo hecho de completar el rodaje significaba que quedaba la mitad del presupuesto por gastar, sin mencionar los ahorros en nuevas grabaciones y pagos de regalías.

El reducido número de conglomerados que poseen grandes cantidades de propiedad intelectual también sofoca la creatividad. La decisión (cada vez son menos personas encargadas de hacerlo) sobre qué hacer o no hacer con los proyectos interrumpidos crea una imagen distorsionada de lo que se ofrece. Se impulsan algunos proyectos, y se publican y reeditan versiones de ellos. Otros quedan atrapados en el limbo.

Sin embargo, al igual que sucede con la "marvelización" de Hollywood, cierta propiedad intelectual se está transformando de todas las maneras posibles, para todos los dispositivos que admitan un videojuego. *Super Mario* dio origen a la serie *Mario Kart*, *Super Smash Bros*, la serie de *Yoshi*, entre otros, disponibles en todos los formatos de Nintendo imaginables. Las series *Pokémon*, *Metal Gear* y *Warhammer* fueron franquiciadas de manera similar. Como resultado, es mucho más difícil que las

241. Brady Langmann and Josh Rosenberg, "Leslie Grace Says Batgirl's Cancellation Felt 'Like Deflating a Balloon'", Esquire.com, 13 de febrero de 2023.

242. Wenlei Ma, "Disney+ Production Nautilus Scrapped after Wrapping on the Gold Coast", *The Guardian*, 29 de agosto de 2023.

nuevas ideas se abran paso; si lo hacen, deben tener una secuela o precuela preparada. La centralización se traduce en presupuestos más grandes (la única manera en que funcionan las grandes máquinas), lo que genera mayores factores de riesgo.

Con el fin de reducir el riesgo, los conglomerados evitan las nuevas ideas y se apoyan en su base de *fanbase* existente. A diferencia del arte, en el que las obras se disfrutan por su singularidad y la propiedad intelectual está menos protegida, con una historia más clara de "inspiración", en los videojuegos la creatividad se enmarca en términos de rentabilidad y reelaboración de productos anteriores con pequeñas diferencias, en lugar de tratarse de una verdadera innovación. Al mismo tiempo, los estudios más pequeños, que no poseen propiedades intelectuales consolidadas, pueden tener dificultades para competir con los recursos financieros y de marketing de las empresas más grandes, lo que reduce las oportunidades de que surjan conceptos de videojuegos nuevos e innovadores.

Un dominio total del mercado por parte de muy pocos actores obviamente también afectará a la fuerza laboral. De manera similar a lo que denunciaron los trabajadores de la industria del cine durante la huelga de guionistas de 2023, los propietarios de estas organizaciones podrán alegar sobrecarga de contenido cuando los trabajadores que realmente crean estos productos exijan mejores condiciones. No solo se están descartando lanzamientos potencialmente interesantes, sino que las huelgas sin duda impactan en los equipos que quizá estaban trabajando en proyectos que estaban a punto de entrar en producción. La sobreexigencia y los sobresaltos repentinos dictados por la monopolización de la industria resultan en despidos masivos y cambios devastadores en la vida de los empleados.

Si bien gran parte del discurso moral prevalente sobre los videojuegos se limita a ansiedades banales sobre su potencial para volver a las personas violentas, se está produciendo un movimiento mucho más urgente y consecuente. La consolidación de las empresas de videojuegos en unos pocos megaconglomerados afectará tanto a los consumidores como a los creadores, pero, lo más importante, alimentará todas las prácticas más dudosas que ya cultiva esta industria. Las campañas de relaciones públicas y cabildeo detrás de la compra de Activision Blizzard por parte de Microsoft en 2023 han sido eficaces para convencer a los reguladores de que acepten esa jugada. De hecho, la Comisión Europea encargada de la política de competencia declaró que la capacidad de Microsoft para mejorar la economía de los servicios de videojuegos en la nube fue la principal razón por la que se permitió que la operación se llevara a cabo[243].

CURADURÍA

La publicación de un videojuego también está impregnada de política. Históricamente, la industria era similar a la publicación de libros: los creadores de juegos se acercaban a los editores con una propuesta o un producto semiacabado, en busca de financiamiento para el resto del proyecto y para negociar la distribución de las ganancias. Luego, los editores se encargaban de la logística del juego, identificaban a su público y alcanzaban al consumidor.

Con algunas notables excepciones (estudios demasiado grandes o demasiado pequeños), la mayoría de los videojuegos actualmente en el mercado son el resultado de un acuerdo entre un estudio y un editor. En la mayor parte de los casos, las empresas de videojuegos reciben pagos regulares de los editores para completar su juego y se establece una división de ingresos. Por lo general, esa decisión tiene como objetivo apoyar a los creadores que carecen de los recursos o el conocimiento para lidiar con el marketing y la distribución de los juegos, y que no pueden financiar toda la producción por adelantado.

Dependiendo del acuerdo, puede resultar en un control mayoritario o absoluto por parte del editor para dictar el cronograma e incluso el contenido del juego. Debido a esa presión, es

243. *Mergers: Commission Clears Acquisition of Activision Blizzard by Microsoft, Subject to Conditions*, comunicado de prensa, Comisión Europea, Bruselas, 15 de mayo de 2023.

habitual que se produzcan períodos de *crunch* y se escatime en la calidad creativa. Los editores suelen conservar la propiedad intelectual; si no hacen un buen trabajo en la promoción del producto, los creadores pueden verse limitados en cuanto al marketing del juego, ya que los derechos de su propio juego ya no les pertenecen. Los acuerdos de confidencialidad y los vínculos legales pueden impedirles mencionar el producto.

Si bien esa sigue siendo la relación estándar en general, la monopolización de la industria de los videojuegos ha permitido que los grandes estudios consideren la autopublicación, lo que elimina al intermediario y consolida aún más su poder. Empresas como Sony o Microsoft, que poseen la santa trifecta de las herramientas necesarias para el lanzamiento y consumo de videojuegos (hardware, y desarrollo y publicación de juegos) son casi invencibles. Pueden imprimir dinero dentro del ecosistema cerrado y luego concederse acuerdos obviamente beneficiosos para crear el producto en dicho hardware. Dado los correos electrónicos internos de Microsoft que especulan sobre la compra de un gigante como Nintendo, parece que el juego de la consolidación apenas ha comenzado[244].

A diferencia de los creadores de videojuegos, que suelen estar motivados por ambiciones creativas, la publicación es sobre todo un negocio de números. Una vez más, se aplica la analogía con la industria cinematográfica: producir otro juego de *Call of Duty* es más rentable que invertir en títulos más pequeños y experimentales. Esa tendencia a lo conocido también es lo que impulsa gran parte de los acuerdos de publicación. La mayoría de las presentaciones de juegos contienen argumentos de venta como "x juego conocido se combina con y juego conocido" o "x mecánica de videojuego conocida se combina con y mecánica de videojuego conocida". La familiaridad suele considerarse una ventaja. "*Dark Souls* y *Star Wars*", "*Grand Theft Auto* y *The Walking Dead*" o "*Street Fighter* y *Slay the Spire*" son ejemplos de propuestas que probablemente conseguirían financiación. La

244. Jay Peters, "Microsoft's Phil Spencer Says Acquiring Nintendo Would Be 'A Career Moment'", *The Verge*, 19 de septiembre de 2023.

reducción de la elección del consumidor se justifica con solo alegar que se les ofrece a los jugadores lo que quieren. Esta visión limitada de lo que los videojuegos pueden o deben ser está integrada en los modelos financieros y sin duda afecta a la manera en que se configura la industria.

En términos más generales, los editores también están a merced de las tiendas de aplicaciones en línea. Steam (el mayor distribuidor de videojuegos para PC) tiene más de 400 millones de ventas anuales[245]. Eso supone cientos de millones de ventas de juegos, con precios que varían desde unos pocos centavos hasta miles de dólares en el caso de las ediciones de colección. Por cada juego, Steam cobra a los editores o estudios una comisión del 30 % por los primeros 10 millones de dólares en ventas. Para todas las ventas entre 10 millones y 50 millones de dólares, la comisión es del 25 %. Por cada venta superior a los 50 millones de dólares iniciales, Steam se lleva un 20 %. Además, Steam cobra 100 dólares por cada juego que se sube en la plataforma. Por lo tanto, ser una mera tienda digital con pocos gastos (excepto algo de espacio en el servidor) es muy rentable: en 2021, por ejemplo, la plataforma generó 10 mil millones de dólares en ingresos[246].

Los ingresos de Steam son solo un poco más bajos que los de Ticketmaster (parte de Live Nation), que posee casi el 80 % del negocio de compra de entradas en línea para eventos en vivo[247]. Ticketmaster está cerca de ser un monopolio para eventos analógicos, al menos en Estados Unidos. Steam, sin embargo, comparte negocio con otras grandes tiendas que venden juegos para otras plataformas (consolas y juegos para dispositivos móviles). Sony posee la consola PlayStation y Microsoft, la consola Xbox; ambas tienen sus propias tiendas y registran ingresos de miles de millones de dólares.

245. J. Clement, "Steam Gaming Platform–Statistics & Facts", Statista.com, 10 de noviembre de 2023.

246. *Ibid.*

247. "Live Nation Entertainment's Revenue from 2006 to 2022", Statista.com, febrero de 2023.

Sin embargo, el campo en el que dominan los videojuegos, y que se prevé que crezca de manera más sustancial, es el de los juegos para dispositivos móviles. Se pronostica que eclipsarán por completo a los juegos de PC y consolas: los ingresos de los juegos para dispositivos móviles alcanzaron los 98 mil millones de dólares en 2021 y superaron los ingresos de juegos para PC y consolas, que fueron de 37 mil millones y 43 mil millones de dólares, respectivamente. Los ingresos de Google Play se situaron en torno a los 40 mil millones de dólares en 2022[248]. Un solo juego para dispositivos móviles, *Candy Crush Saga*, generó 660 millones de dólares en ingresos solo en los Estados Unidos, situándose entre gigantes como YouTube (770 millones) y Max (antes HBO Max; 580 millones de dólares)[249]. Los juegos para dispositivos móviles representaron 110 mil millones de dólares de los 167 mil millones de dólares en ingresos de App Store de Apple en 2022, lo que demuestra que los dispositivos móviles son los reyes ahora y seguirán siéndolo[250]. Una vez más, no se trata de personas que crean o publican juegos. Solo son tiendas digitales. La plataforma, que alberga decenas de miles de juegos, sería un desastre si no contara con algo tan importante como la curaduría de la tienda. De manera similar a Google, que coloca los sitios web exitosos (en su mayoría pagos) en la parte superior de su página, Steam también utiliza un algoritmo sofisticado y modelos de preferencias personales que determinan qué juegos aparecen primero en la tienda cuando se carga. Debido a que estos bienes digitales suponen oscilaciones multimillonarias para los editores y creadores de videojuegos, la tarea de llamar la atención de los propietarios de las tiendas es un momento crucial para cualquier juego. Algo similar sucede en otras tiendas digitales, como App

248. "PC Video Gaming Software Sales Revenue Worldwide from 2008 to 2025", Statista.com, agosto de 2021; "Console Gaming Revenues Worldwide from 2020 to 2026, by Type", Statista.com, mayo de 2023; "Mobile Games–Worldwide", Statista.com; David Curry, "Google Play Store Statistics (2023)", *Business of Apps*, 2 de mayo de 2023.

249. Jeffrey Rousseau, "Mobile Games Accounted for 66% of App Store Spending in 2022", GamesIndustry.biz, 17 de mayo de 2023.

250. *Ibid.*

Store de Apple, Epic Games Store, GOG, Xbox Store y otras; el mínimo acercamiento de cualquier título a las primeras páginas puede tener una gran influencia en las ventas, así como en qué partes de la industria recibe reconocimiento. Por lo tanto, de forma natural, existen equipos paralelos y minindustrias dedicadas a manipular los algoritmos, así como a convencer a los ejecutivos que curan estas tiendas.

Por supuesto, la curaduría no es solo una cuestión que atañe a las estanterías de las tiendas, sino que también está impulsada por *influencers* y periodistas. En este caso, la relación, a veces curiosa, entre los críticos y los creadores de videojuegos también contribuye a la sensación de falsedad en la industria. El hecho de que, de manera habitual, los críticos de videojuegos usen ropa y productos de la marca del juego que están reseñando, y declaren de manera abierta su amor por una cierta marca de juegos, un estudio o sus creativos, pone de manifiesto el desequilibrio entre la crítica, o incluso las reseñas honestas de los consumidores, y el fanatismo descarado. Las reseñas se acumulan en sitios web como Metacritic, cuyo poder inquebrantable dicta qué juegos reciben atención mediática.

Este proceso expone (y no estamos cerca de ver el final) las capas de transigencia, alienación y pérdida de control que la mayoría de los creadores enfrentan al trabajar en este medio. No se trata de una gran conspiración, sino de la repetición de un proceso conocido. Una actividad que no necesariamente tiene que ser politizada (los juegos digitales) puede propagar grandes ambiciones de innovación e integridad artística, cultural y política, pero son mermadas o aniquiladas por miles de recortes de intereses comerciales. El acto de jugar al fútbol difiere mucho de la industria mundial del fútbol. Los videojuegos son similares en ese sentido, pero los medios tradicionales casi nunca hacen esa distinción moral, y mucho menos los progresistas especializados.

ALCANCE

Los videojuegos tienen tentáculos en todas partes. ¿En los deportes? Los deportes electrónicos son una industria multimillonaria, que cuenta con grandes ligas de jugadores que compiten por premios multimillonarios. Algunos juegos competitivos forman parte del ámbito digital desde hace décadas, como la serie *Tekken* (1994 en adelante) o mi querido *Quake III Arena* (1999). Algunos, como la Copa del Mundo de la FIFA, son derivaciones de deportes existentes, readaptados en formato digital.

El tamaño de la escena competitiva de los videojuegos fluctúa, a veces se exagera debido a las grandes inyecciones de capital riesgo, que inflan su tamaño de manera artificial. En 2021, el mayor evento de deportes electrónicos de *Dota 2*, un juego multijugador de arena de batalla en línea, tuvo un pozo de premios que alcanzó la asombrosa suma de 40 millones de dólares. La cifra se redujo a 19 millones de dólares en 2022, lo que dejó al descubierto la inestabilidad de esta extraña periferia del mundo de los videojuegos[251]. Aun así, con decenas de millones en juego en muchos títulos diferentes, las academias y los campamentos de entrenamiento de deportes electrónicos prosperaron en todo el mundo. La primera Serie olímpica de Esports se celebró en 2023, por lo que, a pesar de la caída, es posible que el auge de este peculiar y fascinante espacio competitivo aún esté por llegar. Los deportes electrónicos profesionales por sí mismos son una disciplina maravillosa. Lamentablemente, como sucede con muchas cosas buenas en la vida, este campo también está sumido en la corrupción.

Los partidos arreglados, el nepotismo y el dopaje son otros problemas obvios. La propiedad de los equipos a veces puede ser poco clara, ya que el mismo conglomerado invisible puede ser el dueño de varios equipos, que luego compiten entre sí, lo que garantiza que el dinero del premio vuelva a manos del propietario. Los equipos competitivos de la Overwatch League

251. "DOTA 2 The International Championship Prize Pool from 2011 to 2022", Statista.com, noviembre de 2022.

se hicieron famosos por reclutar jugadores profesionales bajo identidades falsas[252].

Los jugadores de deportes electrónicos consumen bebidas energéticas y rara vez se realizan pruebas para verificar el uso de drogas estimulantes, por lo que las desventajas injustas casi nunca se controlan. Al haber premios multimillonarios, es cada vez más común que se arriesgue la salud de un competidor por obtener ese dinero. Se alega que los jugadores suelen consumir medicamentos como Adderall, Vyvanse, Ritalin y otras drogas para mantenerse concentrados durante una jornada larga de entrenamiento[253]. Sin embargo, aumentan los casos de jugadores que consumen anfetaminas para mejorar su rendimiento que son sorprendidos durante las competiciones en las que hay dinero en juego. Si bien se imponen multas y sanciones, los controles siguen siendo muy poco frecuentes.

Bancos importantes como Barclays están invirtiendo mucho en los deportes electrónicos y otras iniciativas de juego. Por un lado, financian iniciativas LGBTQ+ en el influyente ámbito de los videojuegos occidentales y, por otro, colaboran con brutales dictadores en el Sur Global que legislan leyes opresivas para la misma comunidad. Por desgracia, el dinero manda y las personas que dependen de estas organizaciones corruptas se burlan de las propuestas de *pinkwashing* y *greenwashing*.

La estética de los deportes electrónicos profesionales, que adopta de manera consciente un aspecto particular, es dolorosamente masculina y excluyente, al parecer ajena al potencial de ampliar su alcance y diversidad. Aunque los personajes de los juegos y los propios jugadores son cada vez más diversos, la forma en que se presentan las competiciones sigue siendo increíblemente homogénea. Desde los uniformes hasta el diseño del

252. Aquí incluyo algunas historias increíbles: Nicole Carpenter, "Philadelphia Fusion Overwatch Player Sado Apologizes for Boosting", *Dot Esports*, 4 de diciembre de 2017; Kevin Webb, "A Gamer Tried to Go Pro Using a Fake Identity, and the Scandal Could Have Big Consequences for Women in Esports", *Business Insider*, 9 de enero de 2019.

253. Jeffrey Boxer, "Doping in Esports: An International Solution to the Problem that No One Is Talking About", Medium.com, 9 de mayo de 2022.

escenario, las opciones editoriales del *streaming*, la música, los patrocinadores y los *casters* (comentaristas)[254], la estética dominante imita la de los deportes no digitales, con una capa adicional de imitación pubescente de una *man-cave*, adornada con plástico y luces de neón. Casi sin excepción, en los torneos profesionales los participantes visten "uniformes" muy sintéticos, prendas que no están pensadas para mejorar el movimiento, sino más bien como un espacio amplio en el que los patrocinadores puedan colocar sus anuncios. Los torneos se realizan en recintos cerrados, donde se aprovecha al máximo el cableado de las distintas computadoras. Por alguna razón, a los jugadores se los rodea de remixes de *hardcore dubstep* y se les da bebidas energéticas con una alta concentración de cafeína.

Siendo una disciplina de entretenimiento tan variada y tan llena de personalidades y tradiciones distintivas, es lamentable ver que se reduce a una imagen hipercapitalista de música electrónica pesada, bebidas energéticas, promotoras en los estands y anuncios, anuncios, anuncios[255].

Es posible que los organizadores de los torneos de deportes electrónicos piensen que las elecciones artísticas de sus eventos atraerán una enorme popularidad con su estética "neutral" o "universal", pero estos eventos simplemente mantienen el *statu quo*, en lugar de ofrecer un enfoque bien investigado y matizado sobre cómo mostrar mejor la habilidad, velocidad y gracia. Hay una alegría particular en ser espectador de un evento deportivo (la emoción participativa, la experiencia comunitaria), pero el estilo de estos eventos suele ser excluyente y estar dirigido a un público muy limitado.

Sin duda, la función principal de los deportes electrónicos hoy es la promoción y la generación de ingresos para corporaciones multinacionales como Blizzard, Riot y Valve, pero las

254. *Shoutcaster* (también conocido como *caster*): comentarista que habla por encima de la acción para atraer, informar y entretener al espectador (definición de la British Esports Association).

255. Marijam Didžgalvytė, "Esports *Could* Be Sexy, So What's Going On?", Medium.com, 21 de noviembre de 2017.

comunidades de base de los deportes electrónicos siempre desafiaron las expectativas sobre el aspecto que debe tener este espacio. En Europa del Este, los pasillos de las universidades estaban llenos de estudiantes de licenciatura y doctorado, termos con té en mano, intentando derrotarse en *LAN parties*. Los torneos de juegos de lucha celebrados en el patio de la casa de los padres de uno de los organizadores son otro ejemplo de esta comunidad, que contrasta con los eventos impulsados por las empresas. La insistencia corporativa en la infantilización de los deportes electrónicos a nivel profesional es una elección consciente.

Las historias localizadas, la exploración de las diferencias culturales y la diversidad ya no se consideran una pérdida de capital. El juego de disparos multijugador *Overwatch*, muy diverso y con un elenco de personajes deliberadamente variado, al igual que la marca de maquillaje Fenty Beauty, propiedad de Rihanna, y la revista *Teen Vogue*, que publica de manera constante contenido de izquierda, demostraron que ampliar el alcance de un producto genera beneficios económicos. Los nuevos tipos de representación crean nuevas comunidades y formas de relacionarse. Para mí, eso posibilita una relación con la política, aunque solo sea a nivel de forjar comunidades entre los que ya tienen ideas afines. Si bien los productos unilaterales suelen ser una respuesta a una realidad política particular, las comunidades que se forman a su alrededor tienen la oportunidad de compartir la realidad del futuro.

Aunque este libro describe la intersección entre los videojuegos y la política, en los deportes (como el fútbol, por ejemplo), la expresión política es de larga data. El club de fútbol St. Pauli (FC) de Hamburgo surgió como una respuesta progresista en el fútbol a los barras brava de derecha liderados por *skinheads*. La organización antifascista se convirtió en un pilar fundamental de la existencia del club e inspiró a muchos clubes hermanos alrededor del mundo. El St. Pauli FC, el Celtic FC de Glasgow y mi querido Clapton Community Football Club de Londres crearon equipos de deportes electrónicos bajo su marca, o les entusiasma la idea de hacerlo, para mantener y apoyar una presencia antifascista también en el ámbito digital. Estos clubes no necesariamente buscan cambiar mentalidades, pero sin duda son un gran espacio para tomarse un respiro después de un día duro de trabajo construyendo un futuro mejor.

Para los entendidos, los deportes electrónicos son una parte deslumbrante y fascinante de los videojuegos, emocionante por su creatividad y espíritu deportivo. ¡Ver a un jugador profesional de *League of Legends* manejar un teclado como si fuera un piano de cola, con sutileza y destreza, es un espectáculo impresionante! Las charlas animadas y las conexiones hermosas que se generan en los combates independientes de los juegos de pelea, por ejemplo, son una expresión de humanidad que vale la pena apreciar. Existen numerosas historias sanas en este campo. En un diminuto restaurante llamado Yumine, en Seúl, los padres del famoso jugador de *League of Legends* Han "Peanut" Wang-Ho transformaron el lugar en un santuario dedicado a su hijo y cubrieron casi todas las paredes con los recuerdos de su equipo. El lugar sirve como inspiración y lugar de visita para muchos jugadores principiantes de deportes electrónicos que intentan convencer a sus padres escépticos de que están eligiendo una carrera seria[256]. Los Homestand Weekends de *Overwatch* están aprendiendo de los deportes tradicionales para fomentar la creación de comunidades en espacios físicos y están organizando torneos en estadios cercanos a los lugares donde crecieron los jugadores, con la incorporación de actividades específicas para cada ciudad y la celebración de la cultura local. Equipos como Silver Snipers, formado por jugadores de *Counter-Strike* de más de 60 años, son una hermosa redefinición de quiénes son los destinatarios de los videojuegos[257].

Sin embargo, hoy en día, esta gran fuente de entretenimiento carece cada vez más de creatividad y de una dirección creativa clara. No es cierto que los deportes electrónicos aún no

256. Emily Rand, "Rand: Finding the Meaning of Family Through League of Legends", ESPN.co.uk, 30 de septiembre de 2019.

257. Andrew Webster, "Meet the Counter Strike E-sports Team Where Everyone Is Over 60", *The Verge*, 20 de diciembre de 2017.

hayan encontrado su identidad; el problema es que la identidad predominante es indolente y tediosa. El aspecto y la reputación de los deportes electrónicos, que se rigen por transacciones relacionadas con criptomonedas u otras inversiones que carecen de transparencia, sin duda reflejan esa turbiedad. No tiene por qué ser así, pero si no hay resistencia al actual *modus operandi* político y práctico, este medio terminará sofocado en lugar de liberado y explotado con la creatividad que merece.

Sin embargo, es posible que los vientos de cambio soplen en otra dirección. Ahora que parece que muchos inversores de capital de riesgo están abandonando el sector, tal vez los deportes electrónicos encuentren formas más sanas y orgánicas de crecer. Por ejemplo, el fondo soberano de Arabia Saudita, que hizo una gran inversión en los deportes electrónicos, decidió en 2023 cambiar su enfoque para apoyar a la industria de los videojuegos en Riad e invertir la asombrosa suma de 38 mil millones de dólares (o el 20 % de la industria mundial de los videojuegos) para desarrollar, publicar y adquirir títulos de primer nivel[258]. En 2024, fue sede de la primera edición del torneo mundial de juegos electrónicos, que contó con un premio acumulado de 62,5 millones de dólares, y que tiene previsto emplear a casi cuarenta mil personas en el sector. También se celebrarán en la región los primeros Juegos Olímpicos de Esports. Así que el futuro de los videojuegos no solo enfrenta los problemas e injusticias actuales, sino que ciertas partes también estarán bajo las órdenes de regiones donde se encarcela a disidentes durante décadas por el solo hecho de publicar un tuit.

¿En el mundo de las criptomonedas? Para ser honestos, pocas industrias no se subieron a este extraño *boom* de una forma u otra. Se escucharon anuncios de criptomonedas durante los partidos del Super Bowl, y celebridades como Matt Damon y Tom Brady las elogiaban. Incluso el sector turístico aceptaba pagos en criptomonedas durante la efímera criptomanía de fines de 2010 y principios de 2020. En los videojuegos, las criptomonedas

258. Cecilia D'Anastasio, "Saudi Arabia Is Investing $38 Billion to Become a Video-Game Hub", Bloomberg.com, 23 de junio de 2023.

aparecen sobre todo como una forma de micropago. Los tokens no fungibles, o NFT, también hicieron su debut en los videojuegos, y el ejemplo más burdo es *Dookey Dash* (2023), en el que el jugador debe nadar a través de (sí, adivinaste) excremento digital para encontrar una llave en la cola de un *Bored Ape*. Los *Bored Apes* son un famoso ejemplo de NFT: un grupo de activos digitales registrados y generados de manera aleatoria que representan a monos animados con distintos accesorios y entornos. Como activo de arte digital, se hicieron virales en 2021, y hay versiones que fueron adquiridas por celebridades de alto perfil como Justin Bieber y Paris Hilton. Solo los pocos afortunados que poseen un NFT de *Bored Ape* o *Mutant Ape* pueden obtener el pase de alcantarillado, que les permite ingresar a *Dookey Dash*. A pesar de su exclusividad, el juego ya alcanzó un volumen de operaciones de casi 40 millones de dólares[259].

De hecho, existe una fuerte oposición a la introducción de los NFT en el mundo de los videojuegos. Las publicaciones en las redes sociales que boicoteaban títulos o estudios enteros que incluían NFT y otros productos de criptomonedas en sus juegos se volvieron virales con frecuencia durante su pico de popularidad en 2021. Parece que todos los sectores del espectro político encuentran razones para protestar de forma enérgica. La comunidad progresista de los videojuegos detesta la naturaleza especulativa de los NFT y su asombrosa contribución a las emisiones de CO_2. Cuando escribí este texto, las emisiones anuales de CO_2 generadas por la minería de Bitcoin (sin contar otras criptomonedas) eran casi tan altas como las de Grecia, un país con más de 10 millones de habitantes[260]. Por otro lado, los libertarios y sectores de derecha rechazan que se introduzca otra forma más de manipulación de sus derechos como consumidores, mediante el uso

259. Robert Hoogendoorn, "Exclusive Dookey Dash Game Does $35 Million in Trading Volume", DappRadar.com, 23 de enero de 2023.

260. El Bitcoin Electricity Consumption Index de Cambridge es un sitio web estupendo que recopila esta información en tiempo real. Lo elaboran el Cambridge Centre for Alternative Finance, la Judge Business School y la Universidad de Cambridge.

de microtransacciones. Parece, entonces, que nadie está contento con la irrupción del mundo de las criptomonedas en el ámbito de los videojuegos.

Los caminos de las criptomonedas y los videojuegos también convergen en la forma en que partes de ellos son producidas. La creciente popularidad de las microtransacciones para obtener ingresos de juegos que de otro modo serían gratuitos dio lugar a la industria de las granjas de clics. Se trata de espacios físicos, principalmente en el Sur Global y Europa del Este, en los que trabajadores mal pagados hagan clic en miles de combinaciones en computadoras y teléfonos móviles. En otras industrias, esta práctica se usa para manipular el tráfico web, publicar comentarios y darles "me gusta", así como darles vida artificial a los *bots* que, de otro modo, carecerían de sentido. En los videojuegos, las granjas de clics pueden servir para "minar" cajas de recompensas.

Algunos juegos incentivan a los jugadores a comprar estas cajas de recompensas (objetos dentro del juego que otorgan o no recompensas al azar), una mecánica de apuestas sin regulación. Los jefes de las granjas de clics obligan a los trabajadores a abrir decenas de miles de cajas por día para luego vender el botín directamente a los jugadores ricos en línea. También existe un mercado similar para la compra de estadísticas de jugadores mejoradas de manera artificial: más oro se traduce en mejores clasificaciones, y así sucesivamente. Algunos MMORPG exigen que los jugadores dediquen cientos de horas para "pasar de nivel", lo que genera granjas de clics en el mercado secundario donde los trabajadores juegan sin parar para mejorar la posición del propietario de una cuenta paga que, después, quizá se conecta una hora por noche a disfrutar los beneficios de la conquista que otros lograron en su nombre[261].

De manera similar, toda la economía de las criptomonedas cuenta con ejércitos de trabajadores que inflan de forma artificial el entusiasmo por esta industria, lo que facilita los esquemas de *pump and dump*, y generan transacciones falsas y escasez. Las

261. Clint Pumphrey, "How Gold Farming Works", HowStuffWorks.com, 30 de abril de 2015.

granjas de clics, esa parte oculta y no regulada de nuestro mundo digital cotidiano, pueden ser, en el mejor de los casos, molestas y turbias; en el peor de los casos, forman parte de redes de trata de personas, esclavitud y tortura, y de numerosas denuncias sobre condiciones de trabajo brutales en Camboya y Filipinas. No es nada nuevo. Ya en 2013, Microsoft y Symantec desmantelaron una *botnet* de casi 2 millones de computadoras personales que generaban un promedio de 3 millones de clics por día para manipular votos positivos, recomendaciones y otros fines similares.

En 2023, las granjas de clics se habían convertido en algo habitual, incluso en operaciones bélicas. Por ejemplo, el grupo paramilitar ruso Wagner Group utilizó una fábrica de *bots* para lograr sus objetivos. Existen pocas filtraciones sobre los sitios y las personas involucradas en este trabajo, pero los periodistas de investigación informan acerca de condiciones brutales y sueldos miserables, aunque las ganancias de quienes administran las granjas de clics continúen aumentando[262].

¿En la industria armamentística? Los videojuegos también están presentes ahí. Los fabricantes de armas y los videojuegos con armamento realista mantienen una relación simbiótica y mutuamente beneficiosa. Si un juego muestra un arma de marca y aspecto realista, o permite al jugador usarla, como hacen muchos, los fabricantes tienen derecho a cobrar una tarifa de licencia por la colocación de la marca. Un solo juego como *Call of Duty* puede tener cientos de licencias de este tipo, lo que significa que la compra de este videojuego probablemente beneficie a numerosos fabricantes de armas en la vida real[263]. Como se mencionó en el Tutorial de este libro, los desarrolladores de videojuegos han mantenido colaboraciones prolongadas con la industria armamentística y recibido, de manera directa o indirecta, financiamiento dudoso por parte de departamentos estatales interesados en juegos que promueven su agenda militar. Existen acuerdos de

262. Lydia DePillis, "Click Farms Are the New Sweatshops", *The Washington Post*, 6 de enero de 2014.

263. Ian Bogost, "How Video Games License Guns", *Atlantic*, 20 de agosto de 2019.

licencia similares con la industria automotriz y las organizaciones deportivas con licencia en los videojuegos. La FIFA, la NFL y el legendario *skater* Tony Hawk firmaron contratos muy lucrativos en la industria de los videojuegos, pero es importante establecer una escala de lo nefastos que pueden llegar a ser esos acuerdos.

La gamificación (otro término de moda para describir las condiciones que nos rodean) es un proceso, inspirado en los videojuegos, que se extendió a múltiples aspectos de nuestra vida cotidiana. Los métodos gamificados de incentivo, como las insignias y los premios, tienen sus orígenes en el ámbito militar y el movimiento de *scouts*, pero los videojuegos llevaron esta tendencia al mundo digital. Las aplicaciones para aprender idiomas o hacer ejercicio incluyen objetivos y recompensas claramente gamificadas. Los sistemas de acumulación de puntos ofrecen descuentos en Starbucks o Nike, por ejemplo. Lo que es más alarmante aún es que Amazon utiliza la gamificación en sus depósitos para incentivar a los empleados a "mejorar su eficiencia" y competir entre sí por recompensas digitales, como mascotas virtuales[264]. Uber presiona a sus trabajadores para que alcancen objetivos mediante una interfaz de comparación entre conductores, lo que fomenta que pasen más tiempo manejando sin descanso, lo que plantea serias preocupaciones sobre su bienestar y seguridad. Robinhood, la aplicación de especulación financiera, también utiliza sistemas gamificados y promete mayores ganancias para incentivar que los usuarios gasten más dinero[265].

¿En la cultura? Además de las galerías de arte de élite que ahora curan exposiciones dedicadas al arte de crear videojuegos o al talento de jugarlos y a las afinidades sociales en torno a ellos, también está tomando forma una tendencia más generalizada y abarcativa de los juegos. El *NPC streaming* genera miles de dólares al día para sus creadores. En esta subcultura, el intérprete (casi siempre) atractivo se balancea de una manera particular, hacia arriba y hacia abajo, o de lado, imitando la estética torpe y

264. Paris Martineau, "Amazon Expands Effort to Gamify Warehouse Work", *The Information*, 15 de marzo de 2021.

265. Adrian Hon, *You've Been Played*, Nueva York: Basic Books, 2022.

robótica de los personajes no jugables que se encuentran en la mayoría de los videojuegos[266]. El *cosplay* (abreviatura de *costume play*) es una tendencia en la que los fanáticos replican cada puntada y detalle de los trajes de los personajes de ficción, muchas veces resaltando las connotaciones sexuales del diseño original[267].

Toda esta influencia, los billones de horas que miles de millones de personas dedican a jugar, formar comunidades e inspirarse para cambiar el mundo (para bien o para mal) descansan sobre cimientos muy frágiles. La infraestructura de la World Wide Web en la que se apoya esta enorme industria es relativamente frágil e impredecible. Unos pocos propietarios controlan la mayor parte del entramado sobre el que se construye todo este ecosistema. El investigador Daniel Greene presentó numerosas pruebas sobre el trasfondo de la logística de los centros de datos que sostienen Internet.

Si bien algunos de los principales actores de la industria del software, como Google, Amazon, Meta, Alibaba y Microsoft, construyeron o compraron sus propios centros de datos, la mayor parte de Internet está en manos de una red de corporaciones de dudosa estabilidad. Según la exhaustiva investigación de Greene, los activos físicos clave de Internet (los depósitos donde se guardan los datos de la nube e interconectan las redes mundiales) son propiedad de empresas inmobiliarias comerciales que compiten con *shoppings* e imperios de depósitos de almacenamiento. "Bajo su control, los puntos de intercambio de Internet, las instalaciones de colocación y centros de datos adquieren una doble vida como activos inmobiliarios financiarizados que dan

266. Wilfred Chan, "$7,000 a Day for Five Catchphrases: The TikTokers Pretending to Be 'Non-Playable Characters'", *The Guardian*, 19 de julio de 2023.

267. Quiero ser absolutamente clara: el *cosplaying* me parece un proyecto fascinante. ¡La artesanía y la destreza técnica que se demuestran en el *cosplay* son excepcionales! Como hija de una costurera, me parece de verdad asombroso el talento de coser materiales complejos. Es una habilidad técnica, un oficio, más que solo un arte creativo de idear diseños. La mayoría de las veces se siguen las reglas de propiedad intelectual. ¡Aun así, qué espectáculo para la vista!

vuelta al mundo, aunque los servidores y cables están anclados en un lugar físico"[268].

Equinix, Digital Realty, NTT Global Data Centers, OneAsia, 165 Halsey Street y Eurofiber y otras 250 empresas similares más son los silenciosos propietarios del entramado frágil y mal ensamblado que conforma la World Wide Web. Casi sin excepción, los videojuegos (grandes o pequeños) son clientes automáticos de estos terratenientes digitales, endeudados, comercializados y atados a una relación comercial distante y alienante desde el principio[269].

Las líneas cada vez más gruesas de cables de fibra óptica que aportan velocidad de Internet, el hardware cada vez más pequeño que ofrece capacidades de imagen y rendimiento cada vez más potentes, de manera inevitable empujan a esta industria hacia gráficos más grandiosos e hiperrealistas. Pero ¿estos gráficos mejoran la experiencia de juego o solo sirven a intereses comerciales? Se podría debatir si algún otro juego de pelea ha tenido un impacto cultural mayor que *Street Fighter II*, lanzado en 1991, de aspecto bastante simple (pero mecánica compleja). Lo mismo sucede con los videojuegos de disparos de los años noventa, como *Doom* y *Quake*, que siguen siendo influyentes. Con apenas un par de cientos de megabytes de tamaño, algunos juegos actuales son mil veces más livianos que los lanzamientos más grandes y pesados. Por ejemplo, *Call of Duty: Black Ops* (2010) ocupa un cuarto de terabyte.

Esta carrera por el realismo de última generación, por meter la mayor cantidad posible de píxeles en la experiencia digital (siempre se puede agregar una pestaña más a un personaje), es una persecución interminable. La mejora en la fidelidad visual permite aumentar los precios, y algunos títulos ya cuestan más de 120 libras esterlinas. El aumento de los trucos visuales y de diseño exigen un hardware más eficaz (y caro), con chips más complejos que ejecuten los juegos con más potencia. Si bien los juegos para dispositivos móviles y la democratización del acceso a los juegos

268. Daniel Greene, "Landlords of the Internet: Big Data and Big Real Estate", *Social Studies of Science* 52: 6, 2022.

269. *Ibid.*

en PC permitieron que los videojuegos sean más accesibles y ya no sean solo un símbolo de estatus de clase media (como ocurría en los años ochenta con las consolas), la justificación y el mercado de merchandising y ediciones de colección están en auge.

El propio Steve Jobs, cuando presentó la pantalla Retina en 2010, dijo que "el número ideal para una pantalla digital perfecta es de 300 píxeles por pulgada, ya que al sostenerla a unos diez o doce centímetros de los ojos, es el límite en el que la retina humana diferencia píxeles"[270]. Pero estas limitaciones biológicas no impiden que los fabricantes de hardware nos vendan pantallas 8K y se llenen los bolsillos con el precio de estos productos[271]. Para el consumidor, tener que comprar hardware capaz de ejecutar el último título de moda es un inconveniente. Muchos estarían felices de pagar menos por un juego con gráficos más simples, pero con una historia rica y significativa. En cambio, deben gastar 80 libras por una historia igual de impactante con mejores gráficos. Los grandes ganadores de esta tendencia son, por supuesto, los fabricantes de hardware: la verdadera cara oculta de la gigantesca industria de los videojuegos.

DESTRUCCIÓN

Ningún factor en la producción, la circulación y el consumo de la industria mundial de los videojuegos es tan crucial, y a la vez tan dañino, como su núcleo: los dispositivos físicos en los que se crean, se disfrutan y se critican los juegos. La realidad es que la concepción empieza mucho antes de que se inicie el software del motor de videojuego en una pantalla. Es el hardware en el que se desarrolla un juego el que carga con la política más pesada, con oscuros secretos que sostienen y refuerzan la brutalidad del capitalismo actual.

270. Ben Abraham, "4K & 8K Gaming and Energy Efficiency: How Many Pixels Is Too Many?", *Greening the Games Industry*, 17 de mayo de 2022.

271. *Ibid.*

Este pecado, este delito e injusticia fundamental, comienza en el sur de la República Democrática del Congo (RDC), en las provincias de Lualaba y Haut-Katanga, en el llamado Cinturón de Cobre. Las minas de esta región son la principal fuente en el mundo de varios metales raros esenciales para la fabricación de dispositivos electrónicos de alta gama. Siddharth Kara, autor del libro fundamental *Cobalto rojo. El Congo se desangra para que tú te conectes*, describe de manera conmovedora las condiciones en las que viven los habitantes de estas minas y sus alrededores:

> Cientos de miles de personas han sido desplazadas porque sus aldeas fueron arrasadas con topadoras para dar paso a grandes concesiones mineras. Hay personas que no tienen alternativa, que carecen de otra fuente de ingresos y medios de subsistencia. En muchos casos, las fuerzas armadas presionan a las personas para que excaven por uno o dos dólares al día, y los padres deben tomar una decisión desgarradora: "¿Mando a mi hijo a la escuela o comemos hoy?". Así es la esclavitud moderna en pleno siglo XXI[272].

Las muertes masivas por el derrumbe de minas, el tráfico de niños y el terror sexual, que abundan en la región y en las propias minas, se aceptan como algo normal. Constituyen una parte imperdonable, innegable y, sin embargo, completamente normalizada de la producción de videojuegos y tecnología. El silencio al respecto es asombroso. Estas minas son la clave del éxito multimillonario de los conglomerados tecnológicos contemporáneos. Se establecen con la ayuda de milicias locales que hacen el trabajo sucio para los grupos de poder y proporcionan el mantenimiento para la extracción de los recursos. Se extraen a mano y sin protección minerales valiosos y tóxicos del suelo por unos centavos y se venden a las empresas, que luego los transportan a las fábricas, donde este negocio corrupto y brutal inicia la siguiente etapa. La República Democrática del Congo debería ser uno de los países más ricos del mundo debido a la abundancia de minerales en su suelo, pero la corrupción local e internacional se

272. Siddharth Kara, *Cobalt Red: How the Blood of the Congo Powers Our Lives*, San Francisco: St. Martin's Press, 2023.

asegura de mantener bajos los precios de estos recursos indispensables, a expensas de cobrarse miles de vidas y generar una miseria humana sin fin.

El quid de la cuestión es que ningún otro medio cultural tan influyente como los videojuegos tiene sus raíces tan profundamente arraigadas en la tierra ensangrentada de esta máquina extractivista y perversa. Si bien es cierto que las películas ahora se filman cada vez más con cámaras digitales en lugar de analógicas, que se disfrutan más en *laptops* que en cines, y que gran parte de la posproducción se realiza en computadoras, aún existen alternativas. Las películas pueden rodarse casi de manera íntegra con dispositivos bastante simples o con efectos visuales obtenidos de forma sostenible. En el mundo del cine, el cambio es más fácil de imaginar porque existen precedentes en la historia del medio. Lo mismo sucede en el sector de la música: estos minerales también están presentes en ciertos aspectos del hardware, la producción y la reproducción musical, pero no de manera tan generalizada, hay formas de escapar. En el caso de los videojuegos, sin embargo, ha sido la norma desde sus inicios, y la situación es cada vez más descarnada. Son pocos los que alzan la voz sobre las implicancias inescrupulosas y oscuras de esta realidad.

La perversa cadena de producción del hardware moderno continúa con el ensamblaje de las materias primas extraídas en los dispositivos que usamos y apreciamos, dentro de megafábricas sombrías, apenas reguladas e invisibles, en otra parte del Sur Global. En 1974, el taiwanés Terry Gou, de 24 años, pidió prestados 7500 dólares (el equivalente a 45 000 dólares actuales) a su madre para iniciar un negocio. Así nació Foxconn[273]. La empresa, que primero se estableció en la provincia de Guangdong, China, pero tiene fábricas en todo el mundo, fabrica tecnología para clientes occidentales desde los ochenta. Pero fue su colaboración con Apple a fines de los dos mil lo que provocó su crecimiento exponencial en tamaño e influencia. Cuando Foxconn comenzó sus operaciones en los años setenta, Shenzhen era un

273. Charlie Campbell, "Foxconn Founder Terry Gou Wants to Be Taiwan's President–and a Go-Between for US and China", Time.com, 11 de julio de 2019.

puerto pesquero a las afueras de Hong Kong con 300 000 habitantes. Hoy es una megalópolis de 12 millones de habitantes que produce el 90 % de la electrónica de consumo del mundo. Casi todas las empresas de hardware para videojuegos han tenido o tienen vínculos con Foxconn: Atari, Dell, Hewlett-Packard (HP), Microsoft (consolas Xbox), Nintendo, Nokia, Samsung Electronics, Sony (consolas PlayStation), y todas ensamblan sus productos en condiciones cuestionables.

El traslado diario a una fábrica de Foxconn y la jornada laboral en ella no suceden en los horarios habituales: el trabajo casi nunca se detiene. Foxconn es conocida por construir ciudades enteras (que albergan a unas 300 000 personas) para satisfacer la demanda de su producción. Los trabajadores son traídos de pueblos y aldeas cercanas, algunos de hasta 700 kilómetros de distancia, para que vivan en estas megafábricas durante semanas enteras, duerman en grandes dormitorios compartidos, coman y socialicen en estas instalaciones. Trabajan en promedio once horas por día, con turnos que a veces van de las seis de la mañana a las diez de la noche, en pabellones de ensamblaje sin ventanas y ruidosos. Los fines de semana y los feriados no existen. Los trabajadores solo tienen un franco al mes, pero en temporada alta pueden pasar varios meses sin días libres[274].

La integración vertical (la técnica de producción por la que Foxconn es tan venerada y la razón por la que consigue tantos contratos) consiste en que miles de trabajadores se dediquen a una tarea minúscula, de forma repetida. Un trabajador solo inserta o ajusta un único tornillo, luego el producto sigue su camino en la línea de ensamblaje y el siguiente trabajador realiza la siguiente tarea minúscula. De esta manera, se pueden fabricar muchos dispositivos con gran rapidez y, lo que es más importante, a un precio bajísimo, ya que el costo de mano de obra es insignificante. A mediados de la segunda década del siglo XXI, los

274. "Beyond Foxconn: Deplorable Working Conditions Characterize Apple's Entire Supply Chain", *China Labor Watch*, 27 de junio de 2012.

trabajadores de Foxconn ganaban poco más de 1 dólar por hora, o unos 200 dólares al mes[275].

Contrario a lo que repite su Departamento de Relaciones Públicas, el ingenio de Apple y el motor de sus ganancias no reside tanto en su diseño elegante como en la astuta tercerización del proceso de manufactura que realmente arma sus productos. Los márgenes de ganancia son abismales. Las investigaciones muestran que fabricar un iPhone que se vende a 1000 dólares cuesta entre 150 y 455 dólares; el resto son márgenes de ganancia excepcionales para Apple, lo que la convierte en la empresa más valiosa del mundo. A partir de 2010, comenzó a quedar claro que no todo lo que es materialmente genial es necesariamente ético. Las grietas en la imagen pública comenzaron a aparecer. Antes de 2010, dos trabajadores se quitaron la vida en los campus de Foxconn. El señor Hou se ahorcó en un baño de la empresa en 2007[276]. En 2009, Sun Dan-yong se arrojó desde un edificio de departamentos después de perder un prototipo de iPhone. Antes de morir, denunció que empleados de Foxconn lo habían golpeado y allanado su hogar. En 2010, quince trabajadores de Foxconn intentaron suicidarse; dos sobrevivieron y nunca se divulgó información sobre tres de ellos. Todos, salvo unos pocos, se arrojaron desde los edificios de la empresa. A partir de ese momento, la empresa instaló redes de seguridad alrededor de sus instalaciones para evitar que otros sigan su ejemplo. Se sabe que hubo siete suicidios más después del pico de 2010[277].

La indignación resonó en todo el mundo. Incluso algunas empresas tecnológicas se vieron obligadas a justificar su colaboración con Foxconn, aunque, por supuesto, ninguna rompió sus contratos. En respuesta a la presión de los sindicatos y las protestas, sobre todo en Hong Kong, Foxconn aumentó los salarios de los empleados en Shenzhen y llevó a monjes budistas para que

275. *Ibid.*

276. Bin Jiang, *The Foxconn Factory Site, Methods, and Procedure for Design Interventions*, Hong Kong: Universidad de Hong Kong, 2021.

277. David Barboza, "IPhone Maker in China Is Under Fire after a Suicide", *The New York Times*, 26 de julio de 2009.

realizaran sesiones de oración. También rápidamente exigieron que los trabajadores firmaran compromisos de no suicidio, lo que impediría que sus familias demandaran en caso de muerte. Existen informes no verificados que insisten que Foxconn usa mano de obra forzada de personas del grupo étnico uigur[278]. Las infracciones de las fábricas de Riteng Electronics en Guangzhou son aún peores. En promedio, los trabajadores de Riteng trabajan casi doce horas al día por un salario de 1,30 dólares por hora, muy por debajo del ya miserable promedio de 1,62 dólares por hora que ganaban los trabajadores de Foxconn a principios de los años veinte[279]. La mitad de los empleados de Riteng calificaron las condiciones de seguridad y salud de la empresa como "malas", en comparación con solo el 2 % de los trabajadores de Foxconn que dieron la misma calificación[280]. Cabe destacar que Riteng es el principal fabricante en masa de gabinetes de arcade modernos, joysticks de juegos de lucha y otra parafernalia para videojuegos. Por lo tanto, la línea de ensamblaje de accesorios para videojuegos es aún más brutal y tiene menos protecciones que la producción de artículos equivalentes en otros sectores tecnológicos mixtos.

Los desarrolladores de juegos del Norte Global, bien pagos y modernos, parecen ser los únicos considerados dignos del prestigio, la seguridad y los salarios que conlleva trabajar en la industria, mientras que las poblaciones silenciadas de los trabajadores que fabrican el hardware, cuya sangre, sudor y lágrimas hacen posible que estos creadores gocen de sus carreras rentables y de moda, son ignoradas de forma sistemática. Incluso en el importante movimiento sindical de los trabajadores de los videojuegos, pocos expresan solidaridad con los equipos de personas que trabajan en las minas de la República Democrática del Congo

278. Brian Merchant, "Life and Death in Apple's Forbidden City", *The Guardian*, 18 de junio de 2017.

279. "Beyond Foxconn: Deplorable Working Conditions Characterize Apple's Entire Supply Chain", *China Labor Watch*, 27 de junio de 2012.

280. Jenny Chan, Ngai Pun, Mark Selden, "Dying for an iPhone: the Lives of Chinese Workers", *China Dialogue*, 15 de abril de 2016.

o en las fábricas de Foxconn, y reconocen su contribución fundamental (como colegas que merecen apoyo y atención), y mucho menos toman medidas para colaborar con ellos en esfuerzos sindicales.

Si bien los medios occidentales no informan esta situación, la resistencia a estas condiciones horrendas es generalizada. Solo en la primera mitad de 2022, se registraron cientos de huelgas en fábricas. Miles de protestas tienen lugar en China cada año. Los sindicatos trabajan bajo condiciones increíblemente difíciles, pero logran victorias. En 2012 y 2013, tras las protestas en las fábricas de Foxconn que fabrican las consolas Xbox y PS4, las condiciones mejoraron de absolutamente horribles a un poco menos malas[281]. Los salarios están aumentando en las fábricas de Foxconn en China, pero las mejoras en las condiciones son inestables. Surgen informes de recortes salariales y eliminación de beneficios de forma periódica[282]. Sin embargo, el capital está detectando debilidades en este modelo de negocios y está trasladando las líneas de ensamblaje a Taiwán e India, donde pueden pagar salarios aún más bajos.

Con la noticia de que Foxconn abrirá plantas de producción en Estados Unidos, se podría pensar que habrá mejores condiciones, pero mientras el ánimo de lucro sea más importante que los trabajadores y su bienestar, hay pocas esperanzas de un futuro realmente mejor, a menos que reconstruyamos toda la industria desde cero. Además, basta con ver la manera en que Amazon trata en Estados Unidos a sus trabajadores en los depósitos que distribuyen hardware de videojuegos para saber que la situación ahí no es mucho mejor[283]. Si queremos disfrutar de nuestro amado

281. Han Tang, "China's Young Workers Fight Back at Foxconn", *Labor Notes*, 13 de agosto de 2013.

282. Shannon Liao, "Amazon and Foxconn Reportedly Strip Workers of Benefits and Pay Low Wages in Chinese Factory", *The Verge*, 11 de junio de 2018.

283. Michael Sainato, "'They're More Concerned about Profit': Osha, Doj Take On Amazon's Gruelling Working Conditions", *The Guardian*, 2 de marzo de 2023.

hobby sin culpa, es necesario abolir toda la línea de producción y reconstruirla desde cero.

Toda esta basura acaba en algún lado. La industria de los videojuegos también es responsable de una cantidad enorme de desechos plásticos y electrónicos, procedentes de consolas, PC y parafernalia relacionada. Ben Abraham escribió un libro sobre el impacto del carbono en esta industria y realizó otras investigaciones en la misma línea. Su estimación es impactante:

> Para las tres principales consolas domésticas de las que tenemos datos, el peso total solo de los discos de juegos de plástico entre 2000 y 2018 es de 97 301 toneladas métricas. Para ponerlo en perspectiva, un Boeing 747 completamente cargado pesa alrededor de 412 toneladas métricas. Eso significa que equivalen a 236 aviones Boeing 747 cargados por completo. ¡Esa cifra es solo de discos plásticos! ¿Qué altura tendría una pila de esos discos? Si cada uno mide 1,2 mm de altura, nuestra hipotética pila de más de 7400 millones de discos mediría casi 9 kilómetros. Es cierto, es una pila delgada, pero guau. El Burj Khalifa solo mide 892 metros de altura, así que nuestra pila es 10 veces más alta que el edificio más alto del planeta. ¿Y qué pasa con el plástico de las consolas? Aunque la estimación es menos precisa, se obtuvo una cifra total de 251 817 toneladas métricas de plástico, casi dos tercios del peso del Empire State Building[284].

La producción de todos estos objetos, con los que se juega de manera fugaz y que gran parte termina rápido en un basurero, se suma a la oleada de violaciones que esta industria impone al mundo que la rodea. La huella de carbono que genera casi no se calcula ni se discute, pero sin duda está creciendo a un ritmo alarmante. Pocos periodistas e investigadores están interesados en abordar este tema, y aún menos reciben financiamiento para hacerlo. Lewis Gordon, que escribe para *The Verge*, es una de las pocas personas que investigan al respecto. Señala que el consumo de electricidad de los dispositivos de juego se estima en 34 teravatios-hora de energía por año, lo que equivale a 5 millones de

284. Ben Abraham, "What's the Game Industry's Plastic Footprint?", *Greening the Games Industry*, 17 de abril de 2023.

autos. Es decir, las emisiones generadas por dichos dispositivos equivalen a las de todos los autos en Austria o Arabia Saudita[285]. Alex Hern, de *The Guardian*, ilustra una vez más esta impactante estadística:

> Tomemos como ejemplo a *Elden Ring* (2022), el juego estrella del momento. Según el sitio de análisis SteamSpy, la versión de PC tiene entre 10 y 20 millones de usuarios, con un tiempo promedio de juego de 77 horas y un consumo aproximado de 500 W por jugador. Eso significa que, en sus primeras seis semanas a la venta, el juego consumió entre 385 GWh y 770 GWh de electricidad. Y eso es solo en la versión de PC, sin contar las de Xbox y PlayStation. Para ponerlo en perspectiva, en ese mismo período, Hornsea One, el parque eólico marino más grande del mundo, puede generar 1200 GWh de electricidad, siempre y cuando el viento sople de manera correcta todo el tiempo[286].

En una conversación con Lewis Gordon, esta vez para la revista *Wired*, Ben Abraham no da vueltas: "Este es el único juego ahora: ¿cómo evitamos que nuestro planeta se queme vivo?". Afirma que los actores de la industria deben presionar por el cambio, pero que también necesitamos acciones más directas, protestas y una presión popular sustancial para revertir la situación[287]. Es asombroso y absolutamente deprimente que, en una causa tan crucial (la supervivencia del planeta Tierra), solo personas como Gordon y Abraham estén encendiendo las alarmas.

Sin duda, existen algunas iniciativas ecológicas aisladas, pero equivalen a intentar secar el mar con una toalla. Por ejemplo, la Green Games Guide de la United Kingdom Interactive Entertainment (UKIE, una organización británica de presión de la industria) ofrece consejos bien intencionados pero, en última

285. Lewis Gordon, "The Many Ways Video Game Development Impacts the Climate Crisis", *The Verge*, 5 de mayo de 2020.

286. Alex Hern, "TechScape: Will the Video Games Industry Ever Confront Its Carbon Footprint?", *The Guardian*, 13 de abril de 2022.

287. Lewis Gordon, "How to Make the Video Game Industry Greener", Wired.com, 9 de junio de 2022.

instancia, simbólicos para los estudios de videojuegos que quieran ser más ecológicos: reducir residuos y reciclar, disminuir los viajes al trabajo y de negocios, optimizar los juegos, considerar compensar las emisiones de CO_2[288]. Mientras tanto, los escenarios de ficción poscrisis climática y las habilidades de supervivencia necesarias para enfrentarlos se están convirtiendo en elementos populares de los videojuegos contemporáneos. La UKIE también sugiere, sin el menor cinismo, crear videojuegos con temáticas sobre el cambio climático como una forma de resistencia contra dicho cambio climático[289].

Por lo tanto, se completó el círculo: la industria de los videojuegos (una gran contaminadora y un factor importante en la crisis climática) ahora se beneficia de los temas emergentes circundantes. Lewis Gordon escribe con agudeza lo siguiente para *ArtReview* sobre el juego *Battlefield 2042* en 2021:

> Un juego que utiliza la crisis climática como gancho de jugabilidad al mismo tiempo que perpetúa la extracción intensiva de recursos y el consumo de energía (incluida la electricidad utilizada para crearlo y jugarlo). El colmo es que su enfoque superficial sobre el clima extremo (que hará vibrar a los fanáticos de la informática de todo el mundo) es tan irrelevante que termina siendo nada más que una demostración gráfica. El espectáculo de *Battlefield 2042* no solo es vacío, sino también profundamente cínico[290].

288. La compensación es un enfoque plagado de corrupción en el que una empresa privada promete hacer algo, en general, plantar árboles, para compensar las emisiones de CO_2 de una organización financiadora. Cabe destacar que algunas empresas de videojuegos, como Sumo Group, optan por compensar a nivel local, por ejemplo, al financiar turberas en el Reino Unido que almacenan enormes cantidades de carbono. Los resultados, en este caso, son más fáciles de verificar y observar en persona, en comparación con otros enfoques.

289. *Green Games Guide*, informe, United Kingdom Interactive Entertainment, 2021.

290. Lewis Gordon, "This Videogame Is Killing the Planet", ArtReview.com, 8 de diciembre de 2021.

En el Nivel III, sugiero que los juegos con temas políticamente comprometidos pueden sin duda informar a jugadores ya interesados y desempeñar un papel educativo, pero no resulta claro que tengan el poder de convencer a un negacionista del cambio climático para que, de pronto, actúe para salvar nuestro mundo.

Como señala Ben Abraham, es poco probable que la reducción necesaria de emisiones de CO_2 en la industria de los videojuegos provenga del ámbito del desarrollo de software[291]. Sí, será necesario optimizar y reducir el consumo energético decadente en los estudios de videojuegos, pero no son el principal culpable: la mayor parte de la toxicidad emitida por la industria proviene del hardware. El quid del problema es, lamentablemente, que los grandes fabricantes de hardware, como Sony, Microsoft y, en cierta medida, Apple (el mercado de los juegos para dispositivos móviles es enorme, después de todo), son también los grandes financiadores de los acuerdos de publicación de videojuegos, por lo que existe una enorme interrelación. Xbox, PlayStation y Apple Arcade ofrecen grandes sumas a los estudios para que desarrollen juegos para sus plataformas y hardware. Imaginen si la gran mayoría de las películas fueran financiadas por empresas que fabrican cámaras o poseen cadenas de cines: la posibilidad de generar un cambio en una industria así sería mucho más compleja.

Por lo tanto, oponerse a las actividades lucrativas de las mismas empresas de las que los estudios dependen financieramente no es una estrategia viable. Lo que es más importante, empresas como NVIDIA, que acaba de alcanzar una valoración de 1 billón de dólares, están siendo impulsadas por una nueva demanda de chips gracias a la industria de la inteligencia artificial y tienen pocos incentivos para cambiar sus prácticas[292]. Podría ser fácil pensar que los videojuegos son solo una pequeña fracción de la producción total de hardware informático, pero los expertos

291. Podés consultar más al respecto en el brillante blog del doctor Ben Abraham: benabraham.net.

292. Wes Davis and Richard Lawler, "NVIDIA Became a $1 Trillion Company Thanks to the AI Boom", *The Verge*, 31 de mayo de 2023.

no están de acuerdo. Según *The Verge*, que cubre este tema de forma exhaustiva, hubo un enorme aumento de la presencia de artículos para videojuegos en las ferias de electrónica de consumo (CES y otras). Son, en su mayoría, exposiciones de hardware para videojuegos con otras utilidades adicionales[293].

Como demuestra este nivel, por mucho que los desarrolladores progresistas deseen marcar la diferencia y convencer a sus jugadores de un futuro mejor, la glotonería fundamental que sustenta gran parte de la industria suele imponerse y opacar cualquier cambio positivo. Los actos de resistencia y compromiso político en los propios juegos, o incluso en sus comunidades, son eclipsados por el mero peso de la destrucción de tierras, comunidades y medios de vida.

Se nos permite volcar nuestra atención en los videojuegos y librar nuestras batallas dentro del espacio seguro que crean, pero todo eso resulta completamente irrelevante ante la magnitud del problema. Incluso si todos los videojuegos se desarrollaran en una especie de Barbie Land ficticia, donde todo fuera pacífico y todos estuvieran de acuerdo y fueran amables, empáticos y generosos, tanto dentro como fuera del juego; incluso si erradicamos todos los videojuegos violentos, sexistas, xenófobos y altamente adictivos, apenas lograríamos apaciguar el desastre. Es crucial que no nos distraigamos con las intrigas e injusticias dentro de los juegos (por importantes que puedan ser a veces), y nos centremos en el verdadero objetivo: desmantelar esta realidad material culpable y catastrófica que prospera en la actualidad y reconstruir algo mucho menos reprochable.

293. "The TVs, monitors, and laptops of CES 2024 / Today on The Vergecast, it's screens all the way down", podcast de *The Verge*, 10 de enero de 2024.

EL JEFE FINAL

Conclusión

En 1958, el economista Leonard E. Read escribió un ensayo titulado "Yo, lápiz", que detalla todo el proceso necesario para fabricar un simple lápiz: la laboriosa tala de la madera, el corte de la forma, la adquisición del grafito y el pegado; los numerosos países, fábricas y materiales necesarios, como cedro, laca, grafito, virola, facticio, piedra pómez, cera y adhesivos[294]. Esta compleja coreografía abarca largas cadenas de operaciones para obtener los componentes e involucra a una enorme cantidad de trabajadores, desde el barrendero de la fábrica hasta el farero que guía el cargamento hasta el puerto. En 1996, el ensayo fue reimpreso con un prólogo del economista neoliberal Milton Friedman, quien lo utilizó para defender el libre comercio sin restricciones, ignorando los desastres laborales y climáticos provocados por estos sistemas de comercio global no regulados e insostenibles[295]. Aunque estos procedimientos industriales deberían verse como un milagro de cooperación e innovación, en las circunstancias actuales, son más bien un monumento al derroche y la explotación.

Una sola consola de videojuegos moderna, o un juego en sí, es un producto mil veces más complejo que un lápiz; por consiguiente, estos productos ofrecen mil veces más espacios para la

294. Leonard E. Read, "Yo, lápiz: mi árbol genealógico, según Leonard E. Read", *Irvington-on-Hudson*, Nueva York: Foundation for Economic Education, 1998.

295. *Ibid.*

negociación. El diseño industrial de una consola de videojuegos (bocetos, modelado en 3D, selección de especificaciones técnicas) se realiza en sedes corporativas impolutas, donde existen beneficios corporativos, cafeterías de categoría Michelin e incontables asistentes. La interfaz de usuario y la arquitectura del software son creadas por equipos de ingeniería que gozan de salarios altos, suscripciones a gimnasios corporativos y masajistas a disposición. Los componentes más importantes de estos productos son los *chipsets*: CPU (unidad central de procesamiento), GPU (unidad de procesamiento gráfico) y otros conjuntos de chipsets esenciales, como los utilizados para la gestión de energía, la decodificación de video y audio, o la conectividad Wi-Fi y Bluetooth. La mayoría de estos productos contienen minerales extraídos de países pobres bajo condiciones laborales deplorables.

Por ejemplo, el contratista de semiconductores de la PlayStation 5, AMD (Advanced Micro Devices, Inc.), terceriza la fabricación de los chips a TSMC (Taiwan Semiconductor Manufacturing Company Limited), que posee fábricas en todo el mundo con distintos niveles de protección laboral. Las ubicaciones y los procesos de estas fábricas también están sujetas a constantes cambios de poder y manipulaciones geopolíticas, lo que incluye guerras comerciales y sanciones que distorsionan el panorama. En salas herméticamente selladas y esterilizadas, se transporta agua ultrapura, aire, argón y nitrógeno en tubos y tuberías para fabricar los chips[296]. Los residuos tóxicos y la contaminación resultantes de estos procesos de fabricación son inmensos. Los componentes electromecánicos, como los sistemas de refrigeración, las fuentes de alimentación, los discos duros y los componentes estructurales, que incluyen carcasas de plástico y blindajes metálicos, tornillos y fijaciones, se fabrican con componentes como el petróleo, que son perjudiciales para el medio ambiente.

Además, el tráfico de mano de obra es tan generalizado en la industria que las corporaciones de videojuegos se han visto obligadas a emitir comunicados condenándolo. Los puertos

296. Lewis Gordon, "The Environmental Impact of a PlayStation 4", *The Verge*, 5 de diciembre de 2019.

HDMI, USB, Ethernet, los botones, luces LED, cables y conectores son ensamblados, instalados y soldados en el hardware por ejércitos de trabajadores que ganan míseros salarios. Las unidades se prueban, empaquetan, envían, transportan, almacenan en depósitos y tiendas, y se venden, todo ello gracias a una enorme fuerza laboral alienada, a la que se presiona para evitar la sindicalización o se la maltrata. En esta era de decadencia sin precedentes, los videojuegos son una industria se construyó a costa de poblaciones impotentes y silenciadas, sometidas a una miseria cada vez más profunda. Detrás de cada estudio de videojuegos impoluto en Los Ángeles, Londres o Shenzhen, en los que trabajan los desarrolladores mejor pagados, existen ejércitos de trabajadores en las minas en las afueras de Kolwezi, en la República Democrática del Congo, en depósitos en el subdistrito de Longhua, en China, y en granjas de clics en Phnom Penh, Camboya, o en las provincias rusas.

El proceso de creación de un videojuego abarca una amplia gama de condiciones laborales. La mayoría de los estudios desarrollan videojuegos hipercasuales, estilo casino, con enfoques basados en los datos y mecánicas adictivas que exigen poca creatividad y generan trabajos mal pagados y sin futuro. En el otro extremo del espectro se encuentran los estudios independientes, *boutique* o *art-house*, que invierten más en los trabajadores, pero cuyo impacto es insignificante frente a los grandes estudios AAA, en los que las condiciones laborales son duras y la inseguridad es permanente.

Incluso si una persona tiene la suerte de poder desarrollar su propio videojuego de manera independiente, es muy difícil que logre lanzarlo y pueda vivir de su publicación. Dado que solo un puñado de tomadores de decisiones controlan los acuerdos de publicación y los espacios en las tiendas, a menos que trabajes para gigantes del hardware como Microsoft, Sony o Nintendo, la precariedad es la norma. El plazo durante el que se dispone de los fondos para desarrollar las ahora obligatorias superproducciones infladas es cada vez más corto, y son pocos los juegos que realmente tienen éxito. Los que lo logran y además poseen un verdadero valor cultural son excepcionales.

La inteligencia artificial, que probablemente definirá gran parte del arte y la producción en el próximo siglo, está infiltrándose en el desarrollo de videojuegos a una velocidad imparable. En China, ya se están eliminando los puestos de trabajo relacionados con la creación de juegos y se están sustituyendo por máquinas[297]. Los artistas de ilustración en 2D, los actores de doblaje y muchas otras disciplinas están siendo sustituidos. A menos que se implementen protecciones sustanciales de inmediato, la reducción de costos laborales y el consecuente aumento de la mediocridad no harán más que continuar. Si bien la automatización de ciertas tareas repetitivas y tediosas, como el bloqueo de niveles o la creación de recursos para campañas de marketing, puede liberar a los trabajadores para que se enfoquen en tareas más complejas, creativas y estratégicas, los gerentes tienden a pensar a corto plazo y priorizar el ahorro de costos y la reducción de personal[298]. En este contexto, incluso los puestos de ingenieros de software, programadores y artistas destacados empiezan a parecer precarios. ¿Quién defenderá a los diseñadores de niveles, productores, encargados de control de calidad, localización, gestión de comunidades y distribución? ¿Y a las personas que limpian sus oficinas? La IA también está matando la experiencia del videojuego en sí, ya que los *bots* que superan en número a los jugadores reales en los servidores de juegos multijugador, lo que crea un ciclo de artificialidad y el eventual rechazo de las comunidades reales[299].

Los videojuegos se comercializan y publicitan para atraer a un público que a menudo forman comunidades sin moderación llenas de odio y exclusión. En 2019, un autoproclamado gamer masacró a cincuenta y una personas, e hirió a cuarenta en Christchurch, Nueva Zelanda, con un arma decorada con *stickers* de memes de videojuegos y referencias a PewDiePie, y dejó un

297. Viola Zhou, "AI Is Already Taking Video Game Illustrators' Jobs in China", *Rest of World*, 11 de abril de 2023.

298. David Graeber, *Bullshit Jobs: A Theory*, Nueva York: Simon & Schuster, 2018.

299. Laine Brotherton, "Are Bots a Threat to Multiplayer Games?", *Michigan Daily*, 8 de abril de 2021.

manifiesto con numerosas menciones y bromas sobre videojuegos[300]. Un ataque racista en un Walmart en El Paso, Texas; otro en Bærum, Noruega; un intento de atentado en una sinagoga en Halle, Alemania; y un atentado devastador en Poway, California, fueron perpetrados por personas que utilizaron referencias y elementos de los videojuegos, y todos sucedieron con pocos meses de diferencia. Sin duda, habrá más. Las empresas de videojuegos, motivadas solo por el lucro, hacen un esfuerzo mínimo para frenar a los organizadores de extrema derecha que se aprovechan de comunidades crédulas y las cultivan con el fin de generar división y fomentar actos atroces. Y estos comportamientos van en aumento: la proporción de jugadores con conductas tóxicas pasó del 68 % en 2021 al 74 % en 2023[301].

En los espacios digitales, que hasta hace poco carecían de vínculos progresistas, se facilitó la tarea de dinamizar a las poblaciones desilusionadas y articular un proyecto político. Si bien la Primavera Árabe que comenzó en 2010 demostró la importancia de las redes sociales en la organización política (una lección que la izquierda occidental adoptó pronto, con las manifestaciones de Occupy en muchas ciudades del mundo), los espacios de juego, donde se expresa la desilusión política, fueron dejados a merced de *influencers* reaccionarios. Los organizadores y colectivos progresistas, que suelen expandirse rápido a nuevos espacios sociales y logísticos, de alguna manera ignorarlo, con excusas como "esta tecnología es irrelevante" o "esta tecnología es malvada", hasta que los resultados comenzaron a dictar las reglas.

En ausencia de una oposición sólida, gran parte del sector de los videojuegos se ha convertido en una herramienta para la facción más oscura de los acumuladores de capital, permitiéndoles consolidar su influencia. Es aquí donde los *criptobros* lavan dinero y los fabricantes de armas llenan sus arcas. Es un espacio de prueba para métodos de comunicación política con millones

300. Anthony Cuthbertson, "'Subscribe to PewDiePie': What Did Christchurch Mosque Gunman Mean in Final Words Before Shooting?", Independent.co.uk, 15 de marzo de 2019.

301. *Toxicity in Multiplayer Games Report*, Unity, 2023.

de jugadores desprevenidos, lo que lleva a que esas estrategias ganen influencia en el mundo digital más amplio y produzcan efectos en la vida real.

La cultura abandona sus aspiraciones de innovación y se coloca en el rincón del conformismo y la rentabilidad. El entretenimiento, bajo el capitalismo tardío, es una mera prolongación del trabajo. Se busca como un escape del proceso mecanizado de producción, solo para recuperar fuerzas y seguir soportando el trabajo. La cultura, tal como se concibe en la actualidad, existe porque no hay libertad[302]. Incluso jugar, que alguna vez fue una actividad privada e inocente, ha sido mercantilizada al punto de volverse irreconocible. Cada posible actividad ahora se comercializa, consume y vende para beneficio del propietario. Las imágenes y la gesticulación prevalecen sobre lo real, lo que crea una pseudorrealidad que contrasta con el mundo real.

Estas fuerzas pueden parecer imparables, inmutables, demasiado grandes para comprenderlas o influir en ellas. Y sin embargo, en palabras del fallecido David Graeber, la gran verdad escondida sobre el mundo es que es algo que hacemos y que, por lo tanto, podríamos hacer de otra manera[303]:

> Si logramos liberarnos de las ataduras de la moda, de la necesidad de decir constantemente que lo que ocurre ahora es único e inédito (y por lo tanto, en cierto sentido, inmutable, ya que al parecer todo debe ser siempre así), podríamos comprender la historia como un campo de posibilidad permanente, en el que no hay ninguna razón particular por la que no podamos al menos intentar comenzar a construir un futuro redentor en cualquier momento[304].

302. Theodor Adorno, *The Culture Industry: Selected Essays on Mass Culture*, editado por J. M. Bernstein, Londres: Routledge, 1991.

303. David Graeber, *The Utopia of Rules: On Technology, Stupidity, and the Secret Joys of Bureaucracy*, Nueva York: Melville House, 2015.

304. David Graeber, *Revolutions in Reverse: Essays on Politics, Violence, Art, and Imagination*, Londres y Nueva York: Minor Compositions, 2011, 111.

Los videojuegos no tienen por qué ser así. De hecho, en muchas partes de la industria, se está gestando un cambio real. Ahora tenemos la oportunidad de fortalecerlo.

Me inspira pensar en una alternativa, en pequeña escala, cuando alguien que conozco en línea me envía fotos de su Raspberry Pi (una computadora fabricada de manera ética) que funciona con energía solar[305]. ¿Cómo sería una versión masiva de esta ética de fabricación? ¿Cómo podríamos tener sistemas operativos y otro software que, de alguna manera, no perpetuaran las prácticas capitalistas? Son preguntas trascendentales sin respuestas fáciles. El objetivo debe ser alejar a los videojuegos y otras prácticas digitales de su participación en la vorágine de daño.

La magnitud del problema no hace sino crear un sinfín de oportunidades para involucrarse. Si en la fabricación de un lápiz existen numerosas partes del proceso de producción y, por lo tanto, numerosos espacios de resistencia, en los videojuegos y su hardware maldito ¡hay muchos más! Las vías para generar impacto, revisión y subversión son amplias, y muchos las están aprovechando.

Existe un rayo de esperanza en el sector de la fabricación de hardware. En 2023, Namibia anunció una política que podría marcar un cambio radical: la prohibición de exportar litio, cobalto y otros minerales sin procesar esenciales para la fabricación de baterías eléctricas. Junto con Zimbabue, Namibia está empezando a beneficiarse de la creciente demanda global de metales utilizados en tecnologías de energía limpia, en lugar de enviar todas las ganancias a los dueños de las empresas privadas que operan dentro de sus fronteras. Procesar estos metales a nivel local, regular mejores condiciones en las minas y gravar la venta de minerales esenciales podría transformar las brutales prácticas que existen en estas industrias[306].

La *Inflation Reduction Act* (ley de reducción de la inflación) de Estados Unidos (2022) también podría traer un viento

305. Marijam Didžgalvytė, @marijamdid, Twitter, 8 de marzo de 2023.

306. "Namibia Bans Export of Unprocessed Critical Minerals", Reuters.com, 8 de junio de 2023.

de cambio a la industria. Esta ley introduce subsidios para la fabricación de chips informáticos en Estados Unidos, lo que diversifica los lugares y medios por los que se obtienen, lo que podría facilitar que los procesos de fabricación de hardware se realicen en áreas económicas con salarios más altos. Por supuesto, no hay que dejarse engañar: estas políticas responden a imperativos proteccionistas, no a una preocupación por el bien común. Seguirán beneficiando a los oligarcas dueños de los medios de producción locales y las barreras de propiedad seguirán aumentando. Aun así, es posible que pronto se revisen los actuales procesos de producción de pésima calidad.

Los modos de producción tóxicos dieron lugar a marcas tóxicas. Las empresas de hardware están empezando a notar que su forma actual de operar exige, al menos de la boca para afuera, hacer lo contrario. En 2019, el Programa de las Naciones Unidas para el Medio Ambiente fundó una iniciativa llamada "Alianza Jugando por el Planeta", en la que veintiuna grandes empresas de videojuegos, incluidas Sony y Microsoft, se comprometieron a compartir mejores prácticas para volverse más ecológicas. Si bien es una iniciativa loable, hasta ahora muestra avances lentos: su mayor logro fue asegurar que el 60 % de los miembros de la alianza se comprometieran para alcanzar el estado cero neto o carbono negativo para 2030, un objetivo que es poco probable que se cumpla.

Podemos criticar que esta iniciativa de la ONU sea el espacio donde se concentran todas las conversaciones sustanciales sobre el cambio climático y los videojuegos, y se diluyen en nada. Sin embargo, es importante incluso señalar el surgimiento de este discurso. La industria de la moda, por ejemplo, avanzó mucho más en términos de sostenibilidad y procesos de fabricación, al menos en su segmento de lujo, pero la transformación llevó tiempo. La ropa de segunda mano, el cuero y la piel sintética y microindustrias enteras centradas en la sostenibilidad son ahora una parte clave de la experiencia de la Semana de la Moda.

Dada la creciente presión por parte de los consumidores y las personas comprometidas dentro de la industria, y gracias a una mayor transformación en la geografía de producción y en los incentivos de las cadenas de ensamblaje, quizá el cambio en los videojuegos también tome impulso y el proceso de reciclaje deje de limitarse solo al plástico.

Ya está sucediendo a pequeña escala. La Asociación de Desarrolladores de Juegos de Finlandia, por ejemplo, creó un modelo para que las empresas finlandesas de videojuegos calculen su huella de carbono[307]. La empresa independiente danesa Die Gute Fabrik presentó un informe sobre su huella de carbono como parte del lanzamiento del juego *Saltsea Chronicles* en 2023[308]. Este tipo de ejemplos cambiarán el *statu quo*.

El movimiento sindical global nos da muchas razones para ser optimistas. Estas organizaciones presionan para modificar la manera en que se crean los videojuegos y su hardware. Existen sindicatos sólidos de trabajadores del sector de los videojuegos en el Reino Unido, Corea del Sur, Australia, Brasil, Argentina y varios países de la UE, y están surgiendo nuevos en China, India y partes de África. En Estados Unidos, la Campaign to Organize Digital Employees (campaña para organizar a los empleados digitales), una rama del sindicato Communications Workers of America (CODE-CWA), sindicó a numerosas empresas y logró mejoras salariales y condiciones de trabajo dignas. Con más de 4000 miembros a nivel nacional en distintos sectores tecnológicos y de los videojuegos, este sindicato ha construido una base impresionante y sostenible para desafiar las estructuras empresariales opresivas[309].

Por ejemplo, con el apoyo del sindicato, los trabajadores de control de calidad de Raven Software (encargados de probar juegos como *Call of Duty*) formaron la Game Workers Alliance con los siguientes objetivos: "Nos enfocamos en mejorar las condiciones de los trabajadores en la industria de los videojuegos,

307. "Finnish Game Industry Model for CO2 Emissions Calculations–An Update", *Neogames Finland*, mayo de 2023.

308. Sophie McEvoy, "Die Gute Fabrik and the Necessity to Tackle Climate Inaction", GamesIndustry.biz, 26 de octubre de 2023.

309. Podés leer más acerca de sus asombrosas victorias en su sitio web: code-cwa.org.

de modo que sea un lugar más sostenible y equitativo en el que prime la transparencia. Además, abogamos por nuestros trabajadores marginados y que pertenecen a minorías por medio de un espacio diverso en el que sus voces se escuchen en solidaridad"[310].

Están proliferando los estudios que logran convenios colectivos de trabajo y ya no cabe duda de que por fin la industria tendrá las estructuras sindicales fuertes que merece.

También en Estados Unidos, el poderoso sindicato de trabajadores del cine y la televisión SAG-AFTRA anunció en 2023 que trabajará por lograr mejores contratos para sus colegas en la industria del doblaje en los videojuegos[311]. Los trabajadores de los depósitos de Corsair, una empresa de hardware para videojuegos, formaron un sindicato, lo que podría influir en sus fábricas en Taiwán. ¿Qué pasaría si siguieran el mismo camino? En el sector de los juegos de mesa, los trabajadores se están sindicalizando[312]. Los trabajadores de las salas de escape se están sindicalizando[313]. Existen ejemplos de colaboraciones maravillosas y solidaridad entre un capítulo de un sindicato de trabajadores de los videojuegos que apoya a un sindicato de trabajadores de limpieza, o que recibe apoyo de sindicatos de trabajadoras sexuales, entre otros.

Está floreciendo una exquisita ecología de solidaridad y cooperación gracias a los esfuerzos de sindicalización dentro de la industria. El mensaje es claro y contundente: ningún trabajador de los videojuegos está solo. Cada vez más, los trabajadores del sector se consideran sujetos económicos y, a su vez, educan a los fanáticos (los jugadores) para que comprendan que nuestras condiciones materiales deben mejorar a través de la organización

310. "Mission Statement", Game Workers Alliance.

311. Gene Maddaus, "SAG-AFTRA to Set More Talks with Video Game Companies in Hopes of Averting Second Strike", Variety.com, 16 de octubre de 2023.

312. Nicole Carpenter, "Corsair's Warehouse Workers Make Pennies Compared to CEO's Millions–and Now They're Fighting Back", Polygon.com, 15 de septiembre de 2023; Nicole Carpenter, "Tabletop, Card Game Retailers Join the Game Industry's Burgeoning Union Push", Polygon.com, 9 de noviembre de 2022.

313. "Escape Room Workers Union Goes Public", Industrial Workers of the World (IWW), 2 de julio de 2023.

colectiva, no mediante la marginalización y opresión de comunidades ya vulnerables. Se está creando una red de resistencia para frenar las estructuras verticales de los estudios actuales y las prácticas que imponen a su fuerza laboral.

Algunas empresas están llevando aún más lejos las estructuras organizativas en el desarrollo de videojuegos. El popular juego *roguelike* de plataformas *Dead Cells* (2018) fue desarrollado por el estudio francés Motion Twin, que se define como una cooperativa de trabajadores anarcosindicalista, con igualdad salarial y poder de decisión compartido[314]. Los juegos del estudio han sido ampliamente elogiados y ganaron múltiples premios, lo que demuestra que los videojuegos de gran calidad pueden tener éxito cuando se crean bajo estructuras alternativas a los modelos jerárquicos tradicionales centrados en la extracción de ganancias. Matajuegos, una cooperativa de desarrollo de videojuegos en Argentina, se formó en 2021 durante la pandemia y lanzó títulos muy bien recibidos por la comunidad. Imaginemos una industria en la que los creadores sean especialistas en lugar de simples eslabones en la jerarquía gerencial. No significa que las cooperativas sean la única respuesta, ya que incluso en estos espacios pueden surgir prácticas laborales tóxicas. Sin embargo, la diversidad de experimentación con nuevas formas de trabajo que tiene lugar en la industria de los videojuegos ilumina un camino hacia un futuro prometedor. Cabe destacar que muchas empresas son pioneras en la adopción de la semana laboral de cuatro días gracias a numerosos estudios grandes y pequeños (como Crow Crow Crow, Kitfox Games, Splash Damage y Blackbird Interactive). Estos actores para nada menores, que cuentan con presupuestos multimillonarios, están demostrando que puede existir un equilibrio más humano entre el trabajo y la vida personal.

Noma, un restaurante de Copenhague con tres estrellas Michelin, anunció que cerrará sus puertas a fines de 2024. Los propietarios planean enfocarse en un negocio de productos culinarios de alta gama en lugar de seguir operando el restaurante. Se

314. Nathan Grayson, "Game Studio With No Bosses Pays Everyone the Same", Kotaku.com, 25 de julio de 2018.

preguntarán cómo se relaciona este caso con las tendencias existentes en la industria de los videojuegos. Cuatro meses antes del anuncio, por primera vez, Noma (donde una cena podía costar hasta 1000 dólares por persona) comenzó a pagarles a sus ejércitos de pasantes. Esta decisión parece haber sido impulsada por un informe del *Financial Times* que expuso las condiciones laborales extremas en la alta gastronomía y el acoso y agotamiento que padece el personal[315]. Al igual que sucede con quienes trabajan en el sector de los videojuegos, los trabajadores de restaurantes de lujo son explotados debido a su pasión por el oficio. Hoy en día, estamos alcanzando un punto máximo en el tamaño de los equipos de desarrollo, la complejidad de las mecánicas y la fidelidad gráfica de los videojuegos. Afortunadamente, el bienestar de los desarrolladores está bajo la lupa como nunca, y sitios como *Polygon* y *youtubers* como Jimquisition están realizando investigaciones y publican críticas sobre las prácticas laborales en la industria. ¿Decidirán finalmente los estudios AAA de alto nivel reducir la escala y enfocarse en proyectos más pequeños y sostenibles? Nadie lo sabe con certeza, pero el fin de la era barroca en los videojuegos sería bienvenido.

Los responsables de las políticas públicas se están familiarizando de a poco con las lagunas legales que permiten las prácticas más perniciosas relacionadas con los consumidores dentro de la industria. Solo en 2023, el gobierno neerlandés inició un proceso para prohibir las cajas de recompensas, equiparándolas a los juegos de apuestas. Microsoft, EA, Activision, Ubisoft y Epic Games enfrentaron demandas por adicción a los videojuegos en Estados Unidos. Se realizaron arrestos en Francia relacionados con las investigaciones de acoso sexual en Ubisoft. Aumentó la presión y los pedidos para establecer contratos más robustos con los jugadores de deportes electrónicos. El gobierno de Corea del Sur acusó al Comité de Clasificación y Administración de Juegos

315. Imogen West-Knights, "Fine Dining Faces Its Dark Truths in Copenhagen", *Financial Times*, 2 de junio de 2022.

de malversación de fondos[316]. Las prácticas depredadoras están siendo cada vez más cuestionadas, y la presión tanto de los desarrolladores como de los jugadores seguirá en aumento.

Quizá en el futuro emerja un nuevo marco conceptual que deje de clasificar los medios según su género y en su lugar los agrupe según su modo de producción. El funcionamiento de una productora de cine independiente como A24 tiene mucho más en común con el de un estudio de videojuegos artísticos como The Chinese Room, o con muchas de las joyas que publica Annapurna Interactive, que con los estudios que producen los éxitos de acción taquilleros de Hollywood o los *reality shows* de baja calidad. Los juegos para dispositivos móviles repletos de microtransacciones, mecánicas diseñadas para generar adicción y narrativas mediocres están al mismo nivel que las películas de propaganda rusa de tercera categoría o las series sin sentido que producen en masa los servicios de *streaming* más mediocres.

En términos de intencionalidad o calidad de participación, alguien que descarga *Candy Crush* u otro juego casual recibe la misma recompensa que quien pone un *reality show* gratamente burdo. Un *streamer* reaccionario que se indigna por la opción de elegir pronombres en un juego es el equivalente a un barra brava prejuicioso. De la misma manera, debería haber una afinidad entre un especialista en juegos independientes y un cinéfilo amante del cine independiente. Sin embargo, mientras todos los videojuegos y el hardware sigan produciéndose bajo las actuales condiciones de explotación, una simple recalibración de categorías no será suficiente para detener los delitos que se cometen en la industria.

Muchas personas escribieron sobre la belleza y la importancia de los videojuegos, incluso los que se crean bajo las

316. Jeffrey Rousseau, "Dutch Government Seeks to Ban Loot Boxes", Gamesindustry.biz, 3 de julio de 2023; James Batchelor, "Microsoft, EA, Activision, Ubisoft and Epic Face Game Addiction Lawsuit", GamesIndustry.biz, 8 de noviembre de 2023; Ash Parrish, "Former Ubisoft Executives Arrested After Sexual Harassment Investigation", *The Verge*, 4 de octubre de 2023; Jeffrey Rousseau, "South Korean Government Charges Game Rating and Administration Committee with Embezzlement", GamesIndustry.biz, 5 de julio de 2023.

condiciones venales actuales. Simon Parkin destaca lo mejor de los videojuegos en el siguiente texto que escribió sobre *Elden Ring* en *The Guardian*:

> Los videojuegos pueden ser muchas cosas diferentes y representar diversas ambiciones artísticas. Sin embargo, la mayoría comparte un objetivo común: conjurar una realidad ficticia envolvente, llena de misterios atractivos, secretos encantadores y oportunidades enriquecedoras para competir y colaborar. Buscan proporcionar un espacio liminal en el que un jugador decidido pueda arreglar lo que está roto, ordenar lo que es caótico. Su regalo final es la certeza de que, sin importar qué monstruos acechen en un mundo roto, con perseverancia y cooperación, también pueden ser derrotados[317].

Según la artista de videojuegos e investigadora Mary Flanagan, y la teórica de los medios Helen Nissenbaum, "todos los juegos expresan y encarnan valores humanos, desde nociones de justicia hasta ideas profundas sobre la condición humana, y proporcionan un espacio convincente donde las personas pueden desarrollar sus creencias e ideas"[318]. Muchos de nosotros nos relacionamos con los videojuegos en mayor o menor medida, algunos sienten curiosidad, y otros, es comprensible, prefieren evitarlos debido a las formas éticamente cuestionables en que se producen.

Y, sin embargo, los juegos pueden sacar lo mejor de nosotros. Retratan y reflejan valores que moldean y construyen nuestra identidad colectiva. A veces los videojuegos salvan vidas, ya que ayudan a los jugadores a encontrar significado en su contenido o puntos en común con millones de personas que disfrutan del mismo pasatiempo. Con suficiente ambición e ingenio, el diseño de un videojuego incluso puede literalmente prevenir muertes. *Foldit* (2008), disponible en línea, es un juego digital centrado en las complejidades de la configuración de las proteínas.

317. Simon Parkin, "Elden Ring Review–An Unrivalled Masterpiece of Design and Inventiveness", *The Guardian*, 23 de febrero de 2022.

318. Mary Flanagan y Helen Nissenbaum, *Values at Play in Digital Games*, Cambridge: MIT Press, 2014, 3.

Originado a partir de una iniciativa de investigación pionera del Centro de Ciencias del Juego y el Departamento de Bioquímica de la Universidad de Washington, *Foldit* invita a los jugadores a organizar estructuras de proteínas de forma meticulosa mediante herramientas inspiradas en la gamificación. Los investigadores evalúan las configuraciones mejor logradas para identificar patrones estructurales naturales que puedan aplicarse a proteínas reales. Los conocimientos obtenidos de estas disposiciones han ayudado a los científicos a abordar enfermedades y desarrollar avances biológicos[319].

Los videojuegos nos permiten enfrentar nuestros mayores miedos. En *Still Wakes the Deep* (2024), los jugadores se enfrentan a temas como el aislamiento y la pérdida de seres queridos en una Escocia de los años setenta inspirada en el cine de Ken Loach[320]. Por otro lado, títulos como *Unpacking* (2021) transforman lo mundano en algo mágico, como convertir el simple acto de desempacar en un viaje lúdico, intercalado con una narrativa sutil que trata sobre el crecimiento personal y las relaciones tóxicas. Los juegos de simulación de vida, como *Los Sims*, permiten que los jugadores den forma concreta a sus ensoñaciones, permitiéndoles alcanzar estados de éxtasis que les son negados en la vida real, aunque sea de manera breve y sintética. El autor vanguardista ruso de videojuegos Vasily Zotov crea experiencias pesadillescas y *horribles* de un modo estimulante, que exploran la oscuridad de Hollywood, la hipnosis de policías, globos oculares octogonales en hospitales psiquiátricos, el romance entre una actriz y un yeti, y un fascista que destruye un tribunal con un lanzacohetes[321]. Estas maravillas extrañas, excéntricas y alternativas

319. "Foldit Players Beat Scientists in Determining a Protein's Shape", Graduate School of Arts and Sciences, Harvard University, 3 de octubre de 2016.

320. Divulgación: en este momento, trabajo para la empresa que desarrolla el título.

321. Lectura altamente recomendada, una hermosa entrevista con Zotov: Fuzz, "Space Spy: Interview with Vasily Zotov", TigSource.com, 20 de noviembre de 2009.

existen, pero son difíciles de encontrar, permanecen en los márgenes de la industria y reciben poco reconocimiento.

Es solo cuestión de tiempo que descubramos lo que significa hacer videojuegos al estilo del movimiento Fluxus o la Gutai Art Association. ¿El equivalente a un *punk zine* en formato de videojuego con producción DIY, hardware incluido? ¿Videojuegos repulsivamente maravillosos en línea con el accionismo vienés? ¿O videojuegos al estilo de Banksy que pueden ser descubiertos de forma inesperada? ¿Una Sagrada Familia de los videojuegos, una experiencia tan profunda que nos deje sin aliento? Todo está por llegar. ¿Qué significaría que los videojuegos fueran herramientas para cambiar nuestras vidas en lugar de meros significantes del *statu quo*? ¿Cómo serían los videojuegos para quienes imaginamos un mundo postrabajo? ¿Ya no consistirían en cumplir misiones o ganar, sino que podrían atraparnos con una mínima intervención del creador, como una especie de Malevich de los videojuegos? ¿Qué significaría crear juegos de manera ética y orgánica? No solo pequeños *mods* en juegos AAA o proyectos artísticos en Berlín. ¿Qué implicaría transformar esta industria en una fuente de energía renovable en lugar de una fuerza extenuante? Pero incluso con las limitaciones actuales, la creatividad de nuestro medio no tiene parangón. Me intriga saber cuáles serán las reacciones al próximo gigante *GTA VI* (2025) y los espacios creativos que ofrecerá. Con el lanzamiento de este inmenso producto cultural, se formarán muchas percepciones sobre nuestra industria.

Los videojuegos despiertan un abanico de emociones y nos enfrentan a escenarios inesperados. *Pokémon Go* llenó las calles con multitudes de situacionistas inadvertidos que se involucraron en *dérives*, una reimaginación de la ciudad. La cuenta de Twitter Obscure Game Aesthetics nos asombra con las imágenes maravillosas, extrañas y surrealistas que ofrecen los videojuegos. A veces, son los propios jugadores los que crean estas cualidades cuando transforman juegos estándar en rarezas. Una ola de alegría y vértigo nos inunda al ver un *mod* hecho por fanáticos del popular juego de fantasía *Skyrim* (2011), en el que un dragón volador que desciende sobre un pueblo medieval se convierte en

Thomas el Tren, con efectos de sonido de tren incluidos[322]. Al parecer a Mattel, la empresa dueña de la propiedad intelectual y la marca del tren azul, no le gustó tanto y envió a sus abogados corporativos tras el *modder* que lo creó[323].

Se están creando videojuegos sobre ciclos menstruales (*Tampon Run*, 2014), monjes bávaros del siglo XVI (*Pentiment*, 2022), un Shropshire posapocalíptico (*Everybody's Gone to the Rapture*, 2015), un policía de 100 metros de altura que vigila una sombría ciudad industrial rusa (*Militsioner*, TBA), citas en la secundaria (*Raptor Boyfriend: A High School Romance*, 2021), y sistemas de subte y autopistas (*Mini Metro*, 2014, y la serie *Mini Motorways*, 2019). Hay escenarios tipo *El origen*, donde se juega un juego dentro de otro juego (*Inscryption*, 2021), garabatos infantiles convertidos en niveles enteros (*Pedigree Tactics*, 2023) y reflexiones sobre la naturaleza de la existencia, el propósito de la vida y las consecuencias del conflicto interminable (*NieR: Automata*, 2017). El estudio Oleomingus, en India, creó adaptaciones en videojuegos poscoloniales magníficamente surrealistas de las obras del ficticio poeta Mir Umar Hassan, mientras que el estudio estadounidense Cardboard Computer presentó instalaciones y obras de teatro de la artista vanguardista ficticia Lula Chamberlain. Ambientado en los años sesenta, *Detention* (2018), del estudio taiwanés Red Candle Games, explora los horrores del régimen del Terror Blanco a través de la metáfora de una historia folclórica de fantasmas. En *Atuel* (2022), de la cooperativa argentina Matajuegos, los jugadores sobrevuelan una recreación digital del homónimo río Atuel y se documentan las conexiones entre las personas, los animales y el paisaje natural en transformación. En 2018, Robert Yang le regaló al mundo la pequeña obra maestra *queer Rinse and Repeat*, una oportunidad tierna, sensual y surrealista de encarnar a un extraño que se dedica a frotar y enjabonar a otro hombre en una ducha pública. Los genios detrás

322. "Skyrim–Thomas the Tank Engine Mod (HD)", YouTube, 12 de diciembre de 2013, publicado por lambo_96.

323. Patricia Hernandez, "Thomas the Tank Engine Mod Got Skyrim Player in Legal Trouble", Polygon.com, 15 de mayo de 2019.

del perturbador *Paratopic* (2018), el pequeño estudio Arbitrary Metric, están por lanzar *Roman Sands* RE:*Build*, una experiencia de misterio detectivesco filosófico y psicodélico con una estética que toma elementos tanto del *anime* como del *vaporwave*. En su juego *Immortality*, inspirado en *Mulholland Drive*, Sam Barlow creó mundos profundos y perturbadores que provocaron más de un sueño exquisitamente erótico en la mente de esta escritora.

Los videojuegos son una forma de arte increíble que necesita con urgencia liberarse de los modos de producción draconianos que los enredan en las prácticas más oscuras y corruptas de la era moderna. Debemos luchar para lograr que los videojuegos se separen del daño.

Las palabras finales de Claire Bishop en *Artificial Hells* ofrecen conclusiones conmovedoras para esta lucha:

> Que lo "político" y lo "crítico" se conviertan en consignas del arte avanzado evidencia una falta de fe tanto en el valor intrínseco del arte como esfuerzo humano de desalienación (ya que hoy el arte está tan entrelazado con los sistemas de mercado a nivel mundial) como en los procesos políticos democráticos (en cuyo nombre se han llevado a cabo tantas injusticias y barbaridades). [...] La tarea hoy es generar una alineación internacional viable de movimientos políticos de izquierda y reafirmar las formas de negación inventivas del arte como valiosas en sí mismas. Debemos reconocer al arte como una forma de actividad experimental que se superpone con el mundo y, lo que es más radical aún, debemos apoyar la transformación progresiva de las instituciones existentes[324].

Hay tantas aristas que desentrañar, subrayar, revolucionar. Los actores son cuantiosos y las alianzas, diversas. Este ámbito está cargado de política, desde el código escrito hasta la temática que se retrata, pasando por el costo humano de los objetos en los que se juega. Nada menos que una toma internacional de la industria liderada por los trabajadores será suficiente para salvarla (y salvar al planeta) de sus propias tendencias avaras y destructivas.

324. Claire Bishop, *Artificial Hells: Participatory Art and the Politics of Spectatorship*, Londres y Nueva York: Verso, 2012, 284.

La resistencia será feroz: desde un último y brutal estrujón de las prácticas extractivas existentes, hasta la degradación de la fuerza laboral e intentos de blanquear el *statu quo* del sector y despolitizar la represión sindical. Para las personas que forman parte de la industria, este cambio debe ocurrir para rescatar lo que se puede disfrutar, no para eliminarlo.

¿Y qué pueden hacer los jugadores para ayudar a quienes trabajan en la industria a ganar la batalla por el alma de los videojuegos? Por supuesto, se nos ocurren algunas soluciones para lograr un consumo más ético: verificar el origen de los materiales, las condiciones en las fábricas y la sustentabilidad de sus componentes. Al comprar un videojuego, buscar información sobre sus creadores y el trato que reciben los desarrolladores (es probable que haya historias al respecto en Internet). Apoyar a los buenos estudios, ¡hay muchos!

Seguir en redes sociales a los sindicatos de la industria del videojuego y apoyar sus iniciativas. Disfrutar y fomentar la experimentación artística en este campo, y respaldar a creadores más pequeños. No descartar la acción política dentro de estos espacios como aberraciones aisladas, sino involucrarse con ellas, darles mérito, ser curiosos. Recompensar y fomentar esos encuentros más preciados: la organización, la asistencia, el juego crítico, la arqueología, la confabulación o incluso algo simple como perder el tiempo juntos en las circunstancias más surrealistas, las batallas de David contra Goliat, el altruismo recíproco y la solidaridad. Existe una amplia gama de formas de jugar desde una perspectiva de izquierda que pueden asistir de manera hermosa en la lucha contra los jefes, más allá de los juegos. Las personas que trabajan en la industria no pueden ser las únicas a las que se les exija mejorarla, ya que arriesgan su estabilidad laboral. Si bien podemos hacer nuestra parte en la búsqueda de métodos de producción menos destructivos para crear el lápiz figurativo, la solidaridad con quienes están haciendo la diferencia también debe provenir de fuera de los espacios de juego.

Sí, la política suele estar asignada a espacios analógicos, como las calles, las bibliotecas, los bares, las salas de reuniones sindicales y los lavaderos. Sin embargo, cada vez más, los espacios virtuales se están convirtiendo en territorios de organización y conspiración política, que a menudo impactan en lo que ocurre en los edificios gubernamentales en la vida real. En lugar de ver el juego como una aberración demente y una distracción de la vida real, hay que entender que, para millones de personas, los videojuegos representan un medio muy real de comunicación sobre temas clave en sus vidas y, sin duda, sobre el mundo en general. El espacio intermedio abarca desde fuerzas reaccionarias que utilizan su influencia con fines dañinos hasta los aspectos más puros y bondadosos de la humanidad. Incluso hoy, los juegos analógicos infantiles insinúan esa posibilidad y brindan indicios sobre cómo sería una sociedad más equitativa.

La obra de arte de la Bienal de Venecia de 2022 que más me conmovió consistía en videos de niños que jugaban variaciones regionales de los clásicos juegos de patio de escuela. En el pabellón belga, Francis Alÿs mostró cómo un grupo de niños transformaba objetos comunes, como piedras, monedas, botellas de plástico y neumáticos, en universos mágicos que trascienden las fronteras nacionales y las divisiones culturales[325]. Cuando se juega por el simple hecho de jugar, y no como un medio para un fin represivo, los juegos revelan su potencial emancipador de las mamarrachas y el sinsentido de los farsantes, payasos y artistas de circo[326]. Los juegos y la bufonería dan testimonio de cómo podría ser la vida: libre de dominación y basada en principios en los que las acciones se realizan de forma autónoma y por su propios fines, más allá de las relaciones de poder.

Espacio de sobra para perder el tiempo, o no es mi revolución, ¿no?[327]. Debemos criticar las formas degradadas en que la competencia se manifiesta en la sociedad capitalista actual, pero

325. "FRANCIS ALŸS: Children's Games 1999-2022", comunicado de prensa, Copenhagen Contemporary, 2022.

326. Max Horkheimer y Theodor W. Adorno, *Dialectic of Enlightenment*, Stanford: Stanford University Press, 2002, 137, 143.

327. Una reformulación de la famosa cita: "¡Si no puedo bailar, no quiero ser parte de revolución!", atribuida a la legendaria anarquista Emma Goldman.

también podemos valorar y defender los tipos de rivalidad liberadora que podrían florecer en una sociedad futura, libre de opresión y poder.

Los situacionistas, en su época, propusieron de manera acertada que el amor estaba bajo asedio, despojado de su significado y convertido en un elemento de consumo. Hoy puede hacerse un diagnóstico similar sobre los videojuegos. La actividad está sometida a un asedio constante, reducida a un acto de competencia, a ganar, a una danza entre mejoras permanentes y caídas repentinas. Aquí radica la desilusión que impone la industria de los videojuegos: el medio tiene la capacidad de modelar infinitas posibilidades y capacidades para mundos utópicos aún no vividos, y sin embargo, insiste en explotar nuestras debilidades, lo que fomenta el antagonismo y la destrucción. Los espacios de cooperación, la generosidad desinteresada y la solidaridad suelen ser creados por los propios jugadores, más que por los creadores.

Debemos abstenernos de diagnosticar los problemas relacionados con los videojuegos en términos estéticos y, en cambio, luchar por su emancipación y mejora de la misma manera en que pelearíamos por mejorar cualquier otra industria. El espectáculo no lo coloniza todo. La creatividad ilimitada brota de las masas de personas que viven bajo el actual sistema de dominación[328]. El acto de jugar, de disfrutar creaciones artísticas, siempre ha sido parte de eso. La misión que tenemos por delante es descubrir los métodos y mecanismos para desvincular a los videojuegos de sus actuales modos de producción, liberándolos de la necesidad de compensar las malas acciones.

Para citar a mi querido Raymond Williams: "Ser verdaderamente radical es hacer posible la esperanza en lugar de hacer que la desesperanza resulte convincente"[329]. Los destellos de

328. "Helmers and Hill Argue that Visual Rhetoric Is Particularly Essential in the Face of Globalization and Mass Media", comentarios de Ian Bogost, *Persuasive Games: The Expressive Power of Videogames*, Cambridge: MIT Press 2007, 21; John Clark, "The Society of the Spectacle, Reconsidered", Fifth Estate.org, 1 de junio de 2015.

329. Raymond Williams, *Resources of Hope: Culture, Democracy, Socialism*, Londres y Nueva York: Verso, 1989, 118.

esperanza en esta industria deben tomarse como inspiración para su revisión a largo plazo, no como una señal de que todo estará bien al final. Sin resistencia, los intereses del capital se infiltran en cada aspecto de la existencia y el ocio. La balanza ética no se inclinará hacia la equidad si no empleamos la fuerza. Es necesario luchar por cada hermosa relación establecida por las comunidades de jugadores. Por cada experiencia gratificante, por cada epifanía alcanzada al cargar un videojuego. Por cada minuto en el que nos permitimos relajarnos y escapar, cerveza en mano, después de un día en un trabajo sin futuro o cuidando a un ser querido.

Debemos arrebatar al juego de las fauces del extractivismo por cada niño o adulto que sueña con vivir sus fantasías más disparatadas, por cada trabajador que mata el tiempo en su hora de almuerzo o se toma tres días libres para sumergirse en mundos digitales imaginarios y dejar su huella allí. Por sus comunidades, por su arte, por su torpeza, sus encantadoras peculiaridades y sus vastos universos: para algunos de nosotros, lo es todo, y su influencia crece incluso en la vida de quienes no participan. El juego merece ser rescatado de sus formas autodestructivas, que envenenan los aspectos más visionarios de este campo fascinante, para ser liberado de las espinas que lo están sofocando.

Ante todo, este libro es una carta de amor. Es mi manera de expresar todos los miedos y problemas que tengo con esta relación, con este medio que me brinda una alegría infinita y me permitió conocer a algunas de las personas más importantes de mi vida, que cambió mi posición social y me dio optimismo en los momentos más oscuros. Esta relación está empañada por un sentimiento de culpa y enojo, por la incapacidad de defender y amar de verdad este pasatiempo, ya que tantas partes de él se definen por una crueldad encubierta. Quiero deshacerme de ese sentimiento. Quiero que todos nos liberemos de él.

En el horizonte existe un futuro revolucionario posible, donde todos podamos tirarnos en la playa, cóctel en mano, sin demasiadas preocupaciones en la cabeza. Pero para llegar allí, primero debemos superar los obstáculos y ganar muchas batallas, incluidas las que se manifiestan en nuestra miríada de espejos negros. Y para quienes prefieren una sesión de *Elden Ring* a la playa, hay mucho por ganar al desafiar los métodos actuales, corruptos, inflados y monopolizados, de creación y distribución de juegos. En esta era de competencia productiva incesante, en la que el trabajo parece no terminar nunca y el ocio se difumina insidiosamente en la generación de ganancias para otros, exigimos el derecho a la pereza. ¡Con orgullo!

¿Cuán especial sería depurar algo tan inocente como el juego de todas esas consideraciones? No será fácil, pero nada lo es cuando se enfrenta al gigante del capitalismo. Aun así, nos estamos equipando con conocimiento y diversos métodos para librar esta batalla. Nuestro tiempo libre está en terapia intensiva: no ha sido destruido por completo, pero ha sido colonizado hasta convertirse en una red lucrativa de pequeñas destrucciones. Si no lo recuperamos, ya sea mediante reformas profundas, una serie de pequeñas revoluciones o una ruptura total de su actual *modus operandi*, la corrosión será irreversible. El futuro no está decidido; puede ser nuestro. Es mucho lo que está en juego y, de hecho, cualquiera puede ganar.

Agradecimientos

TAL VEZ NO PUEDA volver a hacer esto, así que me voy a tomar mi tiempo. Se supone que esta es la parte en la que tengo que celebrar un poco, ¿no? Mi psicólogo estaría decepcionado, pero, para ser sincera, mi sensación inmediata al empezar estos agradecimientos es más bien una mezcla de temor y algo de tristeza. La verdad es que este no es mi primer intento de trabajar en el proyecto de un libro. Estuve explorando ideas con otra editorial, pero en el verano de 2020, tuve una depresión tan intensa que simplemente no pude hacer el trabajo, así que el proyecto se cayó. Mi salud mental estaba en su peor momento. "*Game over*", pensé. Y sin embargo, unos ángeles me rodearon, de hecho, como en un videojuego, y poco a poco me inyectaron tanta bondad, o puntos de vida, que pude reconstruirme. Les estaré eternamente agradecida.

Lo que es más importante, un libro como este no es fruto de mi propio talento o algo por el estilo. Es una curaduría de cientos y cientos de fuentes de autores que cotejaron todos los hechos y las cifras que ilustran los argumentos que planteo. Intenté armar una imagen a partir de ellos, pero les imploro que revisen el trabajo de todas las personas increíbles que cito en las notas al final del libro. En los últimos años, fui llenando una planilla en Airtable con cada pequeño dato curioso que despertó mi interés. Este libro es, en esencia, una recopilación de todas esas ideas, esos pensamientos y comentarios (por supuesto, con mi propio sesgo y estilo), pero aun así siento la necesidad de reconocer con gratitud a todos los brillantes escritores y periodistas que influenciaron mi forma de pensar a lo largo de los años. Ahora sí, volvamos a las personas que tengo la suerte de conocer. A Leo Hollis, por darme la oportunidad de hacer esto realidad, por tu cálida sabiduría, tus ediciones meticulosas, tu curiosidad, tus consejos y tu interés en este campo que a tan pocos dentro de la izquierda les importa. Tu trabajo en la literatura radical es extraordinario, y me enorgullece enormemente formar parte de los catálogos que estás curando.

A Alfie Bown: me ofreciste una pinta y un trabajo cuando estaba en mi peor momento y creíste en mí. Sos un camarada al que siempre estaré agradecida. Tu trabajo sobre los videojuegos y la política fue pionero, y estoy profundamente agradecida por las oportunidades que me diste, ¡incluida la idea de este libro!

A Aylon Cohen: muchísimas gracias por ser mi público de prueba para el libro, por tus atentos comentarios y por ser mi alma gemela en los altibajos de nuestras extrañas vidas. Quiero envejecer con vos; estás presente en algunos de mis recuerdos favoritos. Espero que tengamos muchos más.

A Ed Daly: cambiaste mi vida y confiaste en mí en un momento crucial. Muchos aspectos en mi vida son mejores porque nuestros caminos se cruzaron. Tu estilo es increíble, y nuestro equipo, absolutamente admirable. Gracias por todo. (Soy marxista, ¿está bien? Me resulta rarísimo hablar bien de mi jefe, pero ¿qué puedo decir? ¡Te lo merecés!).

A James Poulter: la única persona más a la izquierda que yo, ¡creo! Ja, ja. Encontrarte (demasiado tarde, eso sí) fue una revelación, y me enorgullece verte prosperar, brillar de verdad. Vivimos muchas cosas juntos y sin duda queda más por delante. Gracias por apoyarme en todo momento.

A Galan: apareciste de la nada y marcaste una gran diferencia: en mi confianza, en cómo entendía este extraño espacio en el que nos encontramos, lleno de combates y victorias justas, y egos grandes como una casa. Tu brújula moral es firme como una roca y tu sensibilidad, sublime.

A Katherine Neil: una rara joya en esta historia peculiar. Tu trayectoria es un testimonio de acción poderosa, integridad, creatividad y vigor. Durante años te admiré en línea y a la distancia. Me siento agradecida de que nuestros caminos por fin se hayan cruzado y de poder aprender, gracias a tu sabiduría, sobre tantos temas. Me enseñaste tanto y fuiste amable, cuando no tenías por qué serlo, lo que significó muchísimo. Gracias.

A Laurynas Šedvydis: en mi tierna adolescencia, me apadrinaste cuando aún vos también eras joven y me permitiste hacerte cualquier pregunta tonta sobre política, sin juicio ni desprecio, solo con empatía y mucho, mucho sentido del humor. ¡Estoy tan agradecida! Creo que otras personas no tuvieron una experiencia tan buena. Me enseñaste mucho; siempre estaré en deuda. Gracias.

A Matt Cole y Frank Mace: Frank, fuiste la primera persona en creer que podía publicar un libro. Siempre recordaré esa reunión en un Wetherspoons de Elephant and Castle, ¡ja, ja! Bueno, desde entonces no pude sacarme la idea de la cabeza, pero al fin, aquí estamos. Y Matt, guau, pasamos por tanto, ¿no? Pero perseveramos a pesar de todo y eso me hace sentir muy orgullosa de nosotros. Superarlo juntos fue invaluable. Tu unión con Frank es romántica, intensa, profunda y valiosa. Estoy muy emocionada por el próximo capítulo de su vida, que incluirá a más personas increíbles en su familia maravillosa.

A Rosie Collington: mudarme a Copenhague ya fue genial, pero luego llegaste a mi vida. ¡Qué suerte la mía! Como la meticulosa, valiente e increíble autora que sos, me guiaste en todo este proceso, fuiste mi mentora y me inspiraste. Pero, lo que es aún más importante y valioso, me invitaste a tu maravilloso círculo de amigos y pintaste esta hermosa ciudad con colores completamente nuevos. ¡Que haya muchos más momentos *hygge* por venir!

A Rowan Milligan: te quiero, ¿OK? Así de simple. Te quiero y siempre te querré. Y sí, ya estoy llorando, qué se le va a hacer. No sé qué milagro te trajo a mi vida ni por qué magia logré conservarte, pero, guau, fue una gran recompensa. Me enriqueciste materialmente (¡oh, Dios bendiga al mágico Norman!) y espiritualmente. Me sostuviste en los peores momentos y nos reímos a carcajadas con los detalles más absurdos y encantadores de nuestra peculiar vida juntos. Espero ansiosa envejecer juntos. Vamos a pasarla bien.

A TheoryFighter: muchas personas hicieron posible este libro, pero sin duda fuiste el comienzo de todo. Mi mente inquieta se topó con tu brillante y generoso conocimiento y, lo más importante, un espacio libre de juicios en el que podía preguntar lo que quisiera. Encendiste mi pasión por este campo, avivaste en mí el deseo de explorarlo políticamente, de sentir empatía por él, de profundizar más. Y lo ofreciste todo con desparpajo y un humor inigualable. Gracias.

A Tomas Marcinkevičius: el maravilloso primer par de ojos que leyeron mis divagaciones en este libro. Sos más que un subeditor, porque me diste ideas y sugerencias brillantes. Estoy muy orgullosa y asombrada por todo el trabajo que hacés para que nuestro pequeño rincón sea un lugar más cálido y mejor.

A Artūras Rumiancevas y todo el equipo de LŽKA: están creando una industria de videojuegos fascinante en Lituania. Estoy muy feliz de que esté bajo la dirección de mentes tan creativas y ambiciosas. A Josh Sawyer, simplemente por ser vos. Te extraño muchísimo. A Katha, por tu apoyo a lo largo de los años. A Luan, el increíble dueño del café en la biblioteca de Sundby donde creé este libro. Tus ocasionales rakias gratis al mediodía me relajaban cuando estaba en un callejón sin salida y tu sonrisa combatía cualquier falta de inspiración. A Gabbas Salyamovich Islamov: mis magníficas raíces en Bashkiria, tus valores, tu sonrisa y el dulce aroma de tus abejas siempre me acompañarán. A Martha Lauren, por tu hermosa risa, que escucho en persona demasiado poco. A Joshua Baldwin, por tu atención al texto y por la gran camaradería en nuestro barco. A mi hermano y a Valentinas, que me mostraron los videojuegos por primera vez. A Simon Saunders, por alentarme a explorar estos temas cuando apenas comenzaba; tu trabajo siempre ha sido una gran inspiración. A Assem Khaled, por mostrarme la luz cuando pensé que ya no quedaba ninguna. A Matija, por nuestros magníficos veranos en la costa del Adriático. Espero que tengamos muchos más. A los brillantes camaradas de STJV y otros sindicatos de videojuegos radicales en todo el mundo: hacen un trabajo esencial y están logrando cambios revolucionarios. Gracias. A Dovilė Valiūnė. A Dan B: gracias por cuidar de mí a mis veintitantos. A Kate N, por hospedarme cuando realmente lo necesitaba. A Yusef/Marsy/Joy Connors: tu sacrificio no fue en vano, sos un héroe.

Quiero que todos ustedes se sientan orgullosos, amigos, porque fueron tan generosos conmigo. ¡Los negronis corren por mi cuenta la próxima vez que estemos juntos, de este lado del arcoíris o del otro, eh!

Y, por último, a las dos personas más importantes:

A mi mamá, Guzel Islamova: todo lo bueno que hay en mí es gracias a vos, y dedicaré mi vida a, al menos, acercarme a tu esplendor, hacerte saber cuán agradecida estoy por todo lo que me diste. Pasaste por momentos muy difíciles y, sin embargo, desarrollaste talentos magníficos, valor, fortaleza; tenés una inmensa belleza y un sentido del humor soviético maravilloso y mordaz. Qué suerte increíble es ser tuya, que me calmes, me inspires, me cuides, que me susurres al oído dulces naderías que me envuelven con amor. El universo se expande con nuestro afecto, con nuestra lucha, con nuestra pasión por un mañana mejor.

A Shalev Moran: nos amo por nuestras conversaciones intelectuales, nuestros silencios preciosos, nuestros abrazos cálidos, nuestras aventuras asombrosas. Me llenaste de energía e ideas cuando me embarqué en este hermoso proyecto; me ayudaste con cada obstáculo y lograste que todo sonara justo como debía. Me guiaste con paciencia en los momentos de pesar en que pensé: “Ah, esto es una mierda”. Tu encanto, tu elegancia y tu amabilidad me hacen sentir la persona más afortunada del mundo, y siempre me asombra tu talento y tu gracia. Aún no puedo creer que estemos compartiendo la vida juntos, es tan maravilloso (¡gracias también a Tim Garbos y Rosa Carbó-Mascarell por habernos unido!). Mi corazón se estremece cuando pienso en vos. Te amo muchísimo.

Todo lo que hago es para que ustedes dos se sientan orgullosos, para que el futuro sea un poco más seguro y para que nuestro mundo sea un poquito más amable. Gracias por todo.

Si me permiten ser arrogante y sugerir una banda sonora que acompañe este libro, que sea el álbum *A Wreck Provides an Excellent Foundation*, de 52 Commercial Road.

Muchas gracias por leer este libro. Si te interesa mi opinión sobre los acontecimientos actuales, podés encontrarme en línea. Tal es el regalo de Internet.

Índice

Libro
compuesto
en tipografía Stempel
Garamond 11/14 creada
por Claude Garamond en el
siglo XVI en Francia, versión de
la fundición Stempel en 1924.
Notas al pie en 10pt y títulos en
Helvetica Neue
en 22pt.

www.edicionesgodot.com.ar
info@edicionesgodot.com.ar
Facebook.com/EdicionesGodot
Twitter.com/EdicionesGodot
Instagram.com/EdicionesGodot
YouTube.com/EdicionesGodot

Queremos hacer libros
cada vez mejores. Para eso
necesitamos saber qué pensás.

Envianos un mail y contanos tu parecer:
info@edicionesgodot.com.ar

O respondé una breve encuesta:

Si este libro te gustó y nos querés ayudar,
te agradecemos que lo recomiendes
a tus amigas y amigos o en tus redes sociales.

Mucho
antes de que
fuera moneda co-
rriente hablar sobre
industrias crea-
tivas, en los
fichines
del co-
nurba-
no y
en los
recreos
de es-
cuelas
públi-
cas una
cultura
gamer crecía sin pe-
dir permiso. Entre
1979 y 1982, un grupo
de estudiantes y docentes le enseñó a
Clementina II, una de las primeras compu-
tadoras argentinas, a jugar al truco. Así nació una
experiencia lúdica digital de raíz criolla: un videojuego
de truco. Los estudiantes no solo programaron un juego;
sembraron un gesto. Enseñarle a una máquina extranjera las reglas
del entretenimiento más criollo fue, acaso sin saberlo, un acto de ter-
nura y soberanía. Cuando lo nuevo se encuentra con la tradición,
el resultado puede ser algo más que consumo; puede ser una afir-
mación identitaria, una herramienta crítica, una vía de resis-
tencia. Hoy, en una industria donde los algoritmos dictan las
reglas del juego, la pregunta sigue siendo si podemos crear
formas lúdicas que no reproduzcan lo dado, sino que
nos ayuden a imaginar lo que todavía no
existe. La tecnología no es neutral
y su destino aún no está
escrito.

www.ingramcontent.com/pod-product-compliance
Lightning Source LLC
LaVergne TN
LVHW090310051026
849518LV00005B/1725